KB273424

대한민국 교육 키워드

AI 시대 패러다임 대혁명!

대한민국 교육 키워드

방종임 · 이만기 지음

21세기북스

변화의 시대, '정보를 해석하는 힘'이 필요합니다

변화의 한가운데에 서있는 교육

올 한 해, 전국을 다니며 강연하면서 많은 부모님을 만났습니다. Q&A 시간마다 탄식과 걱정이 이어졌지요.

"교육은 왜 매년 달라지나요? 초등, 중등, 고등…… 올라갈 때마다 길이 완전히 새로 만들어지는 것 같아요."

"대입이 또 바뀐다는데, 이번에는 어떻게 준비해야 하나요?"

정권과 교육청 방향에 따라 다르고 지역별로 적용도 차이가 있다 보니, 제 손을 꼭 잡으며 "정답을 알려달라"고 말하는 부모님도 있었습니다.

사실 올해 세 번째 『대한민국 교육 키워드』 시리즈를 준비하면서 큰 부담감이 있었습니다. 두 아들을 키우는 부모로서, 앞선 책 두 권을 쓰며 겪었던 고됨을 누구보다 잘 알고 있었기 때문이죠. 기대치는 더 높아졌고, 충분한 시간과 에너지를 낼 수 있을지 고민도 컸습니다. 출판사의 제안을 정중히 고사하려던 순간, 강연장에서 마주했던 부모님들의 절실한 눈빛이 떠올랐습니다.

기자로 일하며 수많은 교육 개편을 지켜봤지만, 최근의 변화는 분명 다른 국면입니다. 2028학년도에 이어 2032학년도 대입 개편 논의가 다시 떠오르고 있고, 학령인구 감소, 고교학점제, 영어 조기교육 규제 논쟁, 학교폭력 기록의 대입 반영 등 수많은 변수가 한꺼번에 겹치고 있습니다. 여기에 부모님들도 조금씩 체감하고 있는 거대한 변화가 하나 있죠. 바로 AI입니다. 사회를 바꿔놓은 AI가 교실까지 들어오며 '앞으로 우리 아이를 어떻게 준비시켜야 할까'라는 걱정은 더 커질 수밖에 없습니다.

그래서 책을 쓰지 않을 수 없었습니다. 부모님들의 혼란과 고민을 그냥 지나칠 수 없었기 때문이에요.

다양한 신호 속에서 핵심 맥락을 읽는 법

요즘 교육 정보는 넘쳐납니다. 검색 몇 번이면 수십 개의 기사와 영상이 쏟아지고, 유튜브에는 각양각색의 교육 정보가 매일 올라오죠. 하지만 정보가 많아질수록 오히려 방향을 잃기 쉬워졌습니다. 같은 정책도 학년에 따라, 지역에 따라, 아이의 성향에 따라 의미가 전혀 달라지기 때문에 부모가 해석해야 할 부분은 더 많아졌지요. 학교·교육부·교육청의 발표는 '정답'이 아니라, 부모가 해석해 우리 아이의 길로 설계해야 하는 '신호'입니다.

이 책의 핵심 방향성은 분명합니다. 많은 가정이 겪고 있는 교육 고민의 본질을 짚고, 아이에게 맞는 '다음 한 걸음'을 찾도록 돕는 것입니다.

『대한민국 교육 키워드』는 기술·정책·입시 신호를 단편적으로 설명하는 책이 아니에요. 지금의 교육 담론은 '키워드 하나'가 시대를 요약하지 못합니다. AI 도입, 평가 방식의 변화, 영어유치원 규제, 서울대 10개 만들기 논의 등은 모두 서로 연결된 흐름 속에서 이해해야 합니다. 교육부, 교육청, 학교 현장 그리고 사교육의 기술 인프라가 하나의 인터페이스로 연결되며, 이제 해석의 영역으로 진입하고 있음을 이해해야 하죠. 이 연결의 맥락을 읽어낼 때 부모는 비로소 아이에게 실질적으로 도움이 되는 선택을 할 수 있습니다.

책을 쓰는 동안 저는 스스로에게 계속 질문했습니다.

'이 책이 정말 부모의 불안을 덜어줄 수 있는가?'

'정보의 홍수 속에서도 방향을 잃지 않도록 돕는 책이 될 수 있는가?'

이 질문을 기준 삼아 맥락을 풀고, 대비해야 할 지점을 명확히 안내하는 데 집중했습니다. 단순한 정보 모음이 아니라, 현재의 교육과 몇 년 앞선 미래의 교육까지 염두에 두고 '부모가 해석력을 갖추기 위한 책'이 되도록 구성했어요. 독자 여러분이 어디에서도 접하기 어려운 조언과 자료에서 새로운 통찰과 시원함을 느낄 수 있기를 바라면서요.

『대한민국 교육 키워드』는 오늘날 부모님들께 드리는 저의 진심입니다. '한 권으로 판단의 방향을 넓혀주자'는 마음으로, 기술과 전형의 변화를 단순히 설명하는 데 그치지 않고 각 신호의 의미를 학년별로 해석할 수 있도록 구성했습니다. 정보의 홍수 속에서도 부모님과 아이가 다음 한 걸음을 설계할 때 방향을 잡을 수 있도록 도와줄 수 있기를 바라는 마음으로요. 이 책이 불안을 줄이고 해석의 힘을 길러주며, 다음 한 걸음을 설계하실 때 든든한 길잡이가 되기를 진심으로 바랍니다.

2025년 겨울
용산에서 방종임

차례

PART 2 ◆ 교육을 움직이는 6가지 키워드

대한민국
AI 교육 트렌드

AI 교실, 두려움보다 이해가 먼저다

AI 시대, 부모의 마음이 요동치는 순간

저는 지난 몇 달 동안 참 많이 흔들렸어요. 기자로, 엄마로, 교육을 연구하는 사람으로 말이에요. 교육 현장의 최전선에서 매일 변화를 지켜보는 제게도, 요즘처럼 빠르게 느껴지는 속도의 변화는 처음이었으니까요. 인스타그램과 유튜브 알고리즘이 끊임없이 'AI로 만든 콘텐츠로 억대 수익을 올린 크리에이터', 'AI로 10분 만에 책을 출간한 작가', 'AI 튜터로 성적이 급상승한 학생'의 사례를 보여주더군요.

처음에는 단순한 호기심으로 살펴보았으나, 어느새 저도 그 변화의 흐름에 휩쓸렸어요. 혹하는 마음에 알고리즘이 추천하는 앱 몇 개를 써보고는 '헉!' 하고 놀라기도 했고요. 기존대로라면 하루 꼬박 수

작업해야 하는 과정을 클릭 한번으로 끝내주더라고요. 압도적인 변화의 파도가 몰려오고 있음을 체감하자 문득 이런 생각이 들었어요.

'빠르게 변화하는 세상에 대응하지 못하고, 여전히 과거의 교육관 안에 갇혀 있는 것은 아닐까?'

'지금의 기준으로 두 아이를 키우는 게 과연 맞을까?'

스스로에게 계속 이런 질문을 던지게 됐지요.

AI가 흔들어놓은 '교육의 상식'

몇 년 전까지만 해도 교육 현장에서 'AI'는 다소 먼 이야기였어요. 기껏해야 이공계 학생을 위한 코딩교육 정도가 전부였으니까요. 하지만 이미 AI를 통한 변화는 시작됐어요. 전면 도입이 취소되고, 교육 자료로 격하됐음에도 부분적으로나마 AI디지털교과서를 활용하는 학교들이 존재하잖아요. 메타버스, 게이미피케이션 등 다양한 방식으로 수업을 진행하는 교사도 크게 늘었고요.

변화의 가장 중요한 핵심 축은 바로 아이들이에요. 학생들은 이미 챗GPT나 제미나이, 클로드 같은 생성형 AI에게 적극적으로 질문을 던지고 있어요. 학원에서도 AI로 진단 평가를 하고 있고요. AI앱으로 자기만의 공부 계획을 세우는 초등학생도 있지요.

"AI는 교육의 도구가 아니라 구조 자체를 바꾸는 기술입니다."

얼마 전 참석한 AI 교육포럼에서 듣게 된 한 교수님의 말이에요. '도구가 아니라 구조를 바꾸는 기술'이라는 말은, 곧 'AI를 배우지 않으면 교육의 언어를 잃는 시대'가 다가온다는 뜻이기도 하겠지요.

문제는 속도예요. 우리가 제대로 이해하고 적응할 때까지 기다려주면 좋으련만, 야속한 AI는 이미 한참 앞서나간 듯하니까요. 새로운 교육 정책을 준비하기도 전에, 다음 세대를 향해 달려가고 있잖아요. 이처럼 거대한 변화의 한가운데서 부모들은 불안해질 수밖에 없겠죠.

'아이에게 AI를 가르쳐야 할까요? 아니면 아직 기다려야 할까요?'

이조차 판단하기 어려운 시대의 변화 속에서 부모의 고민은 커질 수밖에 없어요. 이 때문인지 요즘 들어 강연장에서 "아이가 챗GPT에 빠져 있는데 어떻게 해야 할까요?", "숙제를 AI 앱으로 하는 것 같은데 괜찮을까요?"는 질문을 심심치 않게 받고 있지요.

그래서 나는 다시 공부를 시작했다

20년 가까이 기자 겸 교육 전문 크리에이터로 교육 현장을 지켜봤지만, AI처럼 빠르고 복합적이며 인간의 일상 깊숙이 파고든 변화는 없었어요. 이에 저는 '두려워하지 말고 공부하자. 그리고 공부한 것을 보호자들과 나누자'고 결심했죠. 그 첫걸음이 AI 공학을 바탕으로 한, AI 교육공학 박사과정이었고요.

24시간이 부족한 워킹맘이 박사과정 진학을 결정하기까지는 정말 많은 고민과 결단이 필요했어요. 시간도 문제지만, 뼛속까지 문과인 제가 낯설기만 한 공학 공부를 잘해낼 수 있을지 고민스러웠지요. 그렇지만 교육 전문가이자 두 아들의 엄마로서 도전할 수밖에 없더군요. 아이들의 미래를 공부한다는 마음으로 새벽마다 관련 자료와 논문을 읽고, 때때로 AI 교육 프로그램을 찾아 들었어요. 이와 함께 AI 기반 학습 플랫폼, AI 챗봇, 이미지 생성, 음성 합성, 자동 요약 도구까지…… 가능한 한 많은 AI 앱을 직접 써봤어요.

공부할수록 AI가 단순히 기술이 아니라 '학습의 패턴을 바꾸는 존재'임을 깨달을 수 있었어요. 이제껏 접한 교육과 확연히 달랐기 때문일까요? 아이들에게 주입식 학습을 강요하던 교육이 이제야말로 달라지리란 직감이 들더군요. 챗GPT 같은 생성형 AI를 쓰면 쓸수록 미래 교육의 핵심이 '무엇을 아느냐'보다 '어떻게 물어보느냐'라는 생각이 들었거든요. 앞으로 날이 갈수록 정답 암기 대신 '더 좋은 질문을 던질 수 있는 능력'이 필요해질 것이라는 확신과 함께 말이에요.

이제는 '학습 방식'을 바꿔야 한다

매일 수많은 보호자와 마주하는 저는 요즘 이런 질문을 많이 받아요.
"AI 때문에 우리 아이가 뒤처질까 봐 걱정돼요."

"AI가 우리 아이 일자리를 빼앗아가면 어떻게 하지요?"

"이제 인간 교사는 필요 없어지나요?"

이렇게 질문하는 마음, 저도 잘 알아요. 저 역시 불안할 때가 있거든요. 하지만 AI를 깊이 들여다보면 볼수록 두려움의 방향이 조금 달라지는 것을 느껴요. 이전에는 AI의 부정적인 영향력을 두려워했다면, 지금은 AI를 이해하지 못하는 보호자가 아이의 세상을 따라가지 못할까 봐 두려우니까요. 진짜 문제는 후자지요.

'AI를 공부한다'는 말의 진정한 의미는 무엇일까요? 이는 단순히 새로운 기술을 익힌다는 뜻이 아니에요. AI 시대의 교육에서 중요한 것은 '속도'보다 '방향'이기 때문이지요. 'AI를 통해 아이의 가능성을 확장할 것인가? 아니면 불안 때문에 그 가능성이 닫히도록 내버려둘 것인가?' 오늘날의 보호자는 둘 중 하나를 선택해야 해요.

현실적으로 보호자가 끝없이 발전하는 AI를 공부하고 제대로 이해하기란 쉽지 않아요. 교육 현장은 여전히 대입 정책 중심으로 움직이고 있고요. 기존의 교육 시스템 위주로 돌아가는 상황에서 AI로 인해 바뀔 교육을 예측하고, 아이를 이끄는 일에 부담이 크다는 사실은 누구도 부정할 수 없겠죠.

이 책을 쓰게 된 것은 이런 상황에서 미약하나마 보호자들에게 도움이 되고 싶어서예요. 당해 연도의 교육 변화를 예측하고 핵심을 짚는 교육 키워드 책을 펴낸다면, AI 교육과 관련된 변화를 알아보는 데 드는 독자들의 시간과 에너지를 줄일 수 있을 것이라 여겼거든요.

AI가 만들어낸 새로운 불평등

첫 번째 챕터를 'AI 교육 변화'로 잡은 이유 중 하나는 앞으로 AI가 만들어낼 새로운 불평등이 걱정되기 때문이에요. 2025년 한국교육개발원 조사에 따르면, 초등학생 10명 중 일곱 명이 이미 'AI 기반 학습 플랫폼'을 사용하고 있다고 하죠. 보호자의 소득과 학력에 따라 AI의 활용 수준은 크게 다르지만요. 부모의 디지털 이해력이 높은 가정일수록 자녀의 AI 학습 만족도가 높았던 반면, 반대인 가정은 아이가 AI 사용을 혼란스러워한다는 응답이 많았다니까요.

　이는 단순한 '기술 격차'가 아니라 'AI 리터러시 불평등'에 가까워요. 몇 년 후에는 'AI를 얼마나 잘 활용하느냐'가 새로운 교육 격차의 기준이 될 거예요. 미국과 싱가포르, 핀란드 교육청은 이미 교사와 학부모를 위한 AI 리터러시 교육을 필수로 운영하고 있지요. 반면 우리나라는 AI에 대한 오해와 편견이 넘실대는 상황이고요.

AI 시대의 부모에게 필요한 단 한 가지

AI 공부로 얻은 가장 큰 깨달음은 '유연함이 곧 생존력'이라는 거예요. AI는 끊임없이 업데이트되는 질문을 좋아하거든요. 더불어 AI 시대에는 일정한 루트를 밟는다고 성공할 수 없어요. 이 사실을 깨닫자 아이들이 다소 다른 길을 걷는대도 불안해하지 않을 수 있겠다는 자신감을 얻을 수 있었지요. 요즘 저는 아들들에게 이렇게 자주 이야기해요.

"세상은 바뀌고 있지만, 너희는 그 변화의 중심에 설 수 있어. 단, 멈추지 말고 배우는 자세만 잃지 말자."

앞으로 시간이 지날수록, 빠른 변화로 인해 발생하는 다양한 문제에 유연하게 대응하는 아이의 경쟁력이 높아질 테지요.

AI디지털교과서, AI 튜터, AI 사교육, AI 리터러시까지…… 최근 교육의 모든 변화에는 근원적으로 'AI를 이해하는 부모가 아이의 미래를 준비할 수 있다'는 공통점이 있어요. 지금은 변화의 시작 단계이기에, 현실과 미래를 동시에 바라보며 아이와 함께 흐름을 읽는 것이 중요합니다.

AI가
교실을
바꾸다

공교육에 들어온 AI

의무에서 자율로, AI디지털교과서의 방향 전환

지난해 7월 국회를 통과한 「초·중등 교육법 개정안」은 AI디지털교과서*의 법적 지위를 '교과서'에서 '교육 자료'로 낮췄습니다. 법적으로 의무 사용 대상인 교과서와 달리, 교육 자료는 학교 자율이지요. AI디지털교과서가 의무 사용이 아닌, 자율 활용의 영역으로 내려간 거예요. 이 같은 조치의 의미는 큽니다. 모든 학교가 의무적으로 채택해야 하는 교과서와 달리, 학교 자율에 맡기는 교육 자료는 필수 사

---

* 크롬북이나 기존 디지털교과서와 달리 AI 기술을 접목해 학습자 맞춤형 콘텐츠를 제공하는 교육 솔루션입니다.

용 의무와 함께 국가 예산 지원도 사라지니까요.

결과적으로 AI디지털교과서의 위력은 크지 않았습니다. 2025학년도 신학기 기준으로 전체 학교의 30% 정도가 신청했고, 2학기 신청은 이보다 더 낮았지요. 2026학년도 신청은 더 적어질 것으로 보고요.* 이로써 2023년부터 찬반 양쪽이 시끄럽던 AI디지털교과서의 전면 도입 논란이 일단락됐어요.

AI디지털교과서의 전면 도입에 논란이 있었던 이유는 명확합니다. 시범 운영의 불일치, 인프라 격차와 개인정보 노출 등의 문제가 정리되지 않은 상태에서 성급하게 전면 도입을 시도한 탓이라고 볼 수 있어요. 국회가 AI디지털교과서를 교육 자료로 격하시키는 「초·중등교육법 개정안」을 통과시킨 다음, 인터넷상에도 '효과 검증 없이 서둘렀기에 실패를 자초했다'는 평가가 쏟아졌지요. 성급한 전면 도입에 대한 우려가 컸기에 저도 이번 결정이 다행이라고 생각합니다.

그럼 더불어민주당이 문제를 제기했으며 교육부도 부인하지 못한, AI디지털교과서의 교육 자료 격하 과정에서 가장 많이 언급된 세 가지 이유를 알아볼까요?

- 첫째, 시범 학교 130곳 중 절반 이상에서 네트워크 불안정

---

* 조국혁신당 강경숙 의원실에 따르면, 2학기에 AI디지털교과서 신청한 학교는 전국 2,095개교입니다. 1학기 도입률 37%에서 19%로 감소한 것입니다.

과 단말기 문제로 수업이 지연됐다.

- 둘째, AI가 생성한 학습 콘텐츠의 사실 오류와 편향이 잇따라 보고됐다.
- 셋째, 학생 학습 데이터의 외부 저장과 저작권 문제에 대한 사회적 합의가 부족했다.

아이들에게 중차대한 영향을 주는 만큼 교육에는 어떠한 오류도, 편향도 없어야 합니다. 시스템 안정화는 두말할 필요도 없겠지요. 그런 면에서 AI디지털교과서는 아직 많이 부족해요. 시범 운영된 연구학교에서도 지속적으로 시스템의 불안정이 나타났으니까요. 초등학교 3~4학년에 가장 먼저 도입될 예정이었는데, 시스템이나 인프라가 학생들의 실수에 유연하게 대응하지도 못했다고 하고요. 그러니 현재, 그것도 모든 학교에 동일하게 교과서 형태로 반영되는 것을 환영하기는 어렵지요. 하지만 이것이 AI가 교실로 들어오는 것을 막는 흐름은 아니라는 점을 잊어서는 안 됩니다.

사실 AI디지털교과서는 꽤 오래전부터 추진됐습니다. 문재인 정부 시절 처음으로 구체화됐죠. 2021년 발표된 '디지털 뉴딜'과 2022년 교육부의 '디지털 교육 혁신 추진 방안'에서 AI디지털교과서에 관련된 중장기 청사진이 제시된 바 있고요. 특히 학생 개개인의 학습 데이터를 기반으로 맞춤형 콘텐츠와 실시간 피드백을 제공하는, 개인화 교육의 핵심 수단으로 AI디지털교과서가 부상했어요.

정책이 실행되지 않은 까닭은 공격적인 도입의 적확한 시기에 대한 사회적 숙의가 부족했기 때문입니다. 그런데 불과 몇 개월 후, 윤석열 정부에서 본격적으로 AI디지털교과서의 전면 도입이 추진됐죠. 2022년 7월 윤석열 정부 출범 직후 교육부가 '초·중등 교육 디지털 전환 종합 추진 계획'을 발표하고 2025년부터 본격적으로 AI디지털교과서를 도입하겠다는 계획을 공식화한 거예요.

AI 교육의 필요성에 대해서는 정당이나 정치 이념과 상관없이 인정하는 분위기입니다. 공교육의 미래 경쟁력 확보를 위해서는 개인화된 학습 지원과 데이터 기반 피드백이 필수인데, AI디지털교과서가 그에 근접한 도구라고 평가하는 것이지요. AI디지털교과서는 장기적으로 코로나19 팬데믹을 통해 드러난 디지털 수업 역량의 격차를 해결할 수 있는 기반으로도 여겨지고 있어요. 하지만 추진 속도와 형식에 대해서는 이견이 큰 상황입니다. AI디지털교과서를 미리 접한 일부 교사와 학생들 사이에는 긍정적인 피드백도 존재하지만, 'AI디지털교과서를 어떻게 설계하고 활용해야 하느냐'에 대해 더 고민해야 한다는 아쉬움도 있기 때문입니다.

이번 사태는 AI디지털교과서 자체가 문제라기보다, 충분한 현장 검증과 숙의 없이 정책을 강행한 정부의 탁상 행정에서 기인했다고 볼 수 있어요. 실제로 사용하게 될 교사와 학생, 학부모 그리고 교육 인프라에 대한 이해가 부족한 상태로 단기간 내 전국 보급을 목표로 예산만 쏟아부은 탓이랄까요?

교실은 이미 AI와 함께 움직이고 있다

AI디지털교과서의 시계는 잠시 멈췄지만, 교실의 시계는 여전히 움직이고 있습니다. 교실 한가운데는 여전히 'AI를 어떻게 쓸 것인가'라는 질문이 존재하죠. 이는 새로운 수장을 맞이한 교육부가 2025년 10월 발표한 '6대 국정 과제'에서도 알 수 있어요. 교육부는 앞으로 매진할 국정 과제 중 하나로 'AI 디지털 시대의 미래 인재 양성'을 내세우며 '학교 AI 교육 강화'와 'AI 인재 양성 지원'이라는 세부 방향성을 알렸죠. 또한 초중고 교육과정에 AI 과목을 신설하는 것도 검토 중인 것으로 알려졌어요. 기존에는 정보 교과 내 일부 단원으로 편성된 AI 교육을 별도 과목으로 분리해, 수업 시수를 확대하는 방안을 구상한다고 하지요.

교육부의 발표를 살펴보면 '학습 데이터 활용 체계를 구축해 미래 교육 시스템의 기반을 마련하겠다'는 대목이 있습니다. 이는 AI디지털교과서의 핵심 특징과 같아요. AI디지털교과서의 핵심 기능은 대시보드에 남긴 학습 이력 데이터를 분석해 저마다 수준에 맞는 피드백을 주는 것이거든요.

교과서 형태로는 아니지만, 학교에서는 이미 AI를 많이 활용하고 있어요. 현재 전국 초중고에서 'AI 튜터', 'AI 평가', 'AI 피드백' 등 AI 프로그램을 활용한 수업이 활발히 진행되고 있지요. 'AI디지털교과서'라는 이름표만 사라졌을 뿐, 앞으로 AI 교육은 점점 더 강화될 거예요. 새로운 교육부 장관 역시 AI 교육에 대한 의지를 분명히 밝혔고요. 최교진 교육부 장관은 EBS와의 인터뷰에서 이렇게 말하며 AI 교육을 강조했습니다.

"AI 시대에 끌려가는 학생이 아니라 주도적으로 살아가는 학생을 키워야 합니다. 창의력과 사고력 그리고 AI를 윤리적으로 활용하는 힘을 기르는 교육이 필요합니다."

현재 많은 교사와 교육 전문가가 AI의 적절한 활용이 학습의 효율성을 높이며 교사의 역량을 강화한다는 사실을 느끼고 있어요. 역사 수업을 예로 들어볼까요? 디지털 교육 콘텐츠를 활용하면 책과 그림, 영상의 한계를 넘지 못했던 지식 전달 방식이 실사 현장 재현 등 3차원 AI 기술 기반 콘텐츠로 달라질 수 있겠죠. 과학 수업도 마찬가지입니다. 가상 과학 실험실에서 그간 위험해서 할 수 없었던 다양한 실험을 진행하며 수업에 대한 관심도를 높일 수 있게 된 거예요.

AI 활용 교육의 가장 큰 장점은 개인별 맞춤형 학습 지원입니다. 해외에서는 이미 칸아카데미*가 만든 생성형 AI 기반 교육 보조 도구

---

* 인도계 미국인 살만 칸이 만든 무료 교육 사이트로 현재는 1억 6,000만 명이 사용하고 있습니다. 멀리 사는 조카에게 수학을 가르치기 위해 유튜브에 동영상을 올리기 시작한 것이 칸 아카데미의 시작입니다. 현재 사이트에서 수학, 과학, 경제학, 인문학, 역사, 컴퓨터과학 등을 가르치고 있으며 각 항목은 상세히 분류되어 있습니다. 단, 이것은 영어판 기준입니다. 한국어판에서는 수학과 프로그래밍 일부는 지원하지만, 물리·화학·생물학 등 자연과학이나 역사·예술·경제학 등은 아직 다루지 않고 있지요. 하지만 영어로 언어 설정을 변경하면 꽤 많은 강의 영상에 한국어 자막이 달려 있습니다. 최근에는 오픈AI의 샘 알트만이 AI 교육의 미래를 실험해달라는 미션을 주며 적극적으로 지원하고 있는 것으로 알려졌습니다.

인 칸미고Khanmigo가 활약하고 있지요. 학생에게는 소크라테스식 질문 및 힌트 중심의 대화형 튜터, 교사에게는 수업·평가·문서화 업무를 덜어주는 보조로 말이에요. '정답을 바로 알려주지 않고 스스로 생각하게 돕는다'는 점을 전면에 내세우는 칸미고의 가장 큰 특징은 데이터 바탕으로 맞춤형 학습을 지원하고 문제풀이나 개념 설명을 제공한다는 점입니다. 이 덕분에 현재 전 세계 교육의 큰 호평과 함께 많은 관심을 받고 있어요.

현재 AI 플랫폼들은 교사들을 대상으로 한 다양한 지원 사업과 연수 프로그램을 속속 내놓고 있습니다. 예를 들어 캔바는 전 세계 1억 명 이상 교사와 학생에게 프로 기능을 무료 제공하고 있죠. 교사 대상 연수 프로그램도 운영하고, 학습 관리 시스템LMS과 연동해 교육 현장의 접근성도 확대하고 있고요. 매직 인사이트·매직 차트·매직 스튜디오 같은 AI 기능은 학생별 진도와 참여도를 시각화해 교사들이 맞춤형 지원 대상을 신속히 파악할 수 있도록 돕습니다.

생성형 AI는 이 밖에도 다양하게 쓰이고 있어요. 민주주의기술센터의 최근 보고서에 따르면 미국에서는 중고등학교 교사의 67%가 생성형 AI를 사용 중이라고 대답했지요. 주로 채점과 수업 계획 수립, 이메일 작성 등에 활용한다고요. AI를 활용해 단순 업무의 효율성을 높이고 있는 셈입니다. 역시 미국에서 한 조사에 따르면 AI를 주 1회 이상 사용하는 교사들은 주당 평균 5.9시간을 절약했다고도 해요.

이 같은 변화는 사실 우리나라에서도 나타나고 있습니다. 한국교육개발원KEDI이 발표한 OECD 주관「교원 및 교직 환경 국제 비교조사 2024」결과에 따르면, 우리나라 교사도 42.7%가 수업에 AI를 활용한 경험이 있다고 하지요. 이는 OECD 평균인 36.3%보다 높은 비율이에요. 이 설문에 따르면 우리나라 교사들은 학생들을 개별적, 수준별로 지원할 수 있다는 점에서 AI 활용을 긍정적으로 인식하는 편입니다. 학생들의 숙제 표절을 돕거나, 편견을 확대해 개념을 오인하게 만들 수 있다는 점에서 부작용도 우려하고 있지만요.

교실에서 AI 활용 주요 사례

몇 해 전까지만 해도 'AI가 교실에 들어온다'는 이야기에는 현실감이 없었습니다. 일단 교사들이 "현장에 맞지 않는다"라며 고개를 저었죠. 그런데 지금 교실은 교사들을 중심으로 조용히 변화 중입니다. 상당수 교사가 생성형 AI로 수업을 디자인하고, 학생 피드백을 지도화하고, 평가를 보조하는 생태계에 진입한 거예요. 실제적인 변화를 알아볼까요?

- **수업 준비와 평가** : 챗GPT 등 AI를 활용해 수업 계획, 자료 조사, 창의적 수업활동 아이디어 얻음.
- **학생 피드백 및 지원** : 학생 과제나 시험에 대한 즉각적이고 개

인화된 피드백을 생성해 학생별 맞춤형 지원 강화, 특히 특수교육 필요 학생을 위한 맞춤형 학습 자료 제작.

- **행정 업무 간소화**: 가정통신문, 공문 등 반복적 행정 업무에 AI를 적용.

어떻게 이런 변화가 가능했을까요? 우선 2023년 2월 정부가 '모두를 위한 맞춤 교육의 실현 디지털 기반 교육 혁신 방안'을 마련한 이후 AI 관련 교원 연수가 확대됐습니다. 젊은 교사들을 중심으로 한 AI 활용 교사 커뮤니티도 활발히 운영 중이고요. 교사들이 만든 학습공동체 '공부하자.com' 카페와 유튜브를 보면 캔바, 구글클래스룸 활용 방식을 공유하는 글과 영상이 하루에도 몇 개씩 올라오지요.

변화의 의미와 이유

현재 많은 부모가 '아이들을 실험대에 올린다'며 불안해하는 듯해요. 이런 보호자들에게 2025년 10월 28일 방영된 EBS 1TV 〈다큐멘터리 K-AI 교육, 앞서는 국가가 미래를 주도한다〉의 시청을 권하고 싶습니다. 글로벌 AI 패권을 선점하기 위한 미국과 중국의 세계 대전을 다룬 다큐멘터리지요. 이 다큐멘터리는 대체 어떤 배경에서 방영된 것일까요?

2025년 7월 24일, 미국은 정부가 주도해 추진하는 대규모 프로젝트인 '미국 AI 액션 플랜'을 공개했어요. 이에 질세라 중국도 7월 26일 'AI 글로벌 거버넌스 행동 계획'을 전격 공개했지요. 두 나라의 공통점은 AI 전쟁에서 승리하기 위해 교육에 주목했다는 것입니다.

우선 중국은 2025년 9월부터 초·중등 교육과정에 AI 교육을 의무화했습니다. 2024년 전국에 AI 교육 거점 학교 184개를 지정한 중국 정부의 AI 교육 이니셔티브가 더욱 강력한 단계에 돌입한 셈이에요. 앞의 다큐멘터리에는 AI 기업을 직접 찾아가는 초·중학생들의 모습이 등장하는데, 개인적으로 정말 인상깊은 장면이었어요.

이 다큐멘터리에서는 TV 프로그램에서 대규모 투자 금액을 두고 대결을 펼치는 중국의 대학생 AI 기술 창업자들도 볼 수 있습니다. 이것을 보면서 중국이 전방위적으로 AI 교육에 관심을 기울이고 있음을 알 수 있었지요. 당연히 대학교에도 공격적인 투자 중이에요. 이 덕분에 전 세계 톱 25 AI 연구기관 랭킹에서 칭화대, 북경대 등 중국 대학교들이 구글과 스탠퍼드대학교에 이어 선두권을 차지하고 있어요.＊

미국도 만만치 않습니다. 컴퓨터 사이언스 교육 정책이 다른 주마다 미국이지만, 올해 4월 트럼프 대통령이 "미국 청소년들에게 AI 교

＊ 중국 출신 AI 인재는 자국에서도, 글로벌 무대에서도 맹활약 중입니다. 무서울 정도인 중국의 AI 열풍 관련해 생생한 현실을 알고 싶은 분들은 KBS 다큐멘터리 〈공대에 미친 중국, 의대에 미친 한국〉을 추천합니다

육을 증진하라"라는 행정 명령을 내린 데 이어서 청소년 AI 교육을 지원하겠다는 수백 개 기업의 서약을 공개하며 미 전역의 분위기가 달라졌지요. 2년 전까지만 해도 학교 내 AI 도구 사용을 거부하던 미국 교사 노조도 "오픈AI, 마이크로소프트의 2,300만 달러 지원금으로 교사 연수 센터를 만들겠다"고 발표했고요. 마이애미주의 한 학군은 대규모로 구글의 제미나이 사용 중이며, 올해 10월에는 마이크로소프트가 워싱턴주 모든 학교에 AI 도구를 무료로 제공하겠다고 발표했어요.

미국과 중국은 왜 고등이 아닌 초·중등부터 AI교육을 전방위적으로 지원하는 것일까요? 두 나라는 기술적인 부분에만 초점을 맞추고 AI 교육에 접근하는 것이 아닙니다. 장기적인 관점에서 AI 기술을 선도할 인재를 키우려면 초등학교에서부터 체계적인 교육 시스템이 필요하다고 인정하고, 노력 중인 것이지요. 우리나라도 이 점에 주목해야 해요. 모든 아이가 AI 교육의 기회를 얻고, 새로운 세계에 제대로 정착할 수 있도록 공교육 시스템 내에 AI를 도입하고 운영할 필요가 있지요.

문제는 우리나라의 교육 현실이 당장 이 같은 변화를 꾀하기에 녹록하지 않다는 거예요. 그러나 더 이상 과학고, 영재학교 등 소수의 S급 인재를 선발해 특별한 교육을 시키는 것에만 몰두해서는 안 됩니다. 이 같은 교육은 이제 효율적이지도 않아요. 영국《토토이즈 미디어》의 '글로벌 AI 국가 경쟁력 순위'만 살펴봐도 이 사실을 깨달을 수 있어요. 우리나라는 정부 정책이나 기술 개발에서 높은 평가를 받아 미국·중국·싱가포르·영국·프랑스에 이어 전체 6위를 차지했으나, 인재 부문에서는 13위에 머물렀지요.

개발도상국에서 선진국 반열에 오른 우리나라의 성공 비결은 '인재'입니다. 이 사실을 잘 알고 있을 정부가 AI 교육의 필요성을 모르고 있지는 않겠죠. 'AI 3대 강국'이라는 거대한 목표를 내건 상황이기에 AI 교육의 필요성을 충분히 느끼고 있을 거예요. 따라서 앞으로 정부는 물론 지자체 차원에서도 다양한 AI 교육 시도가 이뤄지겠죠. 이를 위해 교육 인프라를 갖추려는 노력도 활발해질 거고요.

교육청이 개발한 AI 프로그램

현재 우리나라의 지역 시·도 교육청에서는 AI 활용으로 교육 인프라를 구축하려는 움직임이 한창입니다. 특히 시·도 교육청이 만드는 AI 학습 지원 프로그램의 핵심은 교사의 단순 업무를 도와 효율화를 높여주겠다는 것이지요. 지역별로 구체적인 사례를 알아볼까요?

경상남도교육청에서 만든 AI 빅데이터 플랫폼 아이톡톡은 약 30만 개 이상의 콘텐츠와 5TB 이상의 학습 데이터가 축적돼 하루 평균 3만 명 이상 접속하는 교육 지원 플랫폼입니다. AI를 활용한 학습 지원 및 피드백 시스템 등을 제공하죠. 강원교육청에서 지난 9월 서비스를 개시한 강원 아이로는 AI 기반 교수·학습 통합 플랫폼으로 학생 수준에 맞춘 적응형 평가, 서술형 평가 자동 피드백, 진학 컨설팅 등의 서비스를 제공하고요.

서울시교육청과 경기도교육청은 논·서술형 문제를 AI로 채점하는 시스템을 선보일 예정입니다. 초등학교 3~6학년, 중학교 1학년과 고등학교 1학년 대상으로 하는 경기도교육청 '하이러닝'의 경우 국어·사회·과학 교과의 수행평가와 중간·기말고사에 출제된 논·서술형 문제를 AI가 채점한다고 하죠. 학생의 답안지를 촬영해 올리면 AI가 채점 기준에 맞춰 자동으로 평가하는 거예요. 이 프로그램을 활용하면 학생 20~30명의 답안지 채점에 드는 시간이 2시간에서 5분으로 단축된다고 해요.

일부 보호자는 학생의 사고력과 논리에 대한 평가를 AI에 맡기는 것이 섣부르지 않느냐는 의견도 내고 있어요. 오류가 많은 AI 시스템을 신뢰하기 어렵다는 것이겠죠. 아직 불완전함에 대한 우려가 있는 것도 사실이고요. 이에 아직 교사가 2차로 확인하는 과정이 필요하지만, 앞으로는 AI가 채점하는 일이 분명히 많아질 것입니다.

학교에서 AI 사용을 권장하는 경우도 있습니다. 2022 개정 교육과정의 목표인 과정 중심에 따라 수행평가에서 논·서술형의 비중이 40%로 늘어났기 때문이지요. AI 사용과 논·서술형의 비중이 늘어난 것이 무슨 상관이냐고요? 객관적이지 못하다는 잡음을 없애고자 논·서술형에서 AI를 활용한 채점을 강조하는 일이 많아지고 있다는 이야기예요.

AI 평가가 안정화된다면 대학교의 논술전형이나 글쓰기 능력 평가도 지금보다 확대될 수 있습니다. 대학교에서는 예나 지금이나 학생들의 생각을 글로 평가하고 싶어 하니까요. AI를 활용하면 채점의 공정성과 비용에 대한 고민을 덜 수 있으니 더 이상 주저할 필요가 없는 것이지요.

AI가 만든 학교생활기록부

2025년은 학년제가 아니라 학기제로 운영된 고교학점제로 인해 학생부 입력 시간이 당겨졌습니다.* 학생부 마감 기한이 다가올수록, 긴장과 피로가 섞여 교무실 공기가 무거워지지요. 모니터 앞에 앉은 교사들의 비장함은 예전과 다를 바 없지만, 크게 변한 것도 있습니다. 바로 AI 활용입니다. AI는 요즘 고교 교사들 사이에서 가장 자주 오가는 단어지요.

"AI 없이는 마감이 어렵다."

이렇게 말하는 교사가 있을 정도니까요. 학생부 항목 중 대입 학생

---

* 고교학점제가 도입되며 1학기 세특은 '학기 말'까지 마감하도록 했지만, 교사의 부담이 커지자 교육부가 최근 '학년 말'로 원복했어요.

부종합전형에 큰 영향을 미치는 '세부능력 및 특기사항(세특)'과 '창의적체험활동 기록' 때문에 말입니다. 저는 농담 반 진담 반으로 "세특 쓰기 힘들어 선생 못하겠다"고 말하는 교사도 여럿 봤습니다. 학생의 개별 경험을 바탕으로 정교하게 문장을 다듬어야 하는 탓에 교사의 업무 부담이 크기 때문이겠죠. 그런데 요즘 학생의 활동 내용을 입력해 초안을 만드는 방식으로 AI를 활용하는 교사가 늘고 있어요. 학년 교육과정을 동일하게 이수한 학생들의 교과학습 발달사항을 각기 다른 문구로 표현해야 하니까요. 이는 챗GPT 무료 버전으로도 얼마든지 가능하지요.

"고2 문학 과목, 서울 상위권 대학교 진학 가능 학생, 윤동주 시 「서시」, 이청준 소설 「당신들의 천국」, 채만식 소설 「태평천하」 등을 공부했음. 과목별 세부능력 및 특기사항 써줘."

이렇게 입력하면 불과 5~6초 만에 특기사항이 뚝딱 작성됩니다. 이어서 이런 대화를 나눌 수도 있죠.

"학생이 경제학과 진학을 목표로 하고 있으니까 여기에 맞춰 수정해줘."

챗GPT는 5~6초 만에 수정된 특기사항을 내놓습니다. 사람이 작성하면 몇십 분이 걸릴 일을 불과 몇 초 만에 해내는 것이지요.

여기에 대한 우려의 목소리도 작지는 않습니다. 중요한 대입 평가 지표인 학생부 작성에 AI의 도움을 받아서는 안 된다고 반대하는 것이지요. AI가 문장을 매끄럽게는 해줄 수 있지만 진정성 있는 학생부를 만들어줄 수 없다고 비판하면서요. 맞는 말이에요. 저도 충분히 공감해요. 이미 위험한 부분이 적지 않이 나타나고 있죠.

하지만 이미 현장의 분위기가 몇 년 전과 다릅니다. 교육부가 지난 7월 시·도 교육청에 보낸 공문을 살펴볼까요? '학생부 서술형 항목 작성 관련 유의사항 안내'라는 제목의 공문에는 "학생부 서술형 항목은 교사가 평소 학생을 직접 관찰하고 평가한 내용을 바탕으로 작성해야 한다. 작성 과정에서 글을 다듬기(윤문) 위한 보조 수단으로 생성형 AI의 도움을 받을 수 있으나, 이 경우에도 최종 책임은 교사에게 있다"는 내용이 담겨 있어요. 최종 책임을 교사가 진다면, 학생부 작성에 AI를 활용하더라도 현실을 고려해 큰 문제 삼지 않겠다는 뜻으로 해석됩니다.

챗GPT 등 생성형 AI 프로그램으로 학생부를 작성하는 교사들이 늘어나면서 유료 서비스를 제공하는 사설 업체도 늘어나고 있어요. 교사를 겨냥한 학생부 작성 AI는 월 이용 금액이 2~3만 원 선에 형성돼 있죠. 서울대학교 합격생들의 학생부로 AI 모델을 만들었다는 업체가 등장하는가 하면, 일부에서는 학교 차원에서 '학생부 AI 작성' 유료 프로그램을 도입해 교사 대상 연수를 진행하기도 하지요. 학생부 AI 분석 프로그램도 찾아볼 수 있고요.

이 같은 상황에서 경북교육청은 교사의 디지털 업무를 돕는 온라인 플랫폼 '온무실'을 통해 '행발 생성기'라는 서비스를 내놓았습니다. 학생의 특성을 입력하면 AI가 학생부 '행동특성 및 종합 의견'에 들어갈 만한 내용을 작성해주는 서비스죠. AI를 비서처럼 활용해 학생부를 정리할 수 있도록 도와준달까요? 몇 가지 키워드만 입력해도 내용을 풍부하게 바꿔주는 이 서비스는 학생부 작성 등 행정 업무에 쓰이는 시간과 부담을 줄여 교사가 학생들의 교육에 더 집중할 수 있게 만들겠다는 의도를 지니고 있어요. 하루 종일 수업하고 수업 준비하느라 바쁜 교사의 디지털 업무를 돕는 온라인 플랫폼인 셈이에요.

조금 다른 이야기지만, 교육 현장에는 학생이 먼저 AI에게 도움을 받은 학생부 초안을 교사에게 부탁하는 경우도 심심치 않게 찾아볼 수 있다고 합니다. 선생님에 따른 편차를 줄이고 조금이라도 자신의 활동과 의견을 어필하고 싶기 때문이겠죠. 이 때문에 "AI로 만든 초안을 부탁하는 아이들 때문에 힘들다"고 토로하는 교사들도 있어요.

한편 대학교에서는 AI 학생부를 걸러내기 위해 최선을 다하고 있어요. 입학사정관이 더 꼼꼼하게 살펴볼 뿐 아니라, AI 학생부를 걸러내기 위해서 AI 프로그램도 활용하지요. 대입 시 신입생의 80%가 학생부기반전형으로 선발되기에, 대학교에서는 학생부의 영향력이 큰 상황에서 챗GPT의 도움을 받은 학생부를 신뢰할 수 있느냐에 대한 논란이 이어지고 있거든요.

AI로 인한 대입 변화는 학생부뿐만이 아니에요. 입시 업계에서도 AI를 활용한 컨설팅이 쏟아지고 있죠. AI 기반 입시 준비 플랫폼을 만든 이투스에듀, 학생부 분석 AI 플랫폼 바이브온과 손잡은 디지털대성, AI 서류평가 시스템을 만드는 유웨이어플라이 등이 대표적입니다. 이곳들은 AI를 활용해 방대하고 복잡한 입시 요강을 분석하고, 지원 가능한 대학교를 컨설팅해줘요. 조만간 고액 입시 업체에 요청해야만 지원 가능한 대학교를 알 수 있는 분위기가 달라지리란 사실은 분명합니다. 이것이 긍정적일지 아닐지 지금 단정하기는 어렵지만, AI 때문에 입시 컨설팅이 달라지리란 사실만은 확실하지요. 이만기 저자가 《경향신문》에 기고한 칼럼을 통해 각자 미래를 예상해보면 좋겠네요.

[교육 돌아보기] 입시 현장에 스며든 생성형 AI를 바라보며

최근 웬만한 상담이나 분석이 필요한 일들에 생성형 AI인 챗GPT를 이용한다고 한다. 필자도 한 달 전, 대입 수시모집 원서 접수 기간에 한 학생의 학생부를 챗GPT에 넣어봤다. 학생 동의를 받아 개인정보를 삭제하고 일부분만 발췌했다.

필자가 "학생부종합전형 평가자 입장에서 냉정하게 이 학생부를 분석해달라"는 프롬프트를 입력했더니 잠시 후 챗GPT는 그럴듯한 답변을 내놨다.

"누적 평균 석차 등급 약 2.27등급. 비교과·탐구 활동이 우수하여 학생부종합전형 평가 시 실질 반영 내신 체감 등급은 2.1~2.2 수준으로 평가될 수 있음."

곧이어 챗GPT는 등급대에 맞는 대학교와 학과를 나열하며 "의대·최상위권을 노리기에는 내신과 임팩트가 부족하지만 상위권 자연 계열 학과는 충분히 합격 가능성이 높다"는 결론을 내놨다.

또 이 학생의 성적과 비교과를 바탕으로 "자사고이기에 일반고와 평가 기준이 달라 이를 반영하지 않으면 지원 전략이 완전히 잘못될 수 있다"며 주의사항과 지원 전략까지 구체적으로 짚어줬다. 실제 입시 상담을 받는 착각이 들 정도로 말이다.

최종적으로 챗GPT는 "이 학생의 내신, 학교 유형, 성향, 전형 특성을 모두 반영해 수시 여섯 장 카드 구성을 아래와 같이 제안한다"며 지원할 수 있는 대학교 여섯 개를 쭉 뽑아줬다.

챗GPT가 내놓은 응답은 입시 전문가인 필자가 보기에도 꽤 일리가 있었다. 심지어 같은 학생의 학생부를 시차를 두고 재입력했더니 분석이 더 정교해졌다. 그새 다른 학생의 학생부와 각 대학교의 전형을 다양하게 학습한 결과로 추측된다. 이렇듯 간단한 프롬프트만으로 정교한 대입 분석을, 그것도 실제 입시 컨설팅 대비 저렴한 비용으로 받을 수 있다는 것은 AI의 분명한 장점이다.

그러나 우려되는 지점도 명확하다. 우선 많은 학생이 AI가 제시하는 유사한 조합(전형·학과)으로 몰리면 특정 학교나 학과의 경쟁률이 급증하거나 변별력이 떨어질 수 있다. 또 AI의 할루시네이션(환각)을 가려내기도 쉽지 않다. 실제로 대학별 전형 평가 함수를 모르는데도 자신 있게 수치를 내세우며 분석하기도 한다. 더구나 대학교의 모집요강 변경, 모집단위 통폐합, 반영지표 개정 등 최신 정책이 AI 모델에 반영되지 않았다면 부정확한 답변이 나올 위험이 크다. 따라서 AI 답변이 사실에 근거하는지 교차 확인하는 과정을 필수로 거쳐야 한다. 이 밖에도 개인정보를 삭제하지 않은 채 학습에 활용하면 프라이버시 침해 위험이 커지고, 유료·고급형 AI를 쓰는지에 따라 디지털 접근 격차가 생길 수도 있다.

더욱이 최근에는 입시 상담뿐 아니라 학생부 작성 과정에서도 생성형 AI가 쓰이고 있어 걱정이 크다. 최근 교사가 학생부 '세부능력 및 특기사항(세특)'이나 각종 기재 사항을 AI로 작성하는 사례가 늘고 있는데, 여기서도 AI 할루시네이션이 곁들여져 사실이 아닌데도 문장만 말끔해지는 경우가 많다. "의대 지망 학생의 생명과학Ⅱ 세특을 적절한 실험과 과정·결과를 넣어 작성해달라"는 프롬프트를 입력하자 순식간에 "심화 실험 활동으로 혈당 조절 호르몬의 작용을 주제 삼아 인슐린과 글루카곤의 작용 기전을 조사하고, 소화계와 내분비계의……"로 시작하는 세특이 작성됐다.

학생부 작성 때 생성형 AI를 참고하는 건 괜찮을지라도, 전반을 의존하게 되면 공정성 논란을 부를 수 있다. AI가 만들어준 학생부를 각 대학교 입학사정관이 어떻게 정확하고 공정하게 평가할 것인가. 나아가 이런 관행이 심화되면 학생부종합전형의 평가 자체를 AI에 맡기는 사태가 오지 말란 법이 없다.

서울대학교는 2028학년도 대입 수시모집에서 수능 최저 학력 기준을 없애고 학생부와 면접만으로 선발하겠다고 밝혔다. 수시에서는 수능을 배제하겠다고 한 상황이다. 서울대학교만 해도 수시에서 학생부 비중이 압도적으로 커질 텐데 이때 학생과 교사가 생성형 AI를 활용해 학생부 내용을 '보정'해 제출한다면 이를 어떻게 감별하고, 무엇을 신뢰할 것인가. 편리함의 유혹을 경계하며 기록의 진정성과 평가의 공정성을 지키기 위한 사회적 합의와 제도적 안전장치가 필요한 시점이다.

교과서 밖에서 이미 수업 중인 AI

최근 대학가를 발칵 뒤집는 사건이 발생했습니다. 지난 10월 연세대학교 3학년 수업인 '자연어처리(NLP)와 챗GPT' 중간고사에서 대규모 부정행위가 적발된 것이죠. 온라인 사이트에 접속해 객관식 문제를 푸는 방식의 시험이었는데, 수강생 600명 중 약 200명이 챗GPT 등 AI 도구로 답안을 작성한 것으로 확인됐습니다. 문제를 캡처해 챗GPT에 입력한 뒤 답을 받아 적는 방식의 부정행위였어요.

머칠 뒤 고려대학교에서도 유사한 사건이 벌어졌습니다. 무려 1,400명이 수강하는 대형 온라인 강좌에서 약 500명이 AI를 활용해 정답을 찾은 뒤 오픈채팅방에서 서로 정보를 공유한 사실이 드러난 거예요. 담당 교수는 큰 충격을 받았다며 학생들에게 자수를 권했죠.

서울대학교에서도 비슷한 정황이 포착됐습니다. '통계학실험' 수업에서 일부 학생이 강의실 컴퓨터로 몰래 AI를 사용한 것이 확인됐죠. 더욱 놀라운 점은 서울대학교에서는 대면 강의였다는 것입니다.

명문대학교에서 연이어 AI 부정행위가 발생하자 교육계는 큰 충격에 빠졌습니다. 대학가에서는 텍스트 생성 여부를 판별한다는 '챗GPT 킬러' 도구의 사용이 급증하는 웃지 못할 상황까지 벌어지고 있어요.

사건이 알려지자 온라인 댓글에는 '온라인 수업을 금지하라', '대면 시험에서 몸수색까지 해야 한다'는 극단적 요구도 등장했습니다. 하지만 이는 임시방편일 뿐이에요. 지금처럼 정답이 있는 객관식 중심의 평가 방식으로는 AI 시대의 현실을 제대로 반영하기 어렵습니다. 이 문제는 대학교에만 해당되지 않아요. 1~2년 안에 초중고에서도 AI로 과제나 시험 답안을 작성하는 사례가 속출하며 학교가 큰 혼란을 겪게 될 가능성이 높지요. 이는 바로 지금, AI를 교육과 평가 체계에 어떻게 반영할 것인지에 대한 심도 있는 논의가 필요한 이유입니다. 이는 막을 수 없는 현실이에요. 또한 AI를 제대로 이해하고 쓸 수 있도록 리터러시와 윤리 교육도 이뤄져야 하겠죠.

다시 강조하지만 AI는 이미 학교 안으로 들어와 있습니다. 형식이 'AI디지털교과서'가 아닐 뿐이죠. 누군가는 AI가 더 이상 교실에 들어오지 못하게 막을 수 있다고 생각할지도 모르지만, 이는 비현실적인 기대입니다. 수업 기획과 평가, 행정은 물론 학생의 학습 루틴과 입시까지 AI는 이미 교육의 사방에 스며들어 있으니까요. AI는 어느새 우리 일상에 녹아들었어요. 따라서 AI가 더욱 교실에 들어오는 상황을 가정하고 '앞으로'를 대비해야 하지요.

AI가 교실에 들어오면 교사의 역할을 빼앗을 것이라는 우려도 있습니다. 단순 지식 전달은 AI가 더 잘할 수도 있기 때문이겠죠. 이는 많은 교육 전문가가 인정하는 부분이기도 해요. 하지만 AI가 공교육에 들어온다고 교사의 역할이 없어지리라 내다보는 사람은 별로 없습니다. 단순 설명보다 중요한 것은 '왜 배우는가'에 대한 동기 부여거든요. 이 역할은 여전히 교사의 몫이리라 보는 것이지요. AI가 수업을 대신하더라도 아이에게서 학습 동기를 이끌어내는 것은 인간만이 할 수 있달까요? AI가 수행할 수 있는 것은 기계적 업무의 분담일 뿐입니다. 교사처럼 교육 철학을 갖고 있는 것이 아니잖아요.

AI가 교실에 들어와도 여전히 기존처럼 지식을 전달하는 사람으로 머물고 싶어 하는 교사에게는 어려움이 있을 거예요. 이와 관련해 기존의 주입식 수업 방식에서 벗어나 21세기에 맞추어 교육자의 역할이 달라져야 한다고 주장하는 교육 전문가도 많습니다. AI가 교실에 들어오면 수업의 설계자에서 큐레이터로 교사의 역할이 달라져야 한다는 것이지요.

만약 교사가 활동 아이디어를 만드는 데 에너지를 다 쓴다면 수업이 원활하게 진행될 수 있을까요? 교사가 이미 지친 상태라면 학생들을 수업에 적극적으로 참여시키기도 어렵겠죠. 반면 입력된 학습 목표와 주제를 바탕으로 AI가 제시한 수업 아이디어를 아이들과 함께하면서 끝까지 활동할 수 있도록 응원해준다면 어떨까요?

AI가 교실에 본격적으로 도입되면 학생들의 학습 방식도 달라질 거예요. 일단 학습 태도가 변화하겠죠. AI 교육의 특징은 학생별 학습 수준의 파악이니까요. 이 자료를 제대로 분석하고 보완한 학생과 그렇지 않은 학생은 두드러지는 성적 차이가 보일 가능성이 크지요. 즉, 앞으로는 AI가 분석한 약점과 추천 문제, 학습 유형 등을 수용하고 보완하는 학습 태도가 필요해요. 문제풀이에 대한 피드백이 실시간으로 제공되기에, 그러지 않으면 성적에 따른 낙오의 위험까지 있지요. 학생 한 명당 학습 패턴과 개별 평가 분석이 가능하기 때문에 더 이상 수업 때 딴짓을 하지는 못할 거예요.

AI 교실의 진짜 숙제는 '신뢰'다

편리한 AI 사용에는 위험도 있습니다. 학생들이 AI가 제시하는 답을 그대로 받아들이고, 과제할 때 베낄 가능성이 있기 때문이죠. 실제로 이런 학생들이 늘어나 요즘 학교는 골머리를 앓고 있다고 해요. 이 때문에 학교들은 수행평가에 'AI 활용 사실 명시', '프롬프트 공개', '수정 전후 비교'를 의무화하고 있어요. 'AI를 썼는가'에서 한 발 더 나아가 '어떻게 썼는가'로 나아가야 하는 상황입니다.

세계의 교실은 이미 AI와 함께하고 있어요. 선진국 중에는 AI 교육의 속도가 한국보다 빠른 곳도 많아요. 'AI 수업 혁신 모델'을 도입하며 교사, 학생, 학부모가 함께 설계에 참여하는 곳도 있지요. 미국 코네티컷주의 이스트 하트퍼드 학군에서는 매직스쿨이라는, 학생 수준에 맞는 질문을 자동 생성하고 각자 이해 수준에 맞춰 설명해주는 플랫폼을 매시간 수업에 허용했어요.

물론 모두가 AI 교육을 긍정적으로 인식하고 있지는 않아요. PDK 2025 여론조사에 따르면, AI를 수업에 활용하는 것에 찬성하는 비율이 1년 만에 13%포인트 하락했다고 하죠. 특히 학생의 성적 데이터를 AI에 제공하는 것에 반대하는 학부모는 68%에 달했어요. 기술 자체의 문제라기보단 '데이터가 누구의 것인가'에 대한 신뢰의 문제를 여전히 풀지 못한 탓이지요.

우리나라도 마찬가지입니다. 교사와 학부모, 학생 간의 신뢰가 전제되지 않으면 AI는 편리함이 아닌 불안만 낳을 거예요. '기술'보다 '신뢰'가 먼저 뒷받침돼야 합니다. 이 점에는 해외 사례를 들먹일 필요도 없어요. 지난 AI디지털교과서 도입 논란 때 우리 모두 익히 경험한 바 있으니까요.

2025년부터 교육부는 'AI 윤리 가이드라인'과 '데이터 보호 원칙'을 담은 지침을 마련하고 있습니다. AI가 생성한 자료는 3년 후 자동 삭제, 학습 데이터는 가명 처리 후 연구 목적 외 사용 금지가 포함되지요. 기술보다 먼저 '절차'를 세우려는 움직임이라는 점에서 필요한 과정입니다. 지금 당장 AI디지털교과서를 사용하지는 않는다고 하더라도, AI 교육 시대는 이미 시작됐어요. 이는 보호자가 AI 교육에 관심을 가져야 하는 까닭이죠. 단순히 기술만 걱정하고 있어서도, 입시에 유리한 부분에만 초점을 맞추어서도 안 돼요. AI를 이해하고, AI에 대해 질문하고, AI와 함께 학습하는 태도가 필요한 거예요. 그렇지 못하면 우리의 교육이 변화하는 세상에 반응하지 못해 예상치 못한 일들이 나타나겠죠.

앞으로 교육의 3주체는 AI를 이렇게 활용하는 방향으로 나아가야 해요. 아래 3주체가 같은 방향을 볼 때, AI의 위험한 활용을 막을 수 있을 테니까요.

AI에 관심을 갖는 부모.

AI를 설계하는 교사.

AI를 함께 배우는 학생.

AI 사교육
확산

AI는 지금 '맞춤형 과외'의 시대를 열고 있다

한 초등학생이 문제를 풀다가 모르는 것이 생기자 사진을 찍어서 선생님에게 질문했습니다. 그러자 선생님은 아이의 눈높이에 맞춰 즉시 설명해줬지요. 다른 유형을 풀 때 아이가 시간이 필요하다고 하자 이번에는 아이 속도에 맞춰 재촉하지 않고 기다려줬습니다. 이런 과외 선생님이 있다면 아이의 학습을 맡기시겠습니까?

이 선생님의 이름은 바로 AI입니다. AI가 어려운 문제를 척척 풀어내는 것은 더 이상 놀랄 일도 아니죠. 이 사실을 좀 더 체감할 수 있도록 2026학년도 수능 문제를 놓고 AI에게 도움을 구했어요. 그중 수학 문항을 인식시켰는데 30초 만에 정답을 찾아내더군요. 이어서 "너는 이제 수능 과외 선생님이야. 중학교 1학년 여학생인 나에게 이 문제를 쉽고 자세하게 풀이과정을 설명해줘"라고 하니 아주 자세하게 설명해줬어요. 연령대를 바꾸자 또다시 그에 맞는 풀이를 해줬고요.

16. 수열 $\{a_n\}$은 $a_1 = 1$이고, 모든 자연수 n에 대하여 $a_{n+1} = n^2 a_n + 1$을 만족시킨다. a_3의 값을 구하시오. [3점]

이 문제를 챗GPT에 물어보면 다음과 같이 답을 줍니다.

초항 : $a_1 = 1$
점화식 : $a_{n+1} = n^2 a_n + 1$

-----

1) a_2 구하기
$n = 1$ 대입 : $a_2 = 1^2 \cdot a_1 + 1 = 1 \cdot 1 + 1 = 2$
2) a_3 구하기
$n = 2$ 대입 : $a_3 = 2^2 \cdot a_2 + 1 = 4 \cdot 2 + 1 = 8 + 1 = 9$

정답 : $a_3 = 9$

수능이 끝나고 언론에서는 다양한 실험을 했어요. 그중《연합뉴스》는 연세대학교 인공지능융합대 첨담융합공학부 김시호 교수 연구팀과 함께 챗GPT(GPT-5), 제미나이(2.5 플래시), 퍼플렉시티(소나), 딥시크 최신 모델의 무료 버전을 대상으로 2026년도 수능 국어·영어·수학 영역을 풀어보게 했죠. 시험 환경을 실제 수능과 동일하게 구현하기 위해 모든 AI 챗봇에게 인터넷 검색을 금지하고 스스로 문제를 풀도록 했고요.

시험 결과, 가장 높은 성적은 받은 모델은 과연 무엇이었을까요? 바로 오픈AI의 챗GPT였습니다. 챗GPT는 수학에서 단 한 문제만 틀리며 우수한 성적으로 안정적인 1등급을 기록했어요. 똑같은 실험을 2년 전에 했을때는 9등급 수준이었는데 말이에요. 불과 2년 만에 1등급 수준으로 도약한 거예요. 다만 국어는 여전히 어려워하는 것으로는 나타났습니다. 한 과목이 아니라 전 과목을 고루 잘하는 AI를 활용해 학습 프로그램을 만들려는 시도는 어쩌면 자연스러운 흐름인 것이죠.

AI가 뒤흔드는 사교육 시장의 판도

경쟁이 치열한 사교육 업계에서는 AI로 학습 효율을 높이려는 시도가 활발합니다. 상대적으로 개인정보에 유연하고, 주기적인 레벨테스트 등의 시험 덕에 학생들의 성적 데이터를 많이 가지고 있는 덕분이 겠지요. 학생 개개인에게 정확한 학습 서비스를 제공하는 것에 앞으로의 사활이 달렸다며 공격적으로 AI를 도입하는 교육 기업도 늘고 있어요. AI 기술과 교육 데이터를 결합해 학생 맞춤형 교육을 제공하는 곳이 늘고 있는 거예요.

통계청과 삼일PWC경영연구원의 발표에 따르면, 국내 초중고 사교육 시장에서 온라인 교육이 증가하고 있는 것으로 확인됩니다. 온라인 강의는 2017년부터 2022년 5년간 20.4%의 성장률을 보였지요. 학교별로 보면 중학교 25.3%, 고등학교 19.6%, 초등학교 19.1% 순으로 나타나요. 온라인 강의가 활발해진 배경에도 AI가 한몫했어요. 정확한 실력 분석으로 맞춤형 강의를 제공해 학습 성과를 높인 덕분으로 평가되고 있지요.

사교육 기업이 AI 도입에 적극적인 이유는 무엇일까요? 우선 학령인구 감소라는 치명적인 위협을 AI 활용으로 타개하기 위해서겠죠. AI 기술로 학습 효율을 높히면서요. 이를테면 웅진씽크빅은 AI 기반 학습 플랫폼 '웅진스마트올'을 데이터 중심의 자기 주도 학습 플랫폼으로 개편했어요. 고령층으로 교육 대상을 넓히며 학습의 경계를 허무는 교육 기업들도 있지요. 대교는 학습지 운영 데이터를 바탕으로 인지 훈련 중심의 시니어 교육 프로그램을 운영 중이에요.

사교육계는 공교육보다 AI 도입에 훨씬 적극적입니다. AI를 쉬쉬하는 공교육에 비해 대놓고 홍보하는 곳이 많지요. 앞에서도 말했듯

이, 학령인구 감소라는 위협과 경쟁 심화 속에서 차별화된 교육 서비스를 제공하기 위한 전략적 선택이에요. 그렇다면 AI의 장점은 무엇일까요?

- 첫째, '학생 개개인의 학습 데이터를 분석해 맞춤형 학습 경로를 설계합니다.
- 둘째, 진단-학습-평가 전과정을 데이터 기반으로 연결해 개인화 학습 경험을 강화합니다.
- 셋째, 학습자의 실시간 오답 유형과 학습 패턴을 분석해 즉각적인 피드백을 제공합니다.
- 넷째, 기존의 강의 중심·일방향 교육 방식을 넘어선 상호작용 학습 구조를 가능하게 만듭니다.

교육 기업들은 AI를 통해 교사의 역할을 '교수자'에서 '코치'로 전환시키기 위한 시도 중입니다. 교육 콘텐츠 또한 정형화된 교재 대신 데이터에 따라 유동적으로 조정되는 구조로 재편되고 있지요. 이 과정에서 학습 관리, 진도 체크, 상담 등 학원 운영 시스템의 자동화를 꾀하는 곳도 있어요.

AI 기반 교육이 확대되면 학습 격차가 기술 격차로 재생산될 가능성도 존재해요. 학습 데이터의 축적과 활용 과정에서 윤리·보안·투명성 문제도 중요한 과제고요. 이런 상황임에도 AI 도입은 사교육 시장의 구조가 강의 제공에서 학습 경험 설계 중심으로 이동하고 있음을 보여주지요.

공교육이 제도적 검증과 안전 장치를 이유로 보수적으로 접근하는 사이, 사교육은 'AI가 만들어내는 학습 혁신'을 현실로 옮기며 시장의 판도를 바꾸기 시작했습니다. 불과 몇 년 전만 해도 AI는 '진단과 분석' 수준의 보조 도구에 불과했지만, 이제는 달라진 거예요. 현재 AI는 교육의 질을 높이며 수익 구조를 바꾸는 교육 기업의 핵심 경쟁력이 되었어요. 이 중심에는 강사 대신 수업을 설계하고, 학습 과정을 모니터링하며, 학습자와 대화하는 'AI 튜터'가 있지요.

영어, AI와 함께 말하는 시대

가장 빠른 변화가 보이는 분야는 영어입니다. 영어는 기존 데이터와의 비교 학습으로 커뮤니케이션이 가능한 생성형 AI를 속속 도입하고 있지요. 영어의 변화 속도가 가장 빠른 까닭은 단연 수요가 가장 높기 때문일 거예요. 원어민 교사를 쉽게 만나기는 어려우니까요. AI 튜터는 원어민 교사와 만날 때 드는 비용도 절약해줄 뿐 아니라 직접 원어민과 대면해서 영어로 말하는 것에 대한 부담감도 줄여줍니다.

AI 튜터를 활용한 영어 회화 앱은 2020년대 초부터 활발하게 생겼어요. 대표적으로 영어 회화 앱 3대장으로 불리는 스픽, 듀오링고, 말해보카를 들 수 있겠네요. 모두 영어 단어나 회화를 AI와 함께하는 학습 방향으로, 자주 틀리는 부분의 반복 학습을 특징으로 합니다. AI와의 프리토킹 중 학습자가 말한 내용을 텍스트로 저장하고, 틀린 문장이나 부자연스러운 표현을 교정해주지요.

AI 튜터는 특정 주제를 기반으로 이용자와 자유로운 대화가 가능하고, 또 이용자가 전날 했던 말을 기억했다가 대화를 이어나가기도 해요. AI를 도입한 기존의 다른 에듀테크 서비스와 달리 학습자의 발화를 인식하고, 문장 표현을 매끄럽게 고쳐주는 것을 넘어 실질적인 대화가 가능하다는 점이 가장 큰 장점이지요. 게다가 AI 음성 인식은 발화자의 억양·리듬·의도까지 분석해 '의미는 맞지만 자연스럽지 않은 표현'을 구별하고 수정안까지 제시해줘요. 단순한 문법 교정에서 그치는 것이 아니라 언어 감각을 데이터로 학습시키는 셈이에요.

초·중등 영어 회화 프로그램 역시 AI 튜터를 십분 활용하고 있어요. 초·중등을 대상으로 하는 AI 영어 플랫폼의 특징은 학생이 '틀린 이유'를 이해할 수 있도록 '즉각 피드백형 튜터링'을 강화하고 있다는 것이지요. 초등 수준에서는 '틀려도 괜찮아'라는 감정적 안정감을 주며 발화를 유도하는 '격려형 AI 대화 구조'가 늘고 있어요. AI가 교정자가 아닌 동행자의 역할을 한달까요. 대표적인 프로그램으로는 AI 기반 게임형 말하기 서비스인 호두잉글리시를 운영하는 호두랩스, 폭슬리라는 AI 캐릭터와 대화를 통해 영어 회화 실력을 높이는 단비교육의 캐츠잉글리시가 있지요.

메타버스 환경 속에서 학습자의 영어 학습을 돕는 서비스도 있습니다. AI 챗봇 피비와 영어 단어나 문장을 스무고개 퀴즈 등 게임 형식으로 점검하는 윤선생의 초등 영어 학습 앱 와이플래닛, 웅진씽크빅이 출시한 영어 스피킹 중심 교육 메타버스 앱인 '링고시티' 등이 대표적인 서비스겠네요. 이 밖에도 영어 원고를 첨삭해주는 앱부터 영어 지문을 입력하면 다양한 활동을 만들어주는 앱까지 출시된 상황입니다.

수학 교육, 진단에서 처방으로

AI는 수학 교육에서 가장 정교하게 작동합니다. 다른 과목에 비해 문제와 정답을 데이터화하기 용이하기에, 수학에서 가장 활발하게 AI 교육 시도가 이뤄지고 있어요. 특히 학습자의 정확한 수학 수준 분석에 AI를 활용하곤 합니다. AI는 학습자의 정답률뿐 아니라 '풀이 시간', '오답 유형', '포기 시점'을 기록해 스스로 학습자 프로필도 생성하지요. 수학에 AI를 활용하는 대표적인 기업으로는 노리Knowre, 프리윌린의 매쓰플랫, 튜링의 수학대왕, 매스프레소의 콴다가 있습니다.

AI를 활용하면 학습자의 습관과 태도를 데이터화해서 알맞은 수학 문제를 제공할 수 있어요. 문제 해결 시간, 정답 선택 태도, 이전 문제나 비슷한 문제 풀이 패턴 등의 정량적 데이터로 이 문제의 정답을 찍은 건지 혹은 충분히 풀 수 있는데 귀찮아서 그냥 넘긴 건지 등을 파악하니까요. 아이의 학습 빅데이터를 분석한달까요?

오늘날의 AI는 체감 난이도, 예측 정답률, 적정 시간을 예측하여 해당 학습자가 충분히 풀 수 있는 수준에서 다음에 풀어야 할 수학 문제를 제시해요. 수학 문제를 '채점'하던 AI가 풀이과정을 추적하며 '이해의 깊이'를 판별하는 단계로 발전한 셈이에요.

유아교육, 놀이 속 맞춤형 AI 학습

유아 사교육 시장도 조용히 변화하고 있어요. 교구 중심이던 유아 학습이 AI가 아이의 '놀이 반응'을 읽으며 학습 경로를 제안하는 방향으로 나아가고 있지요. AI는 아이의 표정·목소리 톤·움직임을 인식해 '흥미가 떨어지는 시점'을 감지하고 새로운 놀이를 제시해요. 만약 그리기 앱에서 아이가 4회 이상 같은 색을 선택하면 AI가 "다른 색으로도 그려볼까?" 하고 음성 피드백도 주고요. 지시가 아니라 탐색을 유도하는 형태로요.

키즈엠은 AI 기술 융합으로 '젤리아이'라는 통합 교육프로그램을 출시했어요. 유아동의 한글·영어·독서 콘텐츠는 물론, AI가 유아의 학습 진행 상황을 분석해 맞춤형 콘텐츠를 제공하는 프로그램이지요. 아이스크림미디어는 초등 교사를 위한 'AI BOX' 지원 도구, 학생을 위한 AI 기반 학습 환경 등을 유아까지 확장해 제공하고 있고요.

유아교육에서 AI는 학습보다 경험을 디자인하는 방향으로 발전 중이에요. 정답 찾기 대신 '관찰·표현·감정 조절'을 유도하며 인지적·정서적 성장의 균형을 돕는 거죠. AI는 교사나 보호자가 미처 관찰하지 못한 행동 데이터를 분석해서 '이 아이는 반복 놀이를 통해 안정감을 찾는 유형'이라는 정성적 정보를 제공하기도 해요.

중·고등 사교육, AI가 설계하는 공부 로드맵

AI를 활용한 중·고등 사교육의 핵심은 '성적 관리'와 '입시 전략'이에요. AI는 학생의 과목별 점수, 수행평가 기록, 학습 태도 데이터를 바탕으로 학습자별 최적의 로드맵을 찾아주지요. 이를 통해 어떤 과목에 에너지를 집중해야 하는지도 제시하고요. 최근에는 AI가 학생의 학습 루틴을 코칭하는 형태로까지 발전했어요. AI가 하루 공부 시간, 휴식 주기, 집중 패턴을 분석해서 '오늘은 25분 집중 후 5분 휴식'과 같은 '루틴 맞춤형 알림'을 제공하는 것이지요. AI가 공부 습관의 리듬을 설계해주는 셈이에요.

입시 전략에서도 AI는 '확률형 분석'으로 쓰이고 있어요. 수많은 합격 데이터를 기준으로 '이 학생의 내신, 모의고사, 활동 데이터'를 분석해 이전 합격자와의 유사도는 몇 퍼센트인지 제시하는 것이죠. 이

전에는 대치동 유명 강사만 제공하던 분석이 AI 시스템 안에서 자동화되고 있는 거예요. 사교육의 치명적인 단점으로 제시되는 정보의 비대칭성과 격차를 줄이려는 노력처럼 보이기도 하네요.

AI 사교육의 명암

최근 교육계에서 화제가 된 소식이 있어요. 입시교육 기업 시대인재가 AI 기반 학습 앱 콴다의 최대주주가 된 거예요. 지난 9월, 시대인재 운영사인 하이컨시가 콴다 운영사인 매스프레소의 지분을 17% 확보하면서 기존 1등 주주였던 틱톡 계열사를 제치고 최대 주주가 됐지요. 지분 인수액은 약 300억 원으로 추정되고 있어요.

업계에서는 이를 미래 교육 플랫폼의 주도권을 잡기 위한 전략적 행보로 해석하고 있습니다. 많이들 아시다시피 콴다는 AI 기반 문제 풀이, 1대1 과외 연결, 태블릿 학습 솔루션을 갖춘 에듀테크 플랫폼이에요. 시대인재는 수년간 축적한 입시 콘텐츠와 콴다의 AI 기술력을 연결해 학생에게 맞는 초개인화 학습을 만들 것으로 예측되고 있지요. 오프라인에서 잘나가는 학원도 AI 도입에 적극적인 거예요.

앞으로 사교육계는 AI로 인해 크게 바뀔 거예요. AI를 활용한 입시 컨설팅이 가능해지면 굳이 오프라인 학원에 가지 않아도 맞춤형 수업을 받을 수 있으니까요. 영어유치원에 가지 않아도 AI 세상에서 원어민 영어 강사를 만날 수 있고요. 이 같은 움직임을 적극적으로 받아들이는 기업과 그렇지 않은 기업, 학원과 공부방 등은 크게 격차가 생길 것으로 예상되죠.

민간교육 기업의 적극적인 AI 도입으로 인해 우려되는 부분도 있습니다. 대표적인 걱정거리가 개인정보입니다. 학습 데이터가 민간교육 기업 서버에 축적되면서 개인정보 보호와 학습 윤리에 대한 논의가 커지고 있는 거예요. AI가 제시하는 정답 중심 피드백이 학습자의 창의적인 사고를 제한할 수 있다는 지적도 나오고 있지요. AI를 사용하지 않을 수 없는 현실과 이 같은 걱정에 대한 현실적 타협점은 무엇일까요?

2025년 4월 21일부터 24일까지 전국 만 18세 이상 성인 1,335명을 대상으로 한 한국리서치 설문 조사에 따르면, 미래 사교육 시장에 AI 학습 도구가 영향을 미치리라고 보는 사람이 전체 응답자의 87%에 달했어요. 나날이 발전하는 AI 학습 도구가 사용자와 비사용자 모두에게 단순한 보조가 아닌, 핵심 도구로 인식되고 있음도 밝혀졌지요. 학령기 자녀 유무와 관계없이 '향후 AI 학습 도구와 기존 사교육 시장은 상호 보완 단계에 있을 것이다'가 79%, '사교육비 절감에 기여할 것이다'가 78%, '자기 주도 학습 습관을 기르는 데 도움을 줄 것이다'가 69%로 나타났으니까요. 그렇기에 더욱 AI 학습 도구에 대한 우려의 목소리가 나오고 있는 것이겠지요.

학령기 아이가 있는 보호자의 절반 이상은 '상호 작용이 부족하여 불편할 것(59%)', '기술적 오류, 잘못된 정보 제공 등으로 불편할 것(57%)'이라고 염려하고 있어요. 그럼 다음 장에서 AI가 교육에 들어와서 달라질 모습 중 우려되는 면에 대해서 구체적으로 살펴볼까요?

부모의 불안,
AI에 묻다

디지털
교육격차

AI 공부를 잘하는 아이와 그렇지 못한 아이

"선생님이 수업 때 챗GPT로 알려주셨어."

"엄마, 챗GPT로 확인해봐."

우리 집 첫째는 요즘 챗GPT를 자주 찾습니다. 집에서도 밖에서도 사용하는 챗GPT에 어느덧 익숙해졌기 때문이겠죠. 집에서 아빠 엄마가 쓰는 챗GPT를 교실에서도 만나니까요. 첫째는 챗GPT를 '검색보다 편리한 친구'로 받아들이고 있는 듯 보였어요. 그런데 어느 날처럼 학교 다녀온 아이가 이런 질문을 하더군요.

"엄마, 챗GPT가 나 대신 정보를 다 찾아주는데 왜 공부해야 해?"

이 질문을 받자 갑자기 걱정스러운 마음이 커졌습니다. 아이의 질문 덕에 편리함 뒤 숨은 그림자를 새삼 깨달았달까요. 챗GPT로 인해 새로운 교육 문제를 겪게 될 것이라는 사실도 체감할 수 있었고요. 사실 AI를 잘 쓰는 아이와 그렇지 못한 아이 사이의 격차는 이미 벌어지고 있어요. AI가 보여주는 정보를 그대로 믿고 의지하는 아이들이 늘면서 예상하지 못한 일들이 생겨나고 있잖아요?

조사에 따르면 2025년 현재, 전 세계 학교의 60% 이상이 AI 기반 학습 도구를 도입한 상황입니다. 미국에서는 교사들이 AI로 수업 자료를 만들고 평가를 자동화하면서 주당 평균 6시간의 업무를 줄였다고 하지요. 학생 입장에서도 AI는 일종의 '개인 튜터' 역할을 하고 있어요. 이해가 안 되는 문제를 바로 물어보고, 모르는 단어도 문맥 속에서 다시 설명과 함께 살펴볼 수 있으니까요. 이것이 바로 'AI 공부법'의 핵심이에요.

문제는 모든 아이가 AI에 쉽게 접근할 수 있는 것은 아니라는 사실입니다. 코로나19 원격수업 당시 미비한 디지털 활용 인프라 때문에 서울시교육청이 디벗* 사업으로 학생들에게 태블릿 PC를 대여해준 것에서 알 수 있듯이, AI 접근성은 학생마다 차이가 있죠. 가정의 디

---

* 디벗은 '디지털Digital+벗'의 줄임말로, '스마트기기는 나의 디지털 학습 친구'라는 의미를 담고 있습니다. 2022년을 시작으로 코로나 이후 온라인 학습 플랫폼을 구축하고, 중학교부터 교육용 스마트기기를 1인 1기기로 활용할 수 있도록 하면서 교사와 학생이 교육에 전념할 수 있도록 서울특별시교육청에서 기기 구매, 배부, 유지, 보수를 지원하는 정책입니다.

지털 환경, 보호자의 정보력, 학교의 인프라가 이 같은 차이를 만드는 거예요.

AI 기반 독서 프로그램과 디지털 토론 툴 활용으로 학생들이 스스로 질문을 만들고, 생각을 확장하는 서울의 초등학교와 노트북 한 대를 대여섯 명이 돌려쓰는 지방의 작은 초등학교를 비교해보세요. 두 곳은 AI를 활용할 수 있는 기회 자체가 불평등하지요. 이것이 누적되면 경험 차는 더 커질 테고요. 다행스럽게도 시·도 교육청이 이러한 접근성 문제에 나서고 있습니다. 예를 들어 서울시는 서울 지역 내 경제·사회적 소외 계층을 지원하는 학습 플랫폼의 활성화를 위해 태블릿 PC 등을 지원하고, AI 활용법 수업 등도 제공하고 있지요.

대부분의 AI 플랫폼이 무료로 운영되지만, 일정 비용을 내고 구독해야만 추가로 제공되는 서비스가 많습니다. 이런 격차를 줄이기 위해 앞으로는 유료 프로그램에 대한 비용 지원도 활발히 이뤄지겠죠. 챗GPT의 유료 비용을 지원하는 대학교도 많아지고 있다고 하고요.

접근성만큼 활용 방법도 중요합니다. AI를 모두 다 똑같은 수준으로 활용할 수 있는 것은 아니니까요. 빠르게 AI를 받아들이고 있는 학원가를 생각해보세요. 수학 문제를 풀면 AI가 아이의 풀이과정을 분석해 오답 유형을 분류하고, 영어 학습에서는 발음을 분석해 실시간으로 교정 피드백을 주지요. 1회 3만 원으로 글을 첨삭해주는 AI 서비스도 있고요. AI가 만들어낸 문제로 시험 대비를 돕는 프로그램도 많아요.

다만 이 모든 서비스는 유료입니다. 월 5만 원부터 50만 원까지, AI 기반 맞춤 학습 시스템의 비용은 천차만별이지요. 어떤 면에서는 AI가 공부 효율을 높이는 것이 아니라 사교육 격차를 키우는 도구로 변하고 있는 것입니다. AI 코칭을 받아서 학습 데이터가 매달 누적되는 아이와 그렇지 않은 아이의 차이는 시간이 갈수록 벌어질 거예요. AI 학습은 데이터가 쌓일수록 점점 더 정교해지니까요. AI를 많이 사용할수록 학생의 수준과 패턴을 학습해 더 정확한 피드백을 주겠지요. 데이터의 양이 곧 학습 자본이 되는 셈입니다. 반대로 AI를 자주 쓰지 못하면, 데이터가 쌓이지 않아 오히려 비효율적인 학습만 반복할 수도 있어요.

MIT 미디어랩은 이를 'AI 학습 루프'라고 부릅니다. 상위 20%의 학생이 전체 학습 데이터의 70%를 생산하고, AI는 이 데이터 기반으로 더욱 정교해진다는 의미로 말이에요. 'AI를 쓸 줄 아는 학생'이 AI의 발전에 기여하고, AI가 다시 그 학생의 성취를 높이는 순환이 만들어지는 셈이에요. AI 시대의 새로운 불평등 구조라고 할 수 있지요.

격차는 기기가 아니라 리터러시에서 시작된다

과거의 디지털 격차는 '컴퓨터가 있느냐, 없느냐'의 문제였어요. 지금의 AI 격차는 '제대로 쓸 줄 아느냐 모르느냐'의 문제지요. 요즘 아이들은 궁금한 것을 인터넷에 검색하고, 나온 결과를 정답처럼 여기며 흡수해요. '2028 대입 개편안'을 인터넷에 검색했다고 해볼까요? 이때 학생들은 상위 랭크에 올려진 게시글을 클릭하겠죠. 만약 그 글이 수학 학원에서 정리한 대입 개편안이라면? '2028 대입 개편안'에서 수학 학습만 부각해 이해할 위험이 있어요. 대입 개편안 중에서 수학의 변화는 일부분인데도 말이죠.

요즘 아이들은 알고리즘이 쏟아내는 인터넷 정보를 받아먹는 것에 익숙해져 있어요. 이때 놓치는 것은 정보 제공자, 플랫폼의 목적성이지요. 친절하게 인터넷상에 정보를 제공하는 이유는 무엇일까요? 바로 자신에게 유리하기 때문입니다. 플랫폼 역시 사람들이 더 오랫동안 체류하기를 바라며 알고리즘에 끊임없이 정보를 제공하지요.

이러한 현상은 AI 시대에도 반복되고 있습니다. 아니, 이전보다 위험성이 커졌다고 봐야 하지요. 인터넷이나 유튜브, SNS에서는 알고리즘에 의해 끼어든 광고에 경각심을 느끼기도 하는데, AI가 천연덕스럽게 알려주는 정확하지 않은 정보는 위기 의식 없이 받아들일 가능성이 높으니까요. 게다가 AI는 질문에 따라서 차이가 큰 답변을 내놔요. 이 부분을 인지하지 못하면 예상치 못한 결과를 얻게 될 수도 있어요. 챗GPT에게 아래 질문들을 한다고 가정해볼까요?

"조선시대 신분제에 대해 설명해줘."

"조선시대 신분제가 무너진 이유를 노비제 폐지와 경제 변화 중심으로 300자 이내로 요약해줘. 출처는 반드시 교과서나 국사편찬위원회 자료를 참고해줘.”

위 두 질문에 대해 챗GPT가 내놓는 답변의 수준은 크게 차이가 날 것입니다. 질문의 정확성이 다르기 때문이죠.

생성형 AI는 단순히 ‘정보를 꺼내주는 기계’가 아닙니다. 사용자가 던진 질문의 의도·맥락·표현 방식을 해석해 답을 구성하는 언어 모델이지요. 따라서 질문이 막연하면 답변도 포괄적일 수밖에 없습니다. 반면, 질문이 구체적이면 답변도 정밀하고 실천 가능하게 변하지요. 질문 속에 배경·맥락·목표를 제시하면 AI가 그 목적에 맞춘 맞춤형 답변을 내놓는다는 의미입니다.

“영어 공부 어떻게 해?”

이 질문에는 누구에게나 적용 가능한 보편적 조언밖에 나올 수 없어요.

“초4, 파닉스는 끝났고 문장 읽기가 가능해. 집에서 20분씩 할 수 있는 영어 말하기 루틴을 추천해줘.”

이렇게 질문하면 상황과 맥락을 이해한 챗GPT가 학습자 맞춤형, 현실적인 실행 계획을 제안해줄 수 있지만요. 즉, 질문이 곧 사고의 구조인 셈입니다. AI는 그 구조를 따라 답변을 재구성하니 질문이 정교할수록 결과물도 정교해지는 것이지요.

심지어 프롬프트를 어떻게 작성하느냐에 따라 AI의 성적 등급이 달라지기도 합니다. 진학사가 챗GPT에게 2026학년도 수능 국어영역을 세 가지 방식으로 풀게 한 실험 결과가 그 사례입니다. 첫 번째는 정답만 요구하는 방식, 두 번째는 문항 세트별 PDF를 제공한 뒤 정답을 요구하는 방식, 세 번째는 세트별 PDF 제공과 함께 단계별 풀이까지 요구한 방식이었습니다.

구분	방식 A	방식 B	방식 C
특징	가장 대충 지시.	중간 수준 지시.	정밀 지시.
문제지 제공	시험지 1쪽당 이미지 1개 → 총 20장의 이미지 제공.	시험지 1쪽당 PDF 1개 → 문항 세트별로 PDF 제공.	시험지 1쪽당 PDF 1개 → 문항 세트별로 PDF 제공.
지시	"국어 시험지 풀어보고, 1에서 45번까지 정답만 쭉 나열(풀이 없이)."	"웹 검색은 사용하지 말고 풀어, PDF 내용만 보고 정답 번호만 나열."	"지문·선지 비교·근거 확인 등 단계별 풀이를 요구."

[방식 B 지시]
수능 국어 시험지 PDF를 보낼게. 웹 검색은 하지 말고 풀어. PDF 내용만 보고 18번부터 21번까지 정답 번호만 한 줄로 나열해줘. 설명은 필요 없어.

[방식 C 지시]
수능 국어 시험지 PDF를 보낼게. 웹 검색은 사용하지 말고 차근차근 풀어. PDF 내용만 보고 18번부터 21번까지 순서대로 풀고, 정답 번호만 한 줄로 나열해줘. 설명은 필요 없어. 각 문항에 대해
1) 지문과 모든 선지를 읽고 서로의 의미를 비교한 다음,
2) 지문에서 근거가 되는 부분을 확인하고,
3) 가장 근거가 분명한 선지를 선택해라.
문제를 건너뛰지 말고, 정말 모르겠으면 해당 번호에 '불확실'이라고 적어라.

©진학사 블랙라벨사업부

실험 결과, 첫 번째 방식이 가장 낮은 점수를 기록했고, 세 번째 방식에서 가장 높은 점수가 나왔어요. AI는 높은 지능을 갖고 있지만, 프롬프트의 지시를 정교하게 이해하는 능력은 아직 완전하지 않기 때문에 질문을 어떻게 설계하느냐에 따라 성능 차이가 크게 나타나는 셈입니다.[*]

질문의 차이가 곧 AI 활용의 차이, 즉 AI 리터러시의 수준이라고 할 수 있어요. AI 시대에 중요한 것은 지식을 많이 아는 능력이 아니라 지식을 다루고 선택하고 연결하는 능력 이에요. 이 능력의 출발점이 바로 질문력이죠. 보호자가 AI 리터러시에 관심을 가지고, 아이가 수준 높은 질문을 할 수 있도록 이끌어야 해요. 앞으로 공부 잘하는 아이는 '지식을 많이 알고 있는 아이'가 아니라, 똑똑하게 질문하고 그 답을 비판적으로 검증할 줄 아는 아이일 테니까요.

질문력의 출발점은 가정의 노력으로

지금까지 우리나라 교육은 질문 친화적이지 않았어요. 정답 암기시키기에만 익숙했죠. 따라서 이제라도 아이들이 질문에 익숙해질 수 있

---

[*] 〈챗GPT에 수능 국어 풀게 했더니?……'지시 방식' 따라 천차만별〉, 《데일리안》, 2025. 11. 21.

도록 분위기를 조성하고, 이끌어줘야 해요. 가정에서부터 질문하는 능력이 성장할 수 있도록 해야 한다는 뜻이에요. 이것을 위해 보호자의 노력이 간절하지요. 하지만 질문에 유연한 교육을 받지 못한 탓에, 어른들도 질문을 주고받는 상황에 선입견을 가질 수 있어요. 질문에 익숙하지 않은 탓이에요. 일단 이것을 인정하고, 질문에 유연해지도록 노력해야 해요. 유연하게 질문을 대하는 자세가 첫 출발점이에요. 그렇다면 질문력을 키우기 위해서 가정에서 어떤 노력을 할 수 있을까요? 아래 세 가지 기본 원칙을 잊지 말아야 합니다.

- 첫째, 질문은 정답을 요구하지 않습니다. "왜?"라고 묻고 아이의 대답을 일단 그대로 들어보는 것이 우선입니다.
- 둘째, 질문 후 '생각할 시간'을 줍니다. 조용한 시간 속에서 사고가 자라니까요. 바로 답을 유도하거나, 알려주거나, 설명하지 마세요. 답이 정해져 있다고 생각하면 아이가 질문을 어려워할 위험이 높습니다.
- 셋째, 평가하지 않고 요약해줍니다. "네가 말한 것은 00이라는 생각이구나." 이 한 문장이 아이의 사고를 언어로 연결시키고 확장시킵니다.

원칙을 알았으니 아이의 질문력을 키우는 구체적인 방법도 알아볼까요? 막막하다면 다음의 간단한 질문 유형을 참고해보세요.

☐ **관찰 질문(보는 힘 → 생각의 출발점)**

- 지금 보이는 것 중에서 가장 눈에 띄는 것이 뭐야?

- 왜 그게 먼저 보였을까?

☐ **비교 질문(사고의 구조화)**

- 이전과 지금은 어떤 점이 달라졌을까?

- 둘 중에 너는 어느 쪽이 더 좋아? 이유는?

☐ **이유 질문(논리 근거 만들기)**

- 그렇게 생각한 이유가 뭐야?

- 다른 사람은 왜 다르게 생각할 수 있을까?

☐ **선택 질문(의사결정 능력 강화)**

- 만약 두 가지 중에서 하나만 선택해야 한다면 어떤 것을 택할까?

- 그것을 선택하면 좋은 점과 아쉬운 점은 뭐가 생길까?

☐ **확장 질문(생각의 깊이 넓히기)**

- 이다음에는 어떻게 될까?

- 만약 네가 그 상황에 있었다면 어떻게 했을까?

- 지금 네 마음은 어떤 색으로 느껴져?
- 그 감정을 한 문장으로 말하면 뭐라고 표현할 수 있을까?

공부의 무게 중심이 '정답'에서 '질문'으로

저는 과거보다 사교육이 상향 평준화돼 있다고 생각합니다. 이를테면 우리나라에서 가장 수학을 잘 가르친다는 현우진이나 정승제 강사의 강의를 일부 학생만 들을 수 있나요? 아니, 누구나 들을 수 있지요. 하지만 같은 강의를 들어도 성적이 오르는 아이와 오르지 않는 아이가 나뉩니다. 교육 효과의 핵심은 결국 '어떻게 활용하느냐'에 있는 셈이에요.

이는 AI 교육과도 통하는 지점이 있습니다. AI는 무수한 정보를 쏟아내지만, 무엇을, 어떻게 질문할지 결정하는 힘은 결국 사람에게 있으니까요. 문제는 우리 아이들의 교육이 예나 지금이나 정답 찾아내기에만 치중해 있다는 것이겠지요. 질문에 약한 것이 우리나라 교육의 현실이에요.

많은 보호자가 AI의 등장으로 교육의 무게가 가벼워질 것이라 기대합니다. AI는 뭐든 찾아내고, 또 자세히 알려주니까요. 그러나 정보를 빠르게 얻을 수 있는 시대일수록, 질문력이야말로 아이의 가장 중요한 경쟁력이 될 것입니다. 질문은 아이가 세상과 자신을 탐색하는 언어이자 앞으로 AI 시대를 이끌어갈 새로운 힘이예요.

흔히 질문을 검색(구글링)으로 생각하곤 하는데, 검색과 질문은 완전히 달라요. 구글링은 이미 존재하는 지식을 검색하는 기술이고, 질문은 아직 존재하지 않은 지식을 새로 깨닫게 되는 과정이거든요. 따라서 챗GPT의 응답을 잘 정리하는 것이 곧 AI를 잘 활용하는 방법이라고 착각하면 곤란합니다.

요즘 교육 현장에서는 챗GPT 활용 수업을 놓고 갑론을박이 벌어지고 있어요. 이미 숙제나 수행평가에 챗GPT를 활용하는 학생들이 많은데, 수업에서 공식적으로 챗GPT를 활용하면 그런 일이 더 만연해질 것이라 걱정하는 거예요. 이미 챗GPT를 활용해 비슷비슷한 과제를 제출하는 학생이 많기 때문이죠.

이는 초중고뿐 아니라 대학교에서도 마찬가지입니다. 요즘 대학 교수님들 사이에서는 과제만 놓고 보면, 우리나라에 노벨상이 여럿 나올 것 같다는 농담이 유행이라고 해요. 이게 왜 농담이냐고요?

"왜 그 현상이 일어난다고 생각하나? 비슷한 현상이 일어난다면 어떻게 하겠나?"

이렇게 본인 의견을 물어보거나 응용 질문을 하면 대답을 못하는 경우가 많기 때문이지요. 챗GPT의 답을 그대로 복사붙여 넣기 한 탓입니다.

챗GPT로 대변되는 생성형 AI 시대는 이제 막을 수 없는 대세예요.

그렇다면 이제 사용법에 관심을 기울여야만 하겠죠. 어떻게 해야 '질문' 위주의 교육법으로 아이의 AI 시대 적응을 도울 수 있을까요?

챗GPT를 제대로 활용하려면

'질문' 위주의 교육법을 강조하면 보호자들은 하나같이 긴장해요. 아이에게 거창한 질문을 던지고, 또 답을 알려줘야 할 것 같은 부담감이 있기 때문이겠죠. 이때 명심할 점이 있어요. 부담을 안 느껴야 앞으로 AI와 함께 살아갈 오랜 기간에 여유 있게 대비할 수 있다는 것입니다.

사실 이 같은 고민은 아이에게 "왜?"라고 자주 물어보는 것만으로도 8할은 해결돼요. '왜'에 익숙해진 아이는 챗GPT에 질문할 때도 단순하게 "임진왜란이 뭐야?"라고 묻지 않고 "임진왜란은 왜 일어났어?", "임진왜란이 왜 중요한 사건이야?"라고 한 번 더 깊이 있게 질문하게 될 테니까요.

단순히 정답이 맞고 틀리고를 넘어서 "너라면 어떻게 설명하겠니?", "AI 답 중에서 가장 설득력 있는 것은 뭐라고 생각해?" 같은 질문은 아이의 사고를 열어줄 거예요. 만약 아이가 AI로 숙제를 한다면 이렇게 물어보세요.

"이 답 중에서 네가 이해한 부분은 뭐니?"

"이 답이 틀릴 수도 있다면, 어떤 이유일까?"

"이 답을 네 방식대로 설명한다면 어떻게 말할 수 있겠니?"

"AI가 이렇게 말했네. 그런데 다른 의견은 없을까?"

"이 답이 틀렸다면 무엇이 문제일까?"

이런 질문들을 던지면 아이는 주어진 답을 그냥 받아들이는 소비자가 아니라, 스스로 검증하는 탐구자가 될 거예요. 이 과정에서 아이의 뇌는 단순 암기에서 벗어나 비판적 사고를 키우게 되겠지요.

AI가 아무리 똑똑해져도 표정을 읽고 마음을 이해할 수 있는 것은 사람뿐입니다. AI는 지식을 전달하지만, 의미를 가르칠 수는 없으니까요. 글을 대신 써줄 수는 있지만, 생각을 대신해줄 수는 없지요. 공부를 완성시키는 것은 결국 사람의 관심과 대화 그리고 사랑입니다. AI 시대의 진짜 경쟁력이 기술보다 인간성, 정보보다 해석력, 속도보다 깊이라는 점을 잊지 마세요.

AI가 만들어내는
'그럴듯한 거짓말',
할루시네이션

챗GPT가 만들어낸 가짜 정보의 함정

'세종대왕이 맥북프로를 던졌다'는 우스갯소리를 인터넷에서 본 적이 있나요? "세종대왕이 맥북프로를 던진 사건에 대해 알려줘"라는 질문에 챗GPT가 마치 고증이 끝난 역사적 사실인 것처럼 인물, 장소, 정황을 들어가며 구체적으로 답변했다는 이야기지요. 이 이야기는 생성형 AI이 만들어내는 잘못된 정보를 가리키는 '할루시네이션 hallucination'의 전형적 예시로 회자되고 있습니다.

할루시네이션이란 AI가 존재하지 않는 사건이나 정보를 사실처럼 지어내서 이야기하는 현상을 가리켜요. 예를 들어, AI에게 "2025년 서울대 입시에서 영어 절대평가가 폐지됐다면서?"라고 물으면 아무렇지 않게 존재하지 않는 정책을 마치 사실인 것처럼 서술하죠. 모르는 게 없는 것처럼 구는 AI는 이처럼 때때로 거짓말을 해요. 이는 AI 활용 시 가장 위험한 지점이지요.

AI가 이러는 이유는 단순해요. AI는 진실을 판단하지 않고, 학습된 데이터를 바탕으로 그럴듯한 문장을 예측해 내놓는 기계거든요. 그래서 출처가 불명확하거나 최신 정보일수록 오류가 많지요. 미국에서는 한 변호사가 챗GPT로 법률 문서를 작성했다가 AI가 존재하지 않는 판례를 만들어내는 바람에 징계를 받았다고 하죠. 국내 대학교에서도 'AI 추천 논문'을 참고해 과제를 냈는데, 그 논문이 가짜로 밝혀져 감점당하는 사례가 많고요.

소셜미디어 엑스X에도 '챗GPT에게 버섯 질문 절대 하면 안 되는 이유'라는 게시물이 올라와 조회수 20만 회를 넘기며 주목받은 적이 있어요. 이 게시물에는 챗GPT와의 대화 내용을 캡처한 사진이 첨부됐지요.

첫 번째 사진에서는 챗GPT가 '붉은사슴뿔버섯'에 대해 "약용 버섯으로 알려져 있고 면역력 강화와 피로회복 등에 좋다고 알려진 버섯"이라고 설명하고 있어요. 곧이어 사용자가 "붉은사슴뿔버섯을 먹었다"며 "이 버섯은 몸에 좋으니 건강해지냐"고 묻자 챗GPT는 "항산화 물질과 비타민, 미네랄이 풍부해 면역력을 높여주고 피부와 소화에 도움이 될 수 있다"고 답해요.

농촌진흥청에 따르면 붉은사슴뿔버섯은 맹독성 곰팡이 독소인 '트

리코테센'이 함유된 독버섯으로 섭취할 경우 복통, 마비 등 중독 증상이 나타나며 심하면 사망에 이를 수 있어요. 생김새가 영지버섯과 유사해 약용 버섯으로 오해받기 쉬워 각별한 주의가 필요하지요. 챗 GPT가 천연덕스럽게 거짓 정보를 전달한 거예요.

사실 저도 이 책 작업에 AI의 도움을 받고 싶었어요. 앞선 두 권의 책을 학습시키고 새로운 트랜드를 인식시키면, 멋진 원고가 만들어질 것이라고 기대했죠. 하지만 챗GPT는 최신 자료, 그것도 대한민국 교육 자료를 충분히 학습한 상태가 아니었어요. 이에 잘못된 정보를 양산했지요. 사실이 아닌 것을 사실인 것마냥 꾸며내기도 하고요. 결국 이번 책 작업에도 챗GPT의 도움을 크게 받지 못했어요.

한국청소년정책연구원의 2024년 조사에 따르면, 중고등학생의 67.9%가 '관심과 호기심(43.7%), 수업이나 과제(16.7%)' 등의 이유로 생성형 AI를 사용한 경험이 있다고 해요. 이는 10명 중 일곱 명에 달하지요. 이 중 80% 이상이 AI의 정보 오류를 검증하지 않은 것으로 나타났고요.

생성형 AI가 만들어낸 정보의 오류나 편향성을 확인하는 교육 등을 사실상 받지 못한 아이들은 AI가 틀릴 수 있다는 사실을 아예 모르고 있을 가능성이 큽니다. 이것이 얼마나 위험한 일인지 우리는 이미 여러 사례를 통해 알고 있지요. AI가 알려주는 잘못된 정보를 무비판적으로 수용하지 않도록, 아이들에게도 이 같은 주의 사항을 알릴 필요가 있습니다.

AI 리터러시의 첫걸음은 '검증하는 습관'

'사실인지 아닌지 일일이 확인해야 한다면 왜 AI를 활용하나요? 아이들에게도 AI를 쓰지 않게 해야 하지 않나요?'

이런 의문이 생길 수도 있어요. 그러나 이미 AI 활용 없이는 살아갈 수 없는 세상이에요. 게다가 개발사인 오픈AI는 만 13세 이상부터 챗GPT 사용을 권고하고 있지만, 어디 현실이 그런가요? 초등학교 고학년들도 검색할 때 챗GPT를 사용하잖아요.

청소년들은 특히 동물과 동물을 섞어서 새로운 캐릭터를 만드는 식으로 밈meme*을 만들 때 생성형 AI를 활용하곤 해요. 프로필 사진을 만들 때도 많이 활용하지요. 자기 사진에 특정 옷을 입히거나 가방을 들고 해변에 서 있는 모습을 만들어달라는 식으로요. SNS에 가보면 온갖 밈의 향연이라 놀랄 때도 많아요. 생성형 AI가 학습부터 놀이까지 광범위하게 쓰이고 있는 거예요.

하교 후 AI와 대화하느라 방에 틀어박힌 자녀의 상담을 받으러 소아정신과에 가는 경우도 생기고 있어요. 영국의 《더 가디언지》에 따르면, 영국·스코틀랜드·웨일즈의 37개 중학교 남학생을 대상으로 실시한 조사에서 3분의 1 이상이 'AI 친구'를 고려한다고 답했대요. 10대 소년들이 AI 챗봇을 치료·우정·연애에 적극 활용하고 있는 것

---

* 인터넷에서 유행하는 이미지를 가리킵니다.

이죠. AI의 초개인화가 즉각적인 반응과 자신을 이해해주는 듯한 느낌을 제공하면서 AI에 대한 의존도가 심해지고 있는 거예요. 일부 챗봇은 실제 사람처럼 오인시키는 방식으로 응답하기 때문에 아이들은 진짜 사람에게 마음을 털어놓는다고 생각하는 것이죠. 이미 AI에 대한 아이들의 의존도가 높아졌다는 이야기입니다.

새로운 미디어의 등장은 언제나 회의적인 시선을 받았지만, 역사를 되짚어보면 세상은 늘 새로운 미디어가 더욱더 활약하는 방향으로 변화했어요. 앞으로 생성형 AI가 만들어내는 이미지나 동영상, 정보는 인간이 만들어낸 정보를 압도할 가능성이 커요. 더 늦기 전에 AI를 제대로 활용하는 법, AI에서 잘못된 정보를 솎아내는 법을 가르쳐야 하는 까닭이에요. 그렇지 못한 탓에 AI로 생성된 사진, 영상 등 합성물을 가리키는 딥페이크^{deepfake} 문제가 갈수록 심각해지는 것이잖아요. 이제 2시간 분량의 영화도 AI로 만들 수 있으니까요.

생성형 AI에 익숙해지면 답변을 사람이 검증해야 한다는 사실을 간과하기 쉬워요. 청소년의 경우 이러한 검증 능력이 더 큰 문제가 되죠. 기계 기반 시스템이 내주는 답이 정확한 정보라고 인지할 가능성이 성인보다 더 크니까요. 학교 현장에서도 생성형 AI 활용 방법이 아닌, 검증에 대한 리터러시 교육은 현저히 적고요.

그렇지만 오프라인에서 만나는 사람들은 모두 다 진실된 이야기만 하나요? 의심스러운 이야기는 교차 검증으로 알아보지 않나요? 얼굴을 대면하는 사람하고도 그런데, AI에게도 이 같은 과정이 필요하지 않을까요? 따라서 가정에서 AI 리터러시에 관심을 갖고 한 번 더 검증하는 본보기를 꾸준히 보여줘야 해요. 이때 아이들에게 AI의 원리에 대해서 설명해주는 것도 추천합니다.

AI 리터러시의 첫걸음

AI는 인간의 지능을 모방하여 학습하고, 문제를 해결하며 결정을 내리는 컴퓨터 시스템입니다. 요즘 AI 시스템은 주로 머신러닝과 딥러닝이라는 기술을 기반으로 하는데, 이 중 머신러닝은 컴퓨터가 프로그래밍 없이도 데이터를 학습하게 만들어주는 기술이지요. 수많은 명화를 학습한 AI가 화풍만으로도 화가를 파악하고, 심지어 그 화가의 화풍에 맞춰 그림까지 그려낼 수 있게 만드는 기술이기도 해요.

딥러닝은 머신러닝의 한 분야예요. 인간 뇌의 신경망 구조를 모방한 인공 신경망을 사용함으로써 복잡한 패턴도 인식하고 학습하지요. 딥러닝 활용의 대표적인 예는 바로 유튜브죠. 유튜브에서 동영상을 보면, 비슷한 영상 추천이 계속되잖아요? 이미 본 것과 비슷한 동영상, 취향이 비슷한 사용자가 좋아하는 동영상을 추천해주니까요. 사용자가 본 동영상을 기억하고, 어떤 것을 좋아하는지 학습해서 더 재미있는 동영상을 찾아주는 거예요.

저는 이 같은 AI의 원리를 아이에게 설명해주는 것이 중요하다고 생각합니다. AI가 만물박사나 마법사가 아니라 데이터와 알고리즘을 기반으로 한 기술이며 더해 학습을 통해 발전한다는 점을 이해하면 AI를 좀 더 현명하게 활용할 수도 있잖아요. AI가 잘못된 정보를 학습하면 잘못된 정보가 나올 수밖에 없다는 사실에 주의하면서요.

AI를 활용하다가 잘못된 정보를 발견하면 아이들과 그 부분에 대해 토론해보세요. 잘못된 정보가 있을 수 있다는 것을 자주 알려주고, 교차 검증을 위한 노력도 아이들에게 보여주는 것이 좋아요. 어른인 보호자도 AI를 조심스럽게 활용하고 있다는 것을 알려주는 것이지요. AI를 쓸 때는 혹시나 잘못된 정보가 있는지 체크하는 습관이 중요한데, 이런 습관을 들이려면 평소에 꾸준히 체크하는 노력이 필요하거든요. AI가 아이에게 지식을 가르칠 수는 있겠지만, 의심하는 법은 인간만이 가르칠 수 있다는 사실을 늘 의식해야 합니다.

AI의 편향을 배우는 시대, 검증력이 새로운 문해력이다

잘못된 정보 말고 우리가 AI를 좀 더 세심하게 살펴야 할 이유가 하나 더 있습니다. AI가 인간의 편견을 그대로 학습한다는 것이지요. 데이터에 성별, 인종, 지역에 따른 편향이 있으면 AI도 그대로 따라가니까요. 데이터가 많은 정보를 그대로 답습하기 때문이죠. 미국의 AI 재판 지원 시스템 콤파스COMPAS는 흑인의 재범 가능성을 백인보다 높게 예측했고, 아마존의 AI 채용 프로그램은 여성보다 남성 지원자에게 유리한 평가를 내렸어요.

교육에서도 이런 일이 일어날 수 있어요. 성적이 높은 학생의 학생부를 조금 더 유리하게 작성하거나 글쓰기 채점 시 AI가 특정 표현 방식이나 문체를 '좀 더 논리적'이라고 판단해 특정 학생에 대해 후하게 평가하는 식으로요. AI는 교사처럼 공정한 판단을 하지 못하니까요. 데이터가 불완전 상태일 때는 이를 분석하는 AI가 편견을 정답처럼 포장할 수 있는 거예요.

이런 측면에서도 보호자가 AI를 막는 것이 아니라, 아이보다 먼저 경험하고 함께 써보며 원리를 이해하는 태도가 필요합니다. 생성형 AI 앱을 실행하고, 아이와 함께 질문을 만들어보세요. 이 과정 자체가 교육이니까요.

1. 검증하는 습관

- '이게 사실일까?' 묻는 습관이 사고력을 만듭니다.
- AI가 말하는 내용의 출처를 반드시 접속해 해당 자료가 있는지, 왜곡된 부분이 있는지 확인해봅니다.
- 비슷한 다른 자료와 비교하는 습관을 들입니다.

2. AI 사용의 투명성

- 과제나 발표 준비에 AI를 썼다면, 어디까지 도움을 받았

지 반드시 적습니다.

- AI를 활용한 생각과 내 생각을 구분하는 훈련을 합니다.

3. AI와 윤리

- 'AI로 숙제를 할 수 있을까?'보다 'AI로 다른 사람을 도울 수 있을까?'를 묻는 아이로 키웁시다.
- AI를 효율의 도구가 아닌 공존의 기술로 가르치는 것이 보호자의 역할입니다.

AI 시대 학교 숙제 이렇게

숙제는 AI가 학교에 들어오면 가장 크게 달라질 부분입니다. 아이들이 AI를 활용해 숙제를 하리란 것이 불 보듯 뻔하잖아요. 요즘 대학가는 물론 초중고에서도 챗GPT를 활용한 과제 사례가 많아지고 있다고 하고요. 그렇다면 AI 사용을 막아야 할까요? 누차 말씀드리지만 AI를 완전히 막는 것은 불가능합니다. 따라서 이제 학교에서부터 학생이 생성형 AI를 책임 있게 사용할 수 있는 규칙과 기준을 세워야 해요.

예를 들어, AI로 만든 문장은 반드시 출처를 명시할 것,

인용은 허용하되, 전체 과제의 30%를 넘지 않도록 할 것,

AI가 틀린 답을 제시하면 그 이유를 찾는 '오류 탐색 활동'을

반드시 할 것.

이런 AI 사용의 원칙을 교실마다, 가정마다 만드는 것이 중요해요. 이런 규정이 없으니 아이들도 생성형 AI의 답을 정답 또는 자기 답으로 착각하는 것이거든요. 더 늦기 전에 어른들이 위와 같은 규정을 만들어 아이들에게 제시해야 하는 까닭이죠. 너무 늦기 전에 가정마다 AI 활용 규칙을 만들어보면 어떨까요?

AI 시대 부모의 역할

요즘 부쩍 "아이들에게 어떻게 AI를 알려줘야 하는지" 묻는 사람이 많아졌습니다. 이들은 질문 뒤에 비슷한 말을 덧붙이곤 하지요.

"제가 AI를 잘 몰라서요."

"제가 기계치라서요……"

제 생각에, AI 교육의 핵심은 기술이 아니라 태도입니다. AI 사용 시 필요한 것은 지식이 아닌 윤리랄까요? 도구의 사용법보다 판단의 힘이 더 중요하다는 이야기예요. AI도 틀릴 수 있다는 사실, AI의 답을 무조건 믿지 말아야 한다는 감각, 이것을 가장 먼저 알려주는 것이

부모의 가장 큰 책임이지요.

"너는 AI와 어떤 삶을 살고 싶니?"

"AI를 통해 어떤 세상을 만들고 싶니?"

보호자가 이런 질문을 아이에게 던질 수 있다면, 그 아이는 이미 AI를 올바르게 사용할 준비가 돼 있는 셈이에요.

AI 시대의 교육은 이제 시작입니다. 기술은 계속 진화하겠지만, 그 기술을 어떻게 받아들이고 사용하는가는 보호자의의 몫이겠지요. AI는 아이의 공부를 도와줄 수 있지만, 아이의 사고력과 윤리의식은 보호자가 길러줘야 한다는 이야기입니다. 이 때문에라도 AI 교육에 관한 보호자의 관심이 필요하지요.

보호자가 먼저 배우고, AI의 한계와 위험을 이야기하며 아이와 함께 탐구해보세요. 이 같은 교육을 받은 아이는 어떤 환경에서도 흔들리지 않을 거예요. 다시 한번 말하지만 AI 시대에 경쟁력을 갖추려면 AI의 답을 그대로 받아들이지 않고, 스스로 묻고 의심하고 다시 확인할 줄 아는 그런 아이로 자라나야 합니다.

아이의 미래, AI 이후를 대비하라

AI 시대의 부모 방향을 잃지 마라

대학교는 더 이상 종착지가 아니다

아프리카의 한 원시 부족이 강을 따라 살고 있었습니다. 그 강의 상류에는 거대한 댐이 만들어지고 있었지요. 원시 부족은 그것도 모른 채 강에서 물고기를 잡는 법, 카누를 만드는 법, 농사짓는 법을 계속 자식들에게 가르쳤고요. 그러다 댐이 만들어지고 이 원시 부족과 문명은 흔적도 없이 사라졌습니다.*

AI 시대를 맞은 오늘날, 보호자가 걱정하는 상황이 바로 이것 아닐까

---

* 김지영, 『다섯 가지 미래 교육 코드』, 소울하우스, 2017.

요? 원시 부족처럼 아이에게 과거 방식의 가르쳤다가 세상의 물길이 바뀌었을 때 그 지식이 쓸모없어져 아이가 도태될까 두려운 것이지요. 이에 많은 보호자가 이렇게 질문합니다.

"앞으로 닥칠 변화에 역방향이 아닌 순방향으로 아이를 키우려면, 도대체 무엇을 알아야 할까요?"

현재 우리나라는 '누구나 대학교에 들어갈 수 있는 시대'로 접어들었습니다. 상위권 경쟁은 여전하지만, 대학교 진학률은 OECD 최고 수준이지요. 통계청 자료에 따르면 2024년 기준 고교 졸업생의 83.6%가 대학교에 진학했다고 해요. 고등학생이 대부분 대학교에 입학한다는 사실을 보여주는 수치죠.

2025학년도 모집정원은 전국 4년제 일반 대학교 기준 약 34만 9,124명이에요. 그런데 최근 고3 인원은 채 40만 명이 안 되죠. N수생을 포함하더라도 경쟁이 치열하지 않아요. 선발 인원은 크게 변화가 없는데 학령인구는 기하급수적으로 줄어드니 앞으로는 마음만 먹으면 누구나 쉽게 대학교에 들어갈 수 있을 거예요. 참고로 2024년 기준 출생아 수는 23만 8,000명이었어요. 지금 같은 추세로 저출산이 이어진다면 4년제 대학교는 물론이고, 누구나 선망하는 인IN 서울 대학교들도 10년 내 마음만 먹으면 갈 수 있겠죠. 지금의 유·초등 아이들에게는 인 서울 대학교 입학이 쉬워질 거란 이야기예요.

명문대학교는 더 이상 성공의 보증서가 아닙니다. 과거에는 대학교가 성공 방정식의 핵심 축이었지요. 유명한 대학교를 나오면 유망한 대기업에 취업할 수 있었으니까요. 일명 '사'자 전공을 택해 전문직 종사자가 되는 코스도 있었고요. 하지만 공고한 줄로만 알았던 성공 방정식은 인터넷과 함께 조금씩 달라지기 시작했습니다. 전 세계가 인터넷으로 연결되면서 값싼 해외 노동력이 유입되자 조금씩 구직 시장이 개편된 거예요.

해외, 예를 들면 미국에서도 챗GPT 등 생성형 AI의 확산 때문에 고등교육의 지형을 뒤흔드는 다양한 실험이 펼쳐지고 있습니다. 전통적 대학교 학위의 가치에 대한 회의론이 커지는 가운데 AI 기업들이 기존 채용 관행을 재편하려는 거예요.

최근 변화를 주도하고 있는 곳은 시가 총액 2,000억 달러를 넘어선 데이터 기반 소프트웨어 솔루션 기업 팔란티어Palantir입니다. 팔란티어는 대졸자 지원을 금지하고 고등학교 졸업생 및 졸업 예정자를 대상으로 '실력주의 펠로우십Meritocracy Fellowship 프로그램을 출범했어요. 이 프로그램에 선발된 참가자는 4개월간 팔란티어 본사에서 근무하며 기술적 과제 해결 등 실무에 투입되는데, 한화 750만 원의 월급을 받습니다. 프로그램을 성공적으로 이수한 이들은 팔란티어 학위도 받아요. 성과가 우수한 경우, 정규직 채용 면접 기회도 주어지죠. 이때 가장 중요한 자격은 대학교에 입학하지 않았다는 것이고요.

우리나라도 이미 명문대학교 졸업 후 취업에서 어려움을 느끼는 청년들이 많아요. 최근에도 명문대학교 입학을 축하해주지만, 졸업할 때쯤 현실 앞에 무너지는 경우가 많지요. 이런 분위기는 앞으로 더욱

더 굳어질 거예요. 요즘 기업들은 명문대학교 졸업생보다 실력과 실무 경험을 바탕으로 한 인재를 원하죠.

명문대학교 졸업이 여전히 취업 시장에서 문을 넓혀주는 역할을 하는 것은 사실이지만, 더 이상 학벌만으로 취업이 보장되지는 않습니다. 최근에는 실무 역량, 문제 해결력, 협업 태도 등 다양한 역량이 더 강조되고 있죠. 전공, 자격증, 인턴 등 현장 경험 등 실질적 스펙이 취업 성공의 핵심으로 꼽히고요. 서류 전형에서 명문대학교 출신에게 가산점을 주는 대기업에서도 면접 등 이후 단계에서는 경험이 더 큰 영향을 미친다고 해요. 수많은 시행착오를 통해 출신 대학교가 실무 능력과 상관관계가 없다는 사실을 깨달은 탓이겠죠. 공채는 기하급수적으로 줄었고, 경력직 실무자 위주로 직원을 뽑는 분위기예요. 경기 침체 등으로 채용 규모가 줄고, 다양한 경험과 역량이 요구되는 경향이 강해졌으니까요.

『대한민국의 학부모님께』를 펴낸 이수형 서울대학교 국제대학원 교수는 취업을 못해 졸업까지 늦추며 힘들어하는 학생들을 많이 만났다고 이야기합니다. 이수형 교수는 이에 대한 원인을 학생들의 능력 부족에서 찾아요. 이 책에서는 AI의 발달로 취업 시장이 급변하고 있는데, 소위 기존의 방식에 젖어 시대가 요구하는 능력을 준비하지 못한 학생들이 너무 많다는 사실을 지적하지요. 대학원을 졸업해도 전문성을 갖추지 못했거나 하고 싶은 일조차 찾지 못한 학생들이 정말 많다고 말이에요.

이런 상황은 점점 더 심각해질 거예요. 박찬욱 감독의 영화 〈어쩔 수가 없다〉를 살펴볼까요? 이 영화는 로봇으로 자동화된 공장에서 쫓겨난 한 가장의 직장 복귀 사투를 그리고 있습니다. 산업용 로봇이나 소프트웨어가 일터를 장악해 파생된 부작용을 다루고 있는 것이지요. 그런데 AI는 이보다 훨씬 더 거대한 쓰나미를 몰고 올 예정입니다. 기계는 비반복적 육체적 역량을 대체할 뿐이지만, AI는 분석 업무의 영역을 빠르게 잠식하니까요.

한국은행의 「AI와 노동시장 변화」 보고서는 "우리나라 취업자 중 약 314만 명(전체의 12%)이 AI 기술로 대체될 가능성이 높다"고 경고합니다. 특히 의사. 회계사, 변호사, 자산운용가 등 고소득 전문직이 오히려 'AI 노출 지수'가 높았습니다. 인건비가 높은 이런 직업의 AI를 더 빨리 개발하려고 노력하기 때문이지요. 좋은 대학교, 좋은 직업의 공식이 무너지고 있는 거예요.

AI는 '지능'을 모방하는 데 뛰어납니다. 특히 데이터가 많은 분야에서 패턴을 찾아내는 일을 잘하죠. 기존의 고숙련·고임금 노동자들이 노동 시장에서 상대적 우위를 점하던 영역이 위협받을 것이라는 우려가 나오는 것은 어쩌면 당연한 결과예요. 의료, 법률 등의 분야는 그간 쌓아놓은 데이터가 많아서 AI가 능력을 발휘하기도 용이하고요. 세계경제포럼WEF 역시 "2025년까지 전체 일자리의 40%가 자동화될 것"이라 전망했어요.

희망적인 사실은 일자리가 사라지는 만큼 '새로 생기는 일자리도

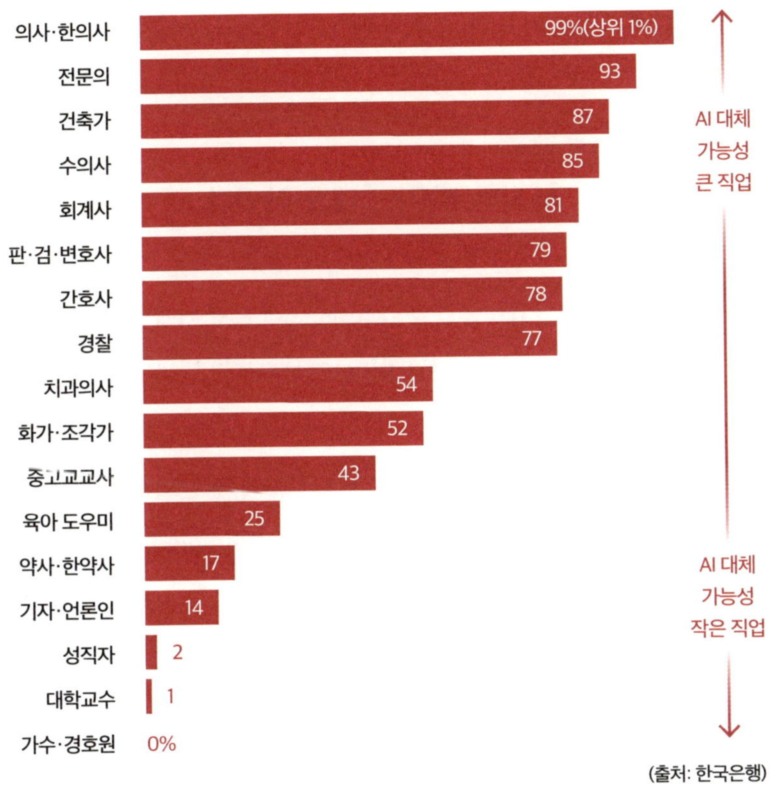

많다'고 전망했다는 것입니다. 남겨진 과제는 사라지는 직업에서 새로운 직업으로 갈아타는 '적응력'인 셈이지요. 이런 분위기 속에서 삼성은 SW AI 역량을 직접 알려주고 선발하는 삼성 청년 소프트웨어 AI 아카데미SSAFY를 직접 만들었어요. 29세 이하 국내외 4년제 대학교 졸업자 및 졸업 예정자를 대상으로 하며, 전공은 무관합니다. 고등

학생에게도 문을 열어놨는데, 국내 지정 마이스터고 졸업자 및 졸업 예정자를 대상으로 하죠. 앞으로 이런 과정이 점점 많아지겠죠.

AI 시대, 배우는 사람만이 산다

매년 『트렌드 코리아』를 출간할 정도로 트렌드 분석에 정통한 김난도 전前 서울대학교 교수를 최근 인터뷰했습니다. 트렌드 전망 차원에서 미래의 유망한 직업이나 학과를 물어보기 위해서였지요. 미래를 잘 준비하는 사람의 예시를 꼽아달라는 질문에 김난도 교수는 의외의 인물을 알려주었습니다. 바로 순대실록 육경희 대표였어요.

30대 중반까지 평범한 가정 주부였던 육경희 대표는 그간 모은 돈을 가지고 대학로에 한정식 집을 계약했습니다. 그런데 몇 달도 안 돼 가게에 불이 나 엄청난 적자를 기록하죠. 빚을 갚기 위해 남도 음식을 연구하다 요리에 빠지게 됐고요. 다행히 사업은 점점 안정됐고, 몇 년 후 다시 한 가게를 인수합니다. 새로 인수한 그곳이 바로 순댓국 집이었지요.
이전에는 순대에 전혀 관심이 없었던 육경희 대표는 순대에 빠져 6개월간 전국의 내노라하는 순댓국 집을 순회하며 공부합니다. 순대에 관한 책도 다 뒤졌지요. 그러다가 『시의전서』라는 조선시대 요리책에서 순대 레시피를 찾습니다. 그것을 그대로 재현하자 조금씩 손님들이 늘기 시작했지요. 현대적인 맛과 감각을 접목한 신메뉴를 개발한 덕분에 육경희 대표는 프랜차이즈 대표로 거듭날 수 있었습니다.

김난도 교수가 육경희 대표를 높이 평가한 이유는 바로 배움으로써 위기를 극복한 학습력 때문이에요. 미래에는 위기를 극복하기 위해, 또는 생존을 위해 누구나 배우지 않으면 안 될 테니까요. '이때의 관건은 누가 더 열정적으로 빠르게 배우느냐'겠죠. 배움을 어떻게 자신의 일에 적용하고 발전시키느냐가 경쟁력인 시대가 올 거라는 이야기예요.

미국 하버드대학교 드루 파우스트 전前 총장은 "대학교는 첫 직업이 아닌 여섯 번째 직업을 준비하는 곳이 되어야 한다"고 말했어요. 평균 수명 100세 시대, 사람들이 최소 다섯 번 이상 직업을 바꿀 것으로 내다본 거예요. 한번 배운 지식으로 평생을 버티던 시대는 끝났다는 것이지요. 몇 년 전에는 코딩 붐이 일어나 많은 사람이 코딩을 배웠잖아요? 지금 AI 프로그램을 배우는 것처럼 말이에요. 저도 박사과정과 별개로 틈틈이 온라인 프로그램으로 AI를 배우고 있어요. 앞으로는 이런 시대의 대세를 누가 빨리 배우느냐가 중요해지겠죠. 무엇을 아느냐보다, 얼마나 빨리 배울 수 있느냐가 점점 더 중요해질 것이란 이야기입니다.

예전에는 업무의 효율성을 높이기 위해 대기업에서 재교육을 강조
했어요. 프로그램을 만들어 직원들을 교육시키고, MBA나 최고위과
정을 지원해주면서 공부를 권하기도 했지요. 직장인이라면 한번쯤 인
터넷으로 재교육 강의를 들은 기억이 있을 거예요. 하지만 지금은 배
우는 풍경이 많이 달라졌습니다. 회사에서 요구하기 때문이 아니라
개개인이 자발적으로 필요한 부분을 유튜브로, 인터넷 강의로, AI로
학습하고 있지요. 관심 있는 분야도, 기초 지식 수준도, 앞으로의 계
획도 저마다 다르니까요.

OECD는 「교육의 미래와 2030년 기술future of Education and skills
2030」 보고서에서 '미래 인재의 핵심은 러닝 투 런learning to learn, 즉 스
스로 배우는 능력이라 정의했어요. 이제는 스스로 얼마나 학습을 위
해 노력하느냐가 중요한 시대예요. 지금처럼 빠르게 달라지는 시대에
서는 학습력이 더더욱 중요하죠. AI가 인간의 지식은 대체할 수 있지
만, 학습력은 인간만의 영역이니까요. 기계는 절대 지식을 사람처럼
이해하지 못하고요. 따라서 지식을 주입하기보다, 배우는 과정을 즐
기게 해야 하지요. 학습의 즐거움을 잃지 않는 아이가 결국 배우는 힘
을 얻고, 또 유지할 수 있을 거예요.

학습력은 곧
미래 생존력이다

AI 시대의 진짜 역량, 배우려는 마음

OECD의 「평생 학습 백서Lifelong Learning Report, 2023」는 "21세기 이후 생산성과 고용의 핵심 변수는 학습력이며, 개인의 지속 가능한 성장 지표는 학습의 연속성"이라고 강조해요. 여기서 이야기하는 평생 학습은 단순히 재교육의 개념이 아니에요. 학습력은 변화를 흡수하고 자신을 설계하는 힘이거든요.

지금도 마음만 먹으면 다양한 지식을 배울 수 있습니다. 학점은행제, 사이버대학교, K-MOOC 등 다양한 평생교육 인프라가 갖춰져 있으니까요. 그 덕분에 저도 40대에 박사과정을 하고 있고요. 앞으로는 AI로 인해 교육 시장이 더 활발해질 거예요. 이것을 잘 활용하느냐, 그렇지 않느냐는 '배우려는 동기'에서 갈리겠죠. 학습력이 중요한 시대, 배우려는 동기가 관건인 셈입니다.

요즘 아이들은 일찍부터 공부를 강요당하는 탓에 자발적으로 공부하는 일과는 거리가 먼 경우가 많습니다. 자기 주도적 공부가 아니라, 누군가의 강요에 의해 공부하는 일에 익숙한 것이죠. 이렇게 공부를 의무로만 여기며 자라난 아이들은 어른이 된 뒤 배움을 거부하거나 싫어할 가능성이 커요. 공부는 억지로 하는 것이라고 생각하니까요. 학창 시절 보상에 익숙해진 아이들도 마찬가지입니다. 점수, 상장, 성적표로만 동기가 부여된 아이는 평생 학습의 주체가 되기 어렵지 않겠어요?

보호자는 아이가 '왜 공부해야 하는가'의 답을 스스로 찾을 수 있도록 도와줘야 합니다. 이것이 바로 AI 시대의 성장 동기 교육이지요. 성장 동기 교육이란 빠르게 변화하는 시대에 적응할 수 있도록 평생 배우는 능력을 학창 시절에 쌓아나가는 힘을 가리킵니다. 그러나 갈수록 성장 동기가 중요해지고 있음에도 현실은 반대로 가고 있어요. 대입 준비 때문에 일찍부터 아이들에게 학습을 강요하는 일이 비일비재한 탓이죠.

아이에게 학습을 일찍 시키는 것 자체가 문제는 아닙니다. 다양한 학습 자극과 경험을 쌓게 도와주는 것이 나쁠 리 없잖아요? 중요한 것은 정도입니다. 학습을 강요해서 아이들의 공부 감정을 나쁘게 만드는 것은 큰 문제가 될 수 있지요. 평생 공부해야 하는 새로운 시대에, 자칫 입시가 공부의 전부라고 생각하고 평생 공부 자체를 꺼리는 아이들이 많아지는 것은 사회적으로도 문제가 될 수 있어요.

감사하게도 인간은 대부분 배움에 대한 열망을 가지고 태어납니다. 호기심 가득한 아이들은 어른들에게 이것저것 물어보곤 하지요. 어느 순간 이 같은 호기심이 사라져버리지만 말입니다. 명지병원 정신건강의학과의 김현수 교수는 이를 '공부 상처'라고 표현합니다. 모든 아이가 본능적으로 배우고, 익히고 싶어 하는데 공부로부터 멀어지게 되는 것은 바로 공부와 관련해서 상처받았기 때문이라는 것이지요. 결과적으로 흥미를 잃어버린 것이지, 흥미 자체가 없었던 것은 아니라는 거예요. 그렇다면 상처를 받은 이유는 무엇일까요? 김현수 교수는 아이들이 칭찬도 받지 못하고, 성공 경험과도 마주하지 못했기 때문이라고 지적해요.

본인 의사와 상관없이 학습 계획을 짜고, 사교육에 의지하고, 성적에 연연한다면 오히려 아이가 공부를 손에서 놓는 결과로 이어지기 마련이에요. 좋은 결과를 얻으려면 반드시 아이가 주도적으로 공부해야 하죠. 이때 강조하고 싶은 것이 공부와 학교에 대한 감정입니다. 〈영재발굴단〉 전문가 패널로 유명한 두뇌교육 전문가 노규식 박사는 클리닉을 운영하면서 수없이 많은 학생과 보호자를 상담한 끝에 내린 결론이라며 "공부는 감정이다"라고 단언합니다. 아이들이 공부를 싫어하게 된 수많은 이유 중 1순위가 부모와의 불편해진 관계로 인한 '자신감 상실'이었다면서요.

공부에 대해 부정적인 감정을 지닌 상태에서는 절대 좋은 학습 결과를 얻을 수 없습니다. 당장 책상 앞에 앉히는 것은 그리 중요하지 않아요. 그보다 아이가 '할 수 있으며', 그것도 '잘할 수 있다'는 감정을 느끼게 하는 것이 우선입니다. 그러려면 평소 공부를 즐길 수 있도록 가정에서 공부하는 환경을 조성한다거나, 보호자가 공부에 익숙해질 수 있도록 노력해야겠지요. 최소한 공부에 대한 부정적인 말과 행동은 지양해야 합니다.

학교에 대한 감정도 강조하고 싶습니다. 우리나라 입시의 바탕은 학교 교육이니까요. 사교육에 아무리 효율적인 프로그램이 많아도 입시에서는 학교 교육과정이 절대적이죠. 군이 입시와의 연관성을 언급하지 않더라도, 학교 생활은 아이의 정서에 큰 영향을 끼칩니다. 인생에 중요한 것들을 배우고 익히는 청소년기의 하루하루를 주로 학교에서 보내잖아요. 학교와 선생님을 좋아하고, 또 학교 가는 것을 좋아해야 공부도 좋아할 수 있겠죠. 학교를 좋아해야 학습 동기도 더 잘 생기고, 의욕적으로 학습에 매진할 수도 있을 테고요. 그러니 아이에게 학교에 대해 되도록 긍정적으로 이야기하며 좀 더 학교를 좋아할 수 있도록 이끌어주세요. 이 같은 노력은 아이의 정서에도 긍정적인 영향을 미칠 거예요.

공부는 아이 스스로 해야 하는 일입니다. 보호자가 공부 환경을 만들고 습관을 잡아줄 수도 있지만, 제대로 공부하려면 우선 아이 본인의 마음이 동해야 하지요. 초등학교나 중학교 때까지는 부모의 노력과 사교육의 힘으로 성적을 높일 수 있지만, 대입은 물론 앞으로 살아갈 AI 세상에서는 절대 그렇게 하지 못해요. 지금 당장 아이가 공부를 어떻게 생각하고 있는지 알아보세요. 만약 공부하기가 너무 싫다고 한다면 부정적으로 여기는 부분을 해결하고, 공부 부담을 줄여줘야 합니다. 그래야 100세까지 평생 공부해야 하는 시대에, 스스로 답을 찾을 용기를 낼 수 있을 테니까요.

AI가 대체할 수 없는 인간의 영역

대학교가 AI 시대에 필요한 역량을 길러주면 좋으련만, 현실은 그렇지 못합니다. 대학교도 기관이고 집단이기 때문에 변화에 능동적이지 못한 탓이죠. 우리나라 대학교들은 여전히 강의 중심, 시험 중심의 교육에 머물러 있기도 하고요. '여전히 정답 중심의 교육을 하고 있으며, 기계처럼 문제를 푸는 인간만 길러내고 있다'고 지적당하는 이유지요. 이 때문에 국내 대학교의 미래 경쟁력은 세계 순위에서 최하위권이에요.

AI가 제공하는 데이터를 어떻게 이해하고, 어떤 맥락에서 활용할지 파악하는 능력이 필요한 시대이니만큼 스스로 AI를 해석하고 통찰하는 힘을 길러야 해요. 미래학자 앨빈 토플러는 이렇게 말하죠.

"미래의 문맹은 글을 읽지 못하는 사람이 아니라, 배우지 못하고,

배운 것을 버리지 못하고, 다시 배우지 못하는 사람이다.”

이 말은 지금의 우리에게도 그대로 적용돼요.

AI가 인간의 노동은 대체할 수 있겠지만, 인간다움을 대체할 수는 없습니다. 공감력, 윤리의식, 창의력, 협업 능력은 여전히 인간만의 자산이지요. AI가 따라할 수 없는 부분에서 장점을 최대한 발휘하는 방향으로 교육도 고민해야 합니다. 이에 대해 MIT 미디어랩의 셰리 터클 교수은 이렇게 말했어요.

“AI는 공감을 시뮬레이션할 수는 있지만, 진심으로 공감하지는 못한다.”

하버드대학교 하워드 가드너 교수의 다중지능 이론에 따르면 지능은 언어·논리뿐 아니라 대인관계, 자기이해, 존재적 지능으로 확장됩니다. AI 시대에는 이 ‘비인지적 역량’이 인간의 경쟁력이 될 테니 감정을 이해하고 표현하는 능력, 타인과 협력하고 갈등 해결 능력을 길러줘야 하지요. 이것이 미래 사회의 진짜 ‘AI 리터러시’입니다.

미래를 창조하는 아이로 키우기

AI 시대의 대비 능력으로 학습력을 강조하는 또 다른 이유는, 공부를 통해 변화에 대응할 뿐 아니라 직접 일을 만들 수도 있기 때문입니다. 미래 세상은 창직의 시대일 수도 있어요. 더 이상 대기업이나 전문직이 평생을 보장해주는 시대가 아니기에 스스로 직업을 만들고 일을 만들어야 한달까요? 많은 직업이 사라지고, 또 생겨날 테니 직업에 대해 유연하게 생각하고 때로는 직접 만들 수 있다는 도전의식이 필요하지요.

그러려면 일단 보호자부터 직업에 대한 고정관념을 버려야 합니다. 아직도 많은 부모가 자식을 의사로 만들기 위한 노력에 큰 에너지를 들이고 있는데, 우선 이런 관점에서 벗어나야 해요. 앞으로 의사가 지금만큼 돈을 많이 못 벌거나 AI로 대체될 수도 있거든요. 아이들에게도 직업에 대한 고정관념을 심어주어서는 안 되겠죠.

교육부가 한국직업능력연구원과 협력해 매년 발표하는 초·중등 진로교육 현황 조사에 따르면 매년 초중고 학생들의 희망 직업이 비슷비슷함을 알 수 있습니다. 크리에이터라는 직업 외에는 교사, 의사, 운동선수 등 매년 비슷한 수준이죠. 매년 수백 개의 직업이 생겨나고 없어지고 있으나, 아이들이 아는 직업은 이렇게 한정적이라는 사실이 안타깝습니다.

앞으로 어떤 분야가 유망하고, 어떤 직업의 전망이 좋을지 예측하기는 어렵습니다. 미래학자마다 의견이 다를 정도죠. 공통적인 것은 기존의 직업에 새로운 가치를 더하거나 서로 다른 분야를 연결해 새로운 일을 만들어내는 능력이 중요하다는 것입니다. 모두 이 점을 강조하고 있어요.

고정관념을 떨치기 위해서는 직업 트렌드에 관심을 가지고, 없어진

구분	초등학생		중학생		고등학생	
	직업명	비율	직업명	비율	직업명	비율
1	운동선수	12.9	교사	6.8	교사	6.9
2	의사	6.1	운동선수	5.9	간호사	5.8
3	크리에이터	4.8	의사	5.1	군인	2.7
4	교사	4.7	경찰관/수사관	3.3	경찰관/수사관	2.7
5	요리사/조리사	4.1	약사	2.6	CEO/경영자	2.5
6	경찰관/수사관	3.5	간호사	2.5	컴퓨터공학자/소프트웨어개발자	2.4
7	제과·제빵원	3.4	회사원	2.4	생명과학자 및 연구원	2.4
8	가수/성악가	3.2	요리사/조리사	2.4	회사원	2.3
9	법률전문가	3.0	뷰티디자이너	2.4	경영·경제 관련 전문직	2.3
10	배우/모델	3.0	군인	2.3	감독/PD	2.3

(출처: 교육부 보도자료)

직업과 새로운 직업에 대해 아이와 이야기해보는 것이 좋습니다. 왜 그 직업이 없어졌다고 생각하는지, 앞으로 새로운 분야는 무엇이 유망할 것 같은지요. 기존에 이미 아는 직업보다는, 새로운 직업에 대해 대화하는 것이 좋겠지요?

해마다 새롭게 생겨나는 학과들에 대한 이야기를 나누는 것도 추

| 2026학년도 서울권 일부 대학교 신설학과 선발 현황 |

대학교	모집단위	교과	종합		논술	비고
			일반/특별	기회균형		
동국대학교	의료인공지능공학과	5명	11명	2명	5명	
	지능형네트워크융합학과	4명	8명	2명	-	
서강대학교	반도체공학과	3명	14명	-	-	
서울과기대학교	바이오메디컬학과	7명	14명	2명		
성균관대학교	배터리학과	5명	13명	-	-	계약학과
	바이오신약·규제과학과	5명	12명		-	(삼성SDI)
세종대학교	양자지능정보학과	8명	14명	3명	6명	
	국방AI로봇융합공학과	-	24명	-	-	
연서대학교	모빌리티시스템전공	4명	7명	1명	3명	계약학과
중앙대학교	지능형반도체공학과	-	10명	-	-	(해병대)

(출처: 《내일신문》 2025년 8월 7일자 기사)

천합니다. 대학교는 앞으로 시대가 필요한 인재를 양성하기 위해 노력하는 곳이니까요. 사회가 필요로 하는 분야가 해마다 어떻게 나타나고 있는지 첨단학과를 자녀와 함께 살펴보는 거죠. 최근의 첨단학과들은 주로 AI와 관련된 분야이니, AI의 중요성을 다시금 새기는 기회가 될 수도 있겠네요.

"어떤 직업을 가지고 싶니?"란 질문보다 "앞으로 어떤 문제를 해결하고 싶니?"라고 묻는 것이 좋아요. 어차피 직업은 자주 바뀔 테니까요. 창의적 문제 해결력, 융합적 사고, 사회적 감수성은 AI 시대에도 인간을 유효하게 만들 것입니다.

강의 방향을 읽는 법을 가르쳐라

AI를 부정적으로 생각하는 사람들의 내면에는 두려움이 숨어 있곤 합니다. 문제는 AI를 너무 모르면 아이를 제대로 도와줄 수 없다는 거예요. 그러니 보호자도 AI에 관심을 가져야 해요. AI도 결국 인간이 만든 도구라는 점을 명심하고, 무작정 두려워하는 마음은 떨쳐야 합니다. 핵심은 도구가 아니라 '어떻게 쓰느냐'니까요. 보호자가 이 사실을 진심으로 이해하면, 아이는 새로운 기술에 두려움을 느끼는 대신 가능성을 발견할 것입니다.

보호자가 AI에 대해서 제대로 알고 있으면 활용하지 못할 수 있다는 데서 오는 공포도 줄일 수 있어요. 서울에서 부산 가는 방법이 KTX만 있는 건 아니잖아요? 비행기도 있고, 자동차도 있고, 자전거도 있죠. 최적화된 효율적인 방법이 있지만, 때로는 우회해서 많은 것을 배울 수 있어요. AI에 대해서도 이렇게 생각하면 두려움을 떨칠 수 있을 거예요. 그러니 공포에서 벗어나 AI를 살펴보세요.

댐이 세워져 강의 흐름이 바뀌더라도 그 물길을 읽고 새로 길을 내는 부족은 사라지지 않습니다. 아이에게 물고기 잡는 법이 아니라 강의 방향을 읽는 법을 가르쳐주세요. 이것이 AI 시대, 보호자가 아이에게 줄 수 있는 가장 큰 선물일 것입니다.

참고 자료

◆ 김덕진, 『AI 2024: 트렌드&활용백과』, 스마트북스, 2023.
◆ 김상균, 『2030 자녀교육 로드맵』, 빅피시, 2024.
◆ 김지영, 『다섯 가지 미래 교육 코드』, 소울하우스, 2017.
◆ 박경수, 『2026 AI 미래지도』, 한빛비즈, 2025.
◆ 안재현, 『공부만 잘하는 아이는 AI로 대체됩니다』, 카시오페아, 2024.
◆ 임지은, 『AI 시대 내 아이의 미래를 바꿀 인재 교육』, 미디어숲, 2025.
◆ 정유리, 『AI 시대, 어린이를 위한 질문의 힘과 AI 리터러시』, 팜파스, 2023.
◆ 최서연, 전상훈, 『AI, 질문이 직업이 되는 세상』, 미디어숲, 2024.

교육을 움직이는 6가지 키워드

AI디지털교과서의 본격 도입, 대학 구조개혁의 가속, 학령인구 급감에 따른 학교 통폐합…… 2026년은 그 어느 해보다 교육의 지형이 빠르게 요동치는 해가 될 것입니다. 『대한민국 교육 키워드』는 이러한 격변의 흐름 속에서 부모가 반드시 알아야 할 핵심 이슈와 방향을 짚어줍니다. 여섯 가지 키워드에는 수많은 정보의 홍수 속에서 불안을 줄이고, 부모가 교육의 주체로 다시 서기 위한 현실적인 인사이트를 담았습니다. 교육 변화의 방향을 읽고 우리 아이의 학습과 진로에 어떻게 대비해야 할지 생각해봅시다.

서울대 10개 만들기

**서울대만 바라보는 교육의
방향을 바꿀 수 있을까?**

왜 지금 '서울대 10개'라는 말이 나왔을까?

최근 교육계에서 가장 뜨거운 화두 중 하나는 바로 '서울대 10개 만들기'입니다. 처음 이 말을 들었을 때, 많은 부모가 고개를 갸웃했을 거예요.

'서울대라는 이름은 그대로, 전국에 캠퍼스를 10개 짓겠다는 이야기인가?'

'서울대의 교육 수준을 지역 대학교에 나누어주겠다는 뜻일까?'

'지역 소멸을 막기 위한 국가 전략인가?'

이런 궁금증 속에는 단순한 정책 관심을 넘어 '그럼 우리 아이의 미래는 어떻게 달라질까?'라는 현실적인 고민이 함께 담겨 있죠.

사실 '서울대 10개 만들기'는 꽤 복잡한 배경을 갖고 있어요. 이건 단순히 '서울대 간판을 지역에 몇 개 더 만들 것인가'의 문제가 아니에요. 우리나라의 고등교육 구조가 큰 변화를 맞고 있다는 신호지요. 이 구조를 제대로 이해하지 못하면 자극적인 뉴스 제목에 휘둘리기 쉽겠지만, 전체 흐름을 읽어내면 불안이 '방향'으로 바뀝니다. 그러려면 먼저, 지금 우리가 처한 교육 환경부터 살펴봐야 해요.

현재 우리나라는 이미 '학령인구 절벽' 시대에 들어섰습니다. 1990년대 중반까지만 해도 한 해에 약 70만 명의 아이가 태어났지만, 2023년에는 21만 명 수준으로 줄었지요. 대학교 입학 정원보다 태어나는 아이 수가 더 적은 시대가 된 거예요. 즉, 대학교가 학생을 '선발'하던 시대가 끝나고 살아남기 위해 '생존'을 고민해야 하는 시대가 온 거죠.

특히 지역대학교의 위기가 매우 심각합니다. 거점 국립대학교조차 학생 모집이 어렵고, 전공을 유지하기도 힘들며, 우수한 교수와 연구 인력이 빠져나가고 있으니까요. 대학교는 단순히 교육기관이 아니라 지역경제의 핵심이기 때문에 지역대학교가 이렇게 약해지면 지역 산업과 일자리, 인재 생태계 전체가 흔들리게 되지요.

한편 수도권 집중은 점점 더 심각해지고 있습니다. 학생, 교수, 기업, 연구소, 투자 자본, 일자리까지 모두 서울과 경기로 몰리면서 교육은 '지역 불평등'의 중심축이 되었죠. 지방 부모들도 수도권 학원에 의존하곤 하는데다 입시가 전국 단위 경쟁이 되면서 지방 학생들은 자기 지역에서 미래를 설계하기가 점점 더 어려워지고 있고요.

이런 상황 속에서 정부는 교육 문제를 국가 균형 발전의 시각으로 다시 보기 시작했습니다. '서울대 10개 만들기'는 이 과정에서 등장한 상징적인 표현이지요.

국가 핵심 정책으로 부상한 '지역 거점 국립대 육성'

우리나라에서 '서울대'라는 단어가 주는 무게감은 아주 특별합니다. 우리 모두 '서울대 간판 하나면 평생이 편하다'라는 말을 체감하거나 듣고 자랐잖아요?

이는 통계적으로도 증명됩니다. 한국고용정보원 자료에 따르면, 서울대학교 졸업생의 취업률은 꾸준히 70% 중반대를 기록하고 있으니까요. 대기업·공기업·전문직 진출 비율도 다른 대학교보다 훨씬 높죠. 그러니 부모 입장에서 '서울대'라는 간판은 '우리 아이 미래 보험'처럼 느껴질 수밖에 없습니다. '서울대'라는 이름에 다들 민감해지는 까닭이겠지요.

이런 분위기 속에서 이재명 정부는 '서울대 10개 만들기'를 교육 분야의 대표 공약으로 내세웠습니다. 이재명 정부 「국정운영 5개년 계획안」의 55번째 과제인 '지역교육 혁신을 통한 지역인재 양성' 항목에서도 '서울대 10개 만들기'를 찾아볼 수 있지요.

[국정55] 지역교육 혁신을 통한 지역인재 양성

□ 과제 목표

• 지역대학교에 대한 전략적 투자와 지역 내 관련 기관 간 연계·협력을 통해 지역의 교육력 제고 및 성장을 도모하고, 국가균형 성장 달성.

□ 주요 내용

• (서울대 10개 만들기 실현) 거점 국립대학교에 대한 전략적 투자와 체계적 육성.

• 학생 1인당 교육비를 서울대학교 수준으로 단계적·전략적으로 상향하고, 집중 육성 분야 중심으로 교육·연구 경쟁력을 제고.

이로써 '서울대 10개 만들기'는 주장이나 제안을 넘어 국가 핵심 정책으로 부상했습니다. 더불어 지난 2025년 9월 24일, '서울대 교육개혁 태스크포스TF' 주최로 서울대학교 관악캠퍼스에서 열린 심포지엄에서는 "이재명 정부의 국정과제인 '서울대 10개 만들기'를 성공시키려면 마스터플랜부터 만들어야 한다"는 이야기가 나왔죠. 다음은 『서울대 10개 만들기』라는 책을 써내어 교육계의 주목을 받은 김종영 경희대학교 사회학과 교수의 강연과 참가자들의 토론 내용을 요약한 것입니다.

김종영 교수는 '서울대 10개 만들기'라는 공약을 실현하려면 교육부 산하 예산·법률·대학 명칭 전담 추진단을 설치하고, 법적 근거와 예산 문제를 먼저 해결해야 한다고 주장했다. 또한 현재 서울대학교를 포함한 거점 국립대학교 10곳의 예산이 UC 시스템의 약 7분의 1에 불과하다고 지적하며 상징 자본 확장을 위해 대학교 명칭을 '서울대'로 통일하거나 '서울대+한국대' 병기 혹은 서울대학교를 제외한 9개교에 '한국대' 명칭을 쓰는 방안을 제시했다. 이후 토론에서는 예산 증액만으로는 서울대학교 수준의 연구 중심 대학교 10곳을 만들 수 없으므로 단계적 접근이 필요하다는 반론이 나왔다. 김현철 교수는 "연구는 사람이 한다"며 정원·등록금·학사 운영까지 정부가 통제하는 구조에서는 혁신은커녕 현상 유지도 어렵다고 답했다. 오헌석 교수는 한 번에 10개를 만드는 것은 과도하므로 국무총리 산하 '서울대 10개 만들기 국가전략위원회'를 구성하는 등 추진 체계를 먼저 바로 세워야 한다고 강조했다.

이름만 서울대? 진짜 '서울대 10개'의 의미

'서울대 10개'란 기존 지역 국립대학교들—이를테면 부산대학교, 경북대학교, 전남대학교 등을 서울대학교와 같은 브랜드 아래 네트워크화하겠다는 이야기입니다. 서울대학교를 중심으로 전국 국립대학교를 하나의 '서울대 연합체'로 묶자는 것이지요.

2021년 김종영 교수가 본격적으로 제안한 이 아이디어는 2022년 대선과 2024년 총선을 거치면서 정치권의 핵심 의제로 떠올랐어요. 김종영 교수는 '서울대 10개 만들기'가 교육 지옥 탈출, 지방 소멸 방지, 수도권 집중 해소의 유일한 대안이라며 학벌 중심 사회 격파에서 한 발 더 나아가 대학교를 '지역·계층·시대가 함께 설계한 지식 플랫폼'으로 바꿔야 한다고 주장합니다. 서울대학교가 가진 국가 대표 대학교의 기능과 상징을 전국적으로 확장해서 단일 서열 구조를 해체하고, 지역대학교를 자립 가능한 지식 거점으로 만들자면서요.

이 제안의 핵심은 '브랜드 공유, 재정 상향, 법·제도 개편'입니다. '브랜드 공유'란 말 그대로 '서울대'란 이름을 전국 10개 거점 국립대학교가 같이 쓰자는 거예요. 서울대학교 충남캠퍼스, 전북캠퍼스 같은 식으로요. 이어서 '재정 상향'은 1인당 교육비를 서울대학교 수준에 맞춰 각 거점 대학교에 분산 투자해서 상향 평준화하고, 서울대학교의 약 70% 수준까지 끌어올리자는 것이죠. 법으로 대학교 통합 네트워크를 만들어 그 안에서 총장을 임명하고 예산도 통합적으로 운영하자는 거예요. 솔직히 이 개념은 새로운 것이 아닙니다. 교육학자들은 오래전부터 '국립대학교 네트워크'에 대해 이야기를 나눠왔으니까요. 같은 울타리 안에서 서울대학교는 연구와 국제 경쟁력을 끌어가고, 국립대학교는 지역인재 양성의 거점 역할을 맡자는 것이었지요. 그러면 지역대학교는 자연스럽게 '서울대 네트워크 소속 ○○캠퍼스'라는 이름을 얻게 되겠고요.

이 정책의 목표는 서울대학교라는 '간판'을 다른 대학교들에 나눠주자는 것입니다. 이름을 나눠주면 '지역이라도 서울대 캠퍼스야'라는 인식이 생길 테고, 학생들도 '굳이 서울로 안 가도 괜찮네' 하며 지역대학교에 진학할 가능성이 늘어나리라 본 것이죠. 하지만 지역캠퍼스가 정말로 서울대학교와 똑같은 대우를 받을 수 있을까요? 솔직히 '서울 본교'와 '지역캠퍼스' 사이에는 차이가 생길 수밖에 없겠지요. 그럼에도 불구하고 정치권에서는 '서울대라는 이름을 공유하면 지역대학교의 위상도 올라간다'고 주장하고 있어요.

'서울대 10개' 논의, 사실 20년 전부터 있었다

'서울대 10개 만들기'란 '서울대학교의 이름을 전국 주요 확장·적용해서, 전국 주요 국립대학교의 공동 브랜드를 만들자'는 주장입니다. 이는 어느 날 갑자기 튀어나온 이야기가 아니에요. '지역균형 발전'이 큰 화두였던 김대중·노무현 정부 시절, 수도권 집중 현상이 너무 심하니까 지역에도 좋은 대학교와 일자리를 키워서 인구가 흩어지게 하자며 국립대학교들을 묶어서 경쟁력을 높이자는 아이디어가 처음 나왔으니까요. 그 당시에는 '국립대 네트워크'라는 이름이었지만요. 부산대학교·경북대학교·전남대학교·충남대학교 등 지역 거점 국립대학교를 하나의 연합체로 묶어서 서울대학교 못지않은 위상을 주자는 것이었죠. 당시 교육부 연구 자료를 보면 '지역 국립대학교의 공동학위 발급'까지 검토된 바 있어요.

이 같은 분위기는 이명박·박근혜 정부로 넘어가면서 확연히 달라졌습니다. 학령인구가 감소했기 때문이지요. 교육부 통계에 따르면 2010년 약 68만 명이었던 고등학교 졸업자는 2017년에는 55만 명으로 줄었습니다. 이에 학생 수는 줄어드는데 대학교가 너무 많으니까 줄여야 한다는 '대학교 구조조정'의 논리가 힘을 얻었어요. 그러다 보니 지역대학교는 위상이 더 떨어지고, 서울과 지역의 격차도 더욱 벌어졌지요. 지역대학교들은 점점 더 위기에 몰렸고요.

문재인 정부에서도 '혁신적 대학 지원' 이야기가 나왔지만, 지역대학교 신입생 충원율은 계속 떨어졌습니다. 특히 2021년에는 지역 사립대학교 평균 충원율이 84.7%까지 내려갔지요. 이런 현상은 쭉 이어졌어요. 다수의 교육 전문 매체와 입시 분석 자료에 따르면, 2025년 대다수 지역 사립대학교의 충원율은 70% 이하라고 해요. 여기에는 충원율이 50% 미만인 위기 대학교도 다수 포함되어 있지요.

최근 지역 소멸 문제가 불거지면서 '지역 국립대학교를 살려야 한다'는 목소리가 다시 커지고 있습니다. 이에 '서울대 10개 만들기'라는 이름의 정책이 또 등장했고요. 그동안 이어져온 '국립대학교 강화' 논의가 좀 더 자극적으로 포장된 상황이랄까요.

'서울대 10개'의 진짜 의도

정치적으로는 어떻게 볼까요? 민주당은 기본적으로 '서울대 10개 만들기'에 긍정적입니다. 민주당이 늘 강조해온 가치 중 하나가 '공정성 회복'과 '지역균형 발전'이잖아요. '서울에 태어나야 기회가 많다'는 불평등 구조를 바꾸려면 지역에도 서울대학교 같은 상징적인 대학교가 있어야 하고요. 그래서 민주당은 이 정책을 두 가지 키워드로 설명합니다.

첫째, '공정성'입니다. 서울에만 좋은 대학교가 몰려 있지 않게 하겠다는 것이지요. '출발선 불평등'은 지금 우리나라 학부모의 가장 큰 불만 중 하나기도 합니다. 한국교육개발원KEDI 조사에 따르면 수도권 고등학생들의 대학교 진학률은 약 74%, 비수도권 학생은 66% 수준이라고 하죠. 서울의 명문대학교에 입학하는 학생 비율도 수도권이 압도적으로 높고요. 민주당은 이런 불균형 완화를 위해 지역에도 서울대급 간판이 필요하다고 보고 있습니다.

둘째, '균형 발전'입니다. 서울대학교라는 이름을 달아주면 지역대학교의 신뢰도가 높아지며 지역인재들이 수도권으로 빠져나가는 것을 막을 수 있으리라고 보는 거예요. 한국고용정보원 자료를 보면, 현재는 지역대학교 졸업생의 약 52%가 지역에 정착하지 않고 수도권에 취업해요. 이를 막으려면 지역대학교가 지금보다 더 높은 위상을 가져야 하는데, 그 방법 중 하나가 서울대 네트워크화라는 것이지요.

여기서 깊게 고민해볼 지점이 있습니다. 간판만 바꿔단다고 진짜 서울대학교와 똑같은 위상을 가질 수 있을까요? 여기에 대해 회의적인 시각도 많습니다. 대학교 브랜드는 교수진의 연구력, 학생들의 성취도, 졸업 후 성과 이런 것들이 다 쌓여서 만들어지는 것이니까요. 단순히 '서울대학교'라는 간판을 달았다고 생기지는 않지요.

더불어 선거철에는 이를 강하게 주장하던 민주당도 실제 집권 시에는 재정 문제나 사회적 반발에 주춤하는 모습을 보입니다. 예를 들어 2022년 대선 때에도 '서울대 10개'가 공식 공약이었지만, 이후 정책 보고서에서는 '국립대 네트워크 강화'라는 좀 더 완화된 표현을 사용했죠. 이 둘은 분명한 차이가 있는데 말입니다. '서울대 10개 만들기'가 '특정 대학에 집중 투자' 방식이라면 '국립대 네트워크화'는 '기관 간 연합·협력' 프레임이라는 점에서 정책적 접근법과 실행 방식이 크게 다르지요.

민주당이 '서울대 10개 만들기' 정책을 밀어붙이는 이유에는 학부모들의 불안과 불공함에 대한 불만을 달래려는 목적도 있습니다.

'서울대 간판이 여러 개 있으면 우리 아이 기회도 늘어나고, 입시도 좀 덜 힘들어지지 않을까?'

이 같은 기대를 자극하는 것이지요. 하지만 대학교 이름이 바뀐다고 자녀의 기회가 진짜 늘어날까요? 캠퍼스 사이에 서열이 생기지는 않을까요? 이 정책이 지금 당장 내 아이의 대입 전략에 영향을 줄 만큼 큰 변화일까요?

구분	서울대 10개 만들기	국립대 네트워크화 (국립대 통합네트워크)
목표	거점 국립대 9곳을 집중 투자해 '서울대급' 연구 중심 대학교로 육성.	전국 국공립대(필요시 일부 사립의 준국립화 포함)를 하나의 연합 네트워크로 묶어 서열을 약화.
접근법 (메커니즘)	재정 격차 해소(학생 1인당 교육비 대폭 증액), 우수교원 유치 특례, 특성화·계약학과 확대 등 선도 대학교 강화형.	공동 선발·공동 학위(혹은 상호학점·공동학위), 커리큘럼·자원 공유형 구조로 제도 통합을 통한 서열 완화.
범위/대상	주로 9개 거점 국립대(＋연계 대학교) 중심의 선택과 집중.	SNU 포함 전국 국공립대 전반(일부 사립까지 포섭 가능)이라는 광범위 시스템 개편.
입시·학위	대학별 선발·학위는 대체로 유지(거점대 권한·자율 확대).	네트워크 차원의 공동선발/공동학위 또는 이에 준하는 강한 연계가 전제.
정책 수단	예산 증액, 인사·연구 규제특례, 지역 정주 지원 등 행정·재정 패키지.	법·제도 개편(네트워크 법제화), 재정 통합·표준화, 거버넌스 재설계 등 구조 개혁 성격.
기대 효과	지역 거점의 '상향 평준화'→ 연구 경쟁력·취업 경로 강화, 인재 지역 정착.	대학교 간 격차·서열 완화, 이동·학습 선택권 확대, 전국 단위의 교육 공공성 강화.

현재 민주당은 '서울대 10개 만들기'에 정치적으로 매력을 느끼지만, 교육적으로 실현 가능성은 불투명하다고 보는 입장이에요. 이에 '시작이라도 해보자'라는 자세를 보이고 있죠. 일단 '서울대'라는 이름의 공유로 국민들의 심리적 장벽을 낮춰보자는 것입니다.

대학교 서열 문제, 다른 나라는 어떻게 풀었을까?

많은 사람이 이 정책을 '서울대 브랜드의 확장' 정도로 오해하지만, 실제 내용은 조금 다릅니다. 이 정책의 핵심은 대학교 사이의 연결 구조를 새롭게 설계하는 것에 가깝거든요. 지역에서도 배우고, 일하고, 살아갈 수 있는 생애 경로를 만드는 전략이랄까요. 서울대급 간판을 여러 개로 나누겠다는 뜻이 아니라, 서울에 몰려 있는 연구와 학습의 중심을 전국으로 확산시키자는 접근이지요. 이런 접근은 해외에서도 이미 진행 중이에요. 몇 가지 대표 사례를 알아볼까요?

가장 유명한 것은 미국의 'UC^{University of California} 시스템'입니다. 재학생만 28만 명이 넘는 UC에는 캠퍼스가 총 10개 있는데 UCLA, UC버클리, UC샌디에이고 등 이름 앞에 전부 UC가 붙어 있지요. 다 같은 캘리포니아주립대학교 시스템 안에 들어 있는 거예요. 그런데 이 학교들의 위상은 결코 같지 않아요. UC버클리와 UCLA는 세계 대학교 순위에서 늘 Top 20~30권 안에 드는데다 연구 성과도 뛰어나지만, UC머세드와 UC리버사이드 같은 곳은 인지도가 낮지요. 이름만 공유할 뿐 실질적 위상은 학교별로 다르다는 이야기입니다. '간판 공유=위상 공유'는 아니라는 점을 증명하는 셈입니다.

다음으로 일본도 도쿄대학교가 우리나라의 서울대학교처럼 압도적인 위치를 갖고 있습니다. 이에 일본 정부도 지역 국립대학교들을 살리려고 네트워크를 만들었지만, 솔직히 다른 대학교가 도쿄대학교

의 위상을 따라잡지는 못했어요. 지역대학교의 연구 역량을 키우는 데는 도움이 되었지만, 학부모와 학생들의 '도쿄대학교 집착'은 크게 줄지 않았다는 평가지요. 네트워크는 만들어졌지만 '도쿄대학교 본교의 위상'은 건재하며 도쿄대학교 쏠림 현상도 줄지 않은 거예요.

물론 다른 사례도 있습니다. 특별한 1등 없이 대학교들의 수준이 비슷한 독일은 다른 곳들과 정반대의 정책을 취했으니까요. 글로벌 경쟁력을 키우기 위해 2006년부터 '엘리트 대학교'를 지정해서 집중 지원을 한 거예요. 뮌헨대학교, 하이델베르크대학교, 칼스루에공업대학교 등 11개 대학교에 연구비를 집중 지원한 결과, 이 대학교들은 세계 대학교 순위에서 꾸준히 상승했지요. 평준화된 체제를 일부러 차별화시킨 독일의 사례는 다른 곳들과 정반대입니다. 격차가 너무 심하니까 줄여보려는 다른 나라들과 달리, 독일은 대학교 간 차이가 너무 적으니까 일부러 격차를 만들어준 셈이에요.

이 사례들에서 배울 수 있는 것은 이름이 같다고 위상까지 같아지진 않는다는 사실입니다. UC 시스템도 그렇고, 일본도 그렇잖아요? 간판보다 실제로 '얼마나 연구를 잘하고, 학생 지원을 제대로 하느냐'가 중요합니다. 다시 말하지만, 간판의 공유가 곧 위상의 공유를 의미하지는 않습니다. 지역 거점 대학교를 살리기 위해 필요한 것은 '서울대'라는 이름의 공유가 아니라 재정·교수진·연구 환경 등을 실질적으로 지원해주는 것이라는 이야기입니다. 그러니 '간판만 달라져도 우리 아이 기회가 늘어난다'는 기대는 품지 않았으면 합니다.

극명한 찬반양론

『학벌-입시의 정치에 반하여』를 쓴 박준상 숭실대학교 교수는 '서울대 10개 만들기'가 허상에 불과하며 교육 개혁의 신뢰를 무너뜨린다고 아래처럼 신랄하게 비판합니다.

단적인 예를 하나 들어본다면 이미 국무회의를 통과한 2026년 정부 예산안에서 '서울대 10개 만들기'에 1조도 안 되는 겨우 8,733억 원만 배정되었다. 원래 이 프로젝트를 실행하기 위해 필요하다는 3조 원에 크게 못 미치는 금액이며, 전년 대비 (3,956억 원) 겨우 4,777억 원만 늘어난 셈이다. '서울대 10개 만들기'의 본안(김종영 경희대학교 사회학과 교수 작성)에서는 서울대와 아홉 개 지역 거점 국립대학교(이하 지거국대) 사이의 통합네트워크 구축에 방점이 찍혀 있었지만, 그것은 이재명 정부에서 단 한 번도 고려조차 된 적 없고, 사실상 현재 이 정부에서 추진되고 있는, 보다 정확히 말해 추진되고 있다는 소문만 무성한 '서울대 10개 만들기'는 단순히 몇 개의 지역 거점 국립대학교와 그중 몇 개의 학과에 어느 정도 지원을 늘리자는 지역대학교 육성책 중 하나에 지나지 않는다. 즉, 문자 그대로의 '서울대 10개 만들기'가 전혀 아니다. 실제로 서울대학교 수준의 지거국대 아홉 개가 형성되는 것과는 거리가 멀어도 한참

멀다. 남는 것은 '서울대 10개 만들기'라는 허울 좋은 구호, 한 마디로 거짓말이다. 현재로서는 달리 판단할 근거가 하나도 없다.*

언론은 물론 블로그에도 '서울대 10개 만들기'와 연관된 글들이 많은데, 내용을 종합해보면 찬반이 확연하게 나뉩니다. 논쟁의 포인트는 '서울대 10개 만들기가 정말 서열 완화와 지역균형을 이끌 촉진제가 될 것이냐, 아니면 현실을 무시한 구호에 가까우냐'입니다.

찬성 쪽은 의견은 이렇습니다.

첫째, 서울대급 거점 국립대학교들을 키우면 서울대·고려대·연세대 중심의 딱딱한 서열이 흔들리고, 상경이나 의·치·한처럼 일부 학과에만 몰리는 쏠림도 완화될 수 있다. 결국 '학벌 체제의 구조 자체를 바꾸는 국면전환자game changer'**가 될 수 있다.

둘째, 수도권 과밀이 한계인 상황에서 지역 거점에 연구·산업·인재 생태계를 붙이면 지역도 살고 나라 전체 경쟁력도 올라간다.

셋째, 캘리포니아주립대학교(UC/CSU)처럼 단계적으로 투입·평가·보완을 반복하면 재정적으로도, 실행 측면에서도 충분히 해볼 만

하다. 단번에 10곳을 '뚝딱' 만드는 것이 아니라, 일정한 로드맵과 성과 기준을 두고 순차적으로 높여가자.

반대쪽 의견도 알아봅시다.

첫째, 사람들 마음속 '학벌·서열 선호'는 제도 하나로 쉽게 안 바뀐다. 입시판이 계속 성과(입결)로 움직이는 현실을 봐라.

둘째, 지역대학교의 구조적 한계(산업 기반, 일자리, 정주 여건, 학생 유입력)가 그대로인데 간판만 키운다고 서울대급으로 올라가긴 어렵다. 연구도 결국 사람이 하는 것이다. 좋은 교수·학생·기업 프로젝트가 돌아야 생태계가 커지는데, 그걸 당장 흡수할 인프라가 부족하다.

셋째, 특정 거점만 집중 지원하면 주변의 다수 지역 사립대학교는 더 어려워질 수 있다. 등록금 동결·학령인구 감소로 이미 버거운데, 국비가 거점에 쏠리면 고등교육 전체 균형이 더 깨질 수 있다.

넷째, 돈만 많이 넣는다고 일이 풀리진 않는다. 재정 효율성은 어떻게 할 것이냐? 교육비를 서울대학교 수준으로 맞추면 자동으로 경쟁력이 생긴다는 것은 단순한 논리다. 지역 안에 기업·일자리와 연계되는 시스템이 없으면 졸업 후에도 그 지역에 남아 있을 유인이 약하다.

찬성 측이 '서열 구조 자체를 흔들 계기와 지역균형의 엔진'을 기대한다면, 반대 측은 '수요(사람의 선택)·인프라·재정의 현실 장벽에 더해 사립대학교 생태계 붕괴'를 걱정하는 셈입니다. 찬성과 반대가 팽팽한 만큼, 중간 지대에서는 단계적 추진과 지역 연계 강화 같은 현실적인 절충안도 함께 논의되고 있지요.

이 정책이 성공하려면 단순히 대학교 숫자를 늘리는 것을 넘어, 다양한 성공 모델을 인정하는 문화가 필요합니다. 지역 기반 창업 성공 사례나 지방 공공기관 채용 확대 같은 신호를 꾸준히 보여줘야 하는 것입니다. '서울대를 안 나와도 충분히 잘살 수 있다'는 인식이 모든 사람에게 각인되려면 지역 중심의 취업·생활 기반을 만들어야 하겠죠. 이걸 해결하지 못하면 도리어 역풍을 맞을 수도 있으니까요.

또 학령인구 급감으로 10년 내 다수 사립대학교가 경영 위기에 빠질 위험이 있는데, 거점 대학교에만 투자하면 사립대학교는 더 흔들리겠지요. 그래서 UCLA, UC버클리가 있는 캘리포니아처럼 공공성이 강한 체계(공영화·공동 거버넌스 등)를 단계적으로 병행하자는 제안도 나오는 것이고요. '거점대 업그레이드'와 '지역 사립대 생태계 보선'을 같이 설계하자는 주문이랄까요. 재정도 현실적으로 봐야 합니다. 고등교육 전반에 연 7조 원 규모가 필요하다는 추정인데, 국민적 합의와 재정 여력 모두 부족하다는 지적도 있어요.

결론은 이렇습니다. '서울대 10개 만들기'가 한국 고등교육의 구조적 병목(서열·수도권 과밀)을 뚫어보려는 시도인 것은 맞지만, 구호대로만 밀면 기대와 현실의 간극이 커질 수 있습니다. 성공하려면 '사람·자율성·성과 계약'을 전면에 두고, 지역 산업·일자리·주거를 묶은 정주 패키지를 병행하고, 거점대-사립대 연계 생태계(공동강의·공동연구·학점교류·장비 공유·인력 순환)를 깔고, 예산은 단계별 목표-평가-확대 방식으로 집행하는 등의 정교한 로드맵이 필요합니다.

'서울대 10개' 구호 뒤 현실의 벽 다섯 가지

이제까지 '서울대 10개 만들기'가 어떤 취지인지, 또 기대 효과가 무엇인지 이야기해봤습니다. 하지만 정책이라는 것이 이상적으로만 흘러가지는 않기에 현실적으로 여러 문제점이 있지요.

1. 교수진과 연구 역량 부족

'서울대'라는 이름을 붙이려면 교수진의 규모와 수준이 뒷받침돼야 합니다. 그런데 교육부 2022년 '고등교육 통계'에 따르면, 서울대학교의 전임교원 1인당 학생 수는 17명인데 비해 지역 국립대학교는 평균 27명에 달하지요. 연구 논문 게재 건수도 큰 차이가 납니다. 2021년 한국연구재단 자료를 보면 서울대학교는 SCI급 논문 발표 건수가 8,000건 이상인데, 지역 거점 국립대학교는 1,000건 수준에 머무니까요. 이런 상황에서 단순히 간판만 나눠준다고 해서 같은 위상이 될 수는 없겠지요. '서울대 간판만 붙이고 알맹이는 그대로'라면 학생과 학부모의 신뢰를 얻을 수 있을까요?

2. 재정 문제

교육부 예산에서 국립대학교 지원 항목을 보면 2023년 기준 서울대학교에만 약 9,000억 원이 투입됐습니다. 만약 전국 10개 국립대학교를 서울대급으로 끌어올리려면 수십조 원이 필요한 셈이지요. 하지만 우리나라의 고등교육 투자 수준은 OECD 평균보다 여전히 낮습니다. OECD(2022) 보고서에 따르면 한국의 GDP 대비 고등교육 공공투자는 0.9% 수준이니까요. OECD 평균은 1.1%인데요. 돈을 쓰지 않는다면 정책은 구호에 그칠 수밖에 없습니다. 정부가 말로는 서울대 10개를 만들겠다고 하지만, 그만큼의 돈을 꾸준히 투입할 수 있을까? 의문이 들 수밖에 없죠.

3. 브랜드 희석화

서울대학교의 힘은 희소성에서 나옵니다. 만약 서울대학교가 10개로 늘어나면? 그 희소성이 약해질 수 있습니다.

'서울대가 10개라면 과연 내 아이가 들어간 서울대가 진짜 서울대일까?'

학부모 입장에서도 이런 의문이 생기겠죠. UC 시스템처럼 내부 서열이 생기면 결국 다시 '본교냐 아니냐'로 줄 세우기가 일어날 테고요. '서울대 본교 아니면 큰 의미 없다'는 식이면 오히려 혼란만 가중될 수 있습니다.

4. 정책이 정착하려면

정책의 목적 중 하나는 지역인재를 거주지에 붙잡아두겠다는 것입니다. 고용정보원 조사(2022)에 따르면, 지역대학교 졸업생의 절반 이상(52.1%)이 수도권으로 취업하니까요. 그러나 '서울대 ○○캠퍼스'로 졸업장을 받아도, 지역인재들은 여전히 더 많은 기회를 찾아 서울로 올라가려 할 가능성이 높습니다. 이름만으로 지역 정착 효과를 기대하기는 어려워요.

사회적 합의도 부족합니다. 어떤 학부모는 "좋다, 기회가 넓어지겠다" 하고, 어떤 분은 "서울대 간판만 남발하는 거 아니냐", "그게 무슨 소용이냐" 하고 불안해하죠. 정치권에서 일방적으로 밀어붙이면 오히려 불신만 커집니다, 대입을 준비하는 가정은 혼란스러워지고요.

'서울대 간판 늘리기'가 사교육을 줄일 수 있을까?

정부가 꾸준히 지역캠퍼스에 재정을 투입해서 교수진 수준을 끌어올리고, 취업이나 대학원 진학에서 좋은 성과를 만든다면? 서울대 네트워크가 제대로 자리 잡아 지역캠퍼스들도 사회적 신뢰를 얻는다면 '꼭 서울 본교가 아니어도 괜찮다', '꼭 서울로 안 가도 되겠다'는 인식이 퍼지면서 입시 경쟁이 조금 완화될 여지도 있습니다. 선발 경쟁이 분산되면 입시 전략이 단순해져서 학원·과외 의존이 줄어들 가능성도 있고요.

이상적으로 보면 이 정책이 공교육 회복과 사교육 경감의 계기가 될 듯도 합니다. 표면적으로 사교육이 줄어들 가능성도 높겠죠. 현재는 '서울대학교'라는 좁은 문을 뚫겠다고 전국에서 몰려드니까 경쟁이 과열되고 사교육 의존도가 높아지는 것이잖아요? 그런데 서울대학교의 간판이 늘어나면 목표가 분산되면서 경쟁이 조금 덜 치열해질 수도 있겠지요. 거주지에서 서울대학교 진학을 목표로 교육받을 수 있다면 서울 중심의 사교육 수요도 일부 감소할 테고요.

여기서 간과해서는 안 되는 부분이 있어요. 바로 학부모와 학생들의 심리입니다. 서울대급의 대학 수가 늘어난다고 경쟁이 줄어드는 것은 아니니까요. 사교육은 '좋은 대학교가 부족해서'만 생기는 것이 아니잖아요. '좋은 대학교에 들어가려는 상대평가 경쟁' 때문에 생기는 것이지요. 서울대급이 10곳이 된다면? 그 안에 들어가려는 경쟁은 그대로고, 사교육은 경쟁에 맞춰 더욱더 정교해질 가능성이 큽니다. 하나일 때는 하나를 두고 경쟁하고, 10개가 되면 10개를 두고 경쟁하는 것입니다. 경쟁 자체는 사라지지 않을 거예요. 이는 우리나라 교육 시장을 논할 때 사교육 이야기를 빼놓을 수 없는 까닭이기도 하지요.

지역에 서울대급을 만든다 해도 서울 중심 구조는 쉽게 바뀌지 않을 것입니다. 대한민국에서 서울대학교는 학문적 우수성만이 아니라 사회적 성공, 경제적 안정, 정치·행정적 영향력까지 상징하니까요. 많은 학생과 학부모가 여전히 '서울에 있는 서울대학교'를 1순위로 볼 가능성이 높습니다. 2023년 입시를 참고해볼까요? 이때 서울대 본교 합격선은 수능 백분위로 상위 1% 이내였지만, 지역 거점 국립대학교는 보통 상위 10~20% 수준이었죠. 이런 격차가 하루아침에 줄어들기는 어려워요. 학부모와 학생들의 머릿속에 이미 서울대 본교라는

'최상위 간판'이 각인돼 있는 상황에서 지역의 서울대급은 '차선'으로 인식되겠지요.

'서울대급' 간판이 또 다른 서열을 만들 가능성도 높습니다. '서울 본교〉수도권 캠퍼스〉지역캠퍼스'라는 식의 인식이 생긴다면 지금과는 또 다른 입시 경쟁이 생기겠지요. 입시 전략에서 학생과 부모가 가장 먼저 노리는 것은 여전히 본교일 거라는 이야기입니다. UC버클리와 UCLA 쏠림이 뚜렷하게 보이는 미국 UC 시스템을 떠올려보세요. 같은 네트워크 안에 있더라도 중심 캠퍼스 쏠림은 피하기 어려워요. 한국도 서울대 본교와 지역캠퍼스 간의 격차가 분명히 나타나겠죠. 지역 국립대학교의 이름이 '서울대 ○○캠퍼스'로 바뀌어도, 실제 입시 현장에는 '서울대 본교가 절대 1등', '그래도 서울 본교가 최고'라는 인식이 굳건히 자리 잡고 있으리라는 이야기입니다. 그럼 더 좋은 캠퍼스를 목표로 또다시 사교육에 의존하게 되지 않을까요?

사교육 시장의 엄청나게 빠른 적응 속도도 간과해서는 안 됩니다. 새로운 전형이나 대학교 브랜드가 생기면 곧바로 거기에 맞춘 '전략 패키지', '맞춤형 강좌' 같은 것이 쏟아지잖아요? 예를 들어 '서울대 10개'가 생기면 곧바로 '서울대 네트워크 대비반', '서울대 지역캠퍼스 대비반' 같은 상품이 쏟아질 가능성이 높아요. '상위 캠퍼스를 가야 한다'는 심리가 생기면서 '서울대 본교 진학반', '서울대 캠퍼스별 맞춤 대비반' 이런 식으로 사교육 시장이 세분화될 가능성이 큰 거예요. 그러면 사교육비가 지금보다 늘어나겠지요. 불안이 높아져 오히려 수요가 늘 수도 있고요. 상위층이 '차별화된 대입 전략'을 찾으면서 사교육의 프리미엄 서비스가 오히려 강화될 수도 있겠죠.

입시 제도가 바뀌면 학부모들은 '혹시 준비가 부족할까?' 불안해지면서 학원에 더 많이 의존하게 돼요. 실제로 2019년 자사고·외고 폐지 정책이 발표됐을 때도, 사교육비가 오히려 늘었지요. 정책 불확실성이 학부모의 불안을 키운 탓에 말이에요. 학부모들의 불안 자극은 사교육 시장이 제일 잘하는 일이기도 하죠.

'서울대 10개 만들기'에 사교육 부담을 줄일 잠재력이 없는 것은 아닙니다. 하지만 사교육은 정책이 아니라 부모 마음에 좌우됩니다. 정책이 아무리 좋아도 부모가 불안해지면 사교육은 줄지 않지요. 마음이 불안하면 돈을 쓰게 되니까요. 제도가 바뀌든 대학교 이름이 바뀌든 '이 길이 더 안전하다' 싶으면 학부모는 지갑을 열 수밖에 없습니다. 아무리 좋은 의도로 선보인 정책이어도, 사람들에게 '또 다른 경쟁'으로만 읽히면 사교육은 거기에 맞춰 체계화되겠죠.

'서울대 10개 만들기'가 대입에 미칠 영향

혹시 현재 자녀 교육 때문에 불안하다면 교육 정책을 정확하게 알아둘 필요가 있습니다. 불안의 원인은 '무지無知'에 있으니까요. 더불어 정부 방침이 '사교육 줄이기'라면 대입 제도를 단순화해 고교교육만으로도 충분히 대비할 수 있게 만드는 식으로 학부모의 불안을 달래줄 제도적 장치를 마련해야 합니다. 그러나 현장 감각으로 보면, 여기에는 구조적 한계가 있어요.

우선 지금의 대입 제도는 지나치게 복잡합니다. 이에 따른 정보 격차가 사교육 의존을 키운다고도 볼 수 있지요. 그러니 새로 만드는 서울대급 대학교들은 수능 100%나 내신 100%처럼 단순하고 예측 가능한 전형을 중심으로 가야 합니다. 관건은 '입시 제도를 얼마나 단순하고 명확하게 가져가느냐'예요. 제도가 복잡해질수록 사교육 시장은 커지니까요. 즉, 사교육 시장이 확대되느냐 축소되느냐는 정부의 입시 운영 방식과 학부모들의 심리 변화에 달려 있습니다.

학부모는 정부가 '입시 제도를 어떻게 설계하느냐'에 주목할 필요가 있습니다. 만약 정부가 서울대 네트워크 대학교들을 대상으로 특별전형을 만든다거나, 공동 입시 제도를 도입한다면? 학생부위주전형 확대로 내신이 좋은 아이들을 지역캠퍼스에서 뽑는다면? 이런 변화가 생긴다면 대입 준비 전략부터 지금과는 달라져야 하겠죠.

조언을 하나 해보자면, 교육부는 최근 몇 년간 '정시 축소, 수시 확대' 기조를 유지하고 있습니다. 이 방향과 맞물리면 '내신·학교 생활기록부 관리'의 중요성이 지금보다 훨씬 커질 수 있겠지요. 수능보다 내신이나 비교과가 더 중요해질 수도 있고요. 이런 의미에서 '서울대 2028 대입 전형안'에 주목할 필요가 있어요. 2025년 9월 28일 서울대학교 발표를 그대로 인용해보겠습니다.

첫째, 2028학년도에는 공공성과 다양성 실현, 그리고 학교교육을 성실하게 이수한 우수인재를 선발한다는 전형의 취지를 충실히 구현하기 위해 정시모집 수능위주전형(지역균형전형)을 폐지하고, 수시모집 학생부종합전형(지역균형전형)의 선발 인원을 확대합니다.

둘째, 수시모집 학생부종합전형(지역균형전형)은 교육 불균형을 해소하고 지역별 우수 인재의 균형적 선발을 위해 일부 지원 자격을 제한합니다(자사고, 외국어고, 국제고, 과학고, 영재학교 지원 불가). 또한 고교별 추천 인원을 세 명으로 확대하며, 수능 최저 학력기준은 적용하지 않습니다.

셋째, 정시모집 수능위주전형(일반전형)에서는 대학수학을 위한 기본 학업 소양을 검증하기 위해 수능을 활용하고, 고교 학습과의 연계를 강화하기 위해 교과역량평가를 실시합니다. 1단계 수능 100%로 3배수를 선발하며, 2단계에서는 수능 60점과 교과역량평가 40점의 배점을 반영하여 최종 합격자를 선발합니다. 단, 수의대와 의대는 2단계에서 수능 60점, 교과역량평가 20점, 적성·인성면접 20점을 반영합니다.

(출처 : '2028학년도 대학 신입학생 입학전형 주요 사항 발표'중 일부)

마지막으로 고교교육과 대입을 유기적으로 연결할 필요가 있습니다. '학교 수업만으로는 입시를 제대로 못 치른다'는 인식을 바꿔야 해요. 대학교가 고교 내신·수행평가를 제대로 반영하고, 지역고등학교와 연계한 맞춤형 프로그램을 운영하면 학생들이 자연스럽게 학교 수업에 집중하게 될 거예요. 여기에는 당연히 지역교육 인프라 투자가 따라가야 하겠죠. 교사의 수업 역량, 학교 시설, 진학 지도 체계 등에서 수도권과 격차가 크니까요. 서울대급 대학교가 있는 지역에 공교육 지원센터를 두고, 고교ー대학교 연계 프로그램을 상시로 돌려야 합니다. 교수진이 일정 부분 고교교육에 참여하거나, 온라인으로 고급 강좌를 제공하는 방식도 좋겠지요.

학부모의 시각과 태도

학부모는 이 정책을 어떻게 바라봐야 할까요?

첫째, 정책에 너무 흔들리지 않는 태도가 필요합니다. 정치권은 선거 때마다 새로운 교육 공약을 내놓습니다. 교육 정책은 정권이 바뀔 때마다 달라지고요. 그때마다 마음이 출렁이면 아이 교육 방향도 오락가락할 수밖에 없죠. 그러니 '서울대 10개 만들기'라는 이야기를 들었다고 당장 전략을 바꾸기보다는, 큰 흐름을 보고 차분하게 지켜보는 것이 맞습니다. '자사고·외고 폐지, 정시 확대/축소' 같은 이야기가 반복될 때마다 교육 방향을 바꾸면 가장 손해 보는 것은 결국 아이거든요. '서울대 10개 만들기'도 마찬가지예요. 아직 구체적인 실행안은 없으니 앞서 불안해하거나 기대를 키울 필요는 없습니다.

둘째, 아이의 방향성을 더 중시해야 합니다. 대학교 간판도 물론 중요하지만 점점 더 아이가 어떤 전공을 선택하고, 어떤 역량을 쌓느냐가 더 중요해지고 있어요. 최근 대기업 채용 트렌드를 보면 '서울대' 간판보다 코딩·AI 활용 능력, 외국어, 인턴 경험 같은 실질 역량을 더 중시하는 경우가 많고요. 학부모의 역할은 '내 아이가 잘하는 것, 좋아하는 것을 발견하도록 도와주는 것'이지, 대학교 간판을 따주는 것이 아니에요. 서울대 본교냐 캠퍼스냐보다 '내 아이가 좋아하고 잘하는 것이 뭘까?'에 집중해야 장기적으로 훨씬 득이 됩니다.

셋째, 비판적 수용 태도가 필요합니다. 무조건 '좋다' 또는 '나쁘다'가 아니라 '이 정책이 실제로 내 아이 교육 환경에 어떤 영향을 줄까?'를 따져봐야 하는 거예요. 예를 들어 입시 제도가 변할 조짐이 있다면 미리 대비해야 하지만, 단순히 간판만 바뀌는 거라면 크게 신경 안 써도 되겠지요.

넷째, 불안에 휘둘리지 않는 연습이 필요합니다. 사교육비가 늘어나는 가장 큰 이유는 제도가 아니라 학부모의 불안한 마음 때문이에요. 한국교육개발원 조사에서도, 학부모가 "불안하다"고 응답한 가정일수록 사교육비 지출이 평균 1.5배 이상 높았지요. 학부모가 차분해야 아이도 안정적으로 공부할 수 있습니다. 정책 변화가 나오면 학원에서 제일 먼저 "이제 우리 프로그램이 필요하다"고 홍보할 거예요. 학원에서 '서울대 네트워크 대비반' 같은 것을 내놓을 때, 정말 필요한

지 아닌지 냉정하게 따져보세요. 그럴 때마다 흔들리면 결국 가계 부담만 커지니까요.

'서울대 10개 만들기'가 우리에게 주는 메시지는 분명합니다. 이 정책이 바꾸려는 것은 단기적인 입시 판도 변화가 아니에요. 중장기적으로 지역대학교의 체질을 바꾸려는 것이죠. 입시는 늘 그렇듯 서서히 변하겠지만요. 변화의 초점은 '입학할 때'가 아니라 '졸업 후 무엇을 할 수 있는가'입니다.

'서울대 10개', 이제 진짜 시작됐다

이상적으로 '서울대 10개 만들기'는 지역 격차를 줄이고 수도권 집중을 완화하기 위한 좋은 시도입니다. 외국의 다캠퍼스 사례처럼 서울대 본교의 상징성과 자원을 나누기는 어렵겠지만요. 지역의 '서울대급'이 서열의 하위로 인식될 가능성도 배제하기 어렵고요. 그러므로 '서울대 10개 만들기'가 성공하려면 간판뿐만이 아니라 대입을 둘러싼 사회·경제 구조까지 같이 손봐야 합니다. 입시 제도 개혁, 공교육 강화, 지역 인프라 확충, 인식 전환이 함께 이루어져야 해요, 그렇지 않으면 '또 다른 경쟁' 때문에 사교육 시장만 자극할 수 있어요. 진짜 교육 개혁을 하려면 간판이 아니라 구조를 바꿔야 해요. 학생·학부모가 불안을 덜고, 믿고 맡길 수 있는 공교육 생태계 구조를 만드는 데서부터 사교육 문제 해결이 출발하니까요.

지난 9월 30일, 정부는 지역균형 발전을 제대로 해보겠다며 지역대학교 키우기에 시동을 걸었습니다. 교육부가 강원대학교부터 충북대학교까지 아홉 개 거점 국립대학교 총장들을 서울에 모아 앞으로 지역대학교를 어떻게 키울지 허심탄회하게 논의한 거예요. 흔히 말하는 '서울대 10개 만들기' 추진 흐름이랑 맞닿아 있는 이 논의는 국정과제 중 '모두가 잘사는 균형 성장'의 한 축이지요.

요지는 간단합니다. 거점 국립대학교를 중심으로 지역대학교의 경쟁력을 확 끌어올려서 수도권 쏠림과 대학교 서열화를 좀 누그러뜨리고, 지역에서 제대로 인재를 키워 국가 전체의 균형 성장을 이루자는 것입니다. 현재 분위기는 '선택과 집중으로 지역에 우수 대학교를 많이 세우자'고요.

교육부는 아홉 개 거점 국립대학교의 학부 교육을 싹 손봐서 국가 인재를 키우는 핵심기지로 만들기 위해 노력하고 있습니다. '가고 싶은 대학교로 탈바꿈하겠다는 목표도 정했죠. 먼저 AI 기본교육으로 기초역량을 제대로 키우고, 해외 대학교와 연계된 글로벌 프로그램으로 배움의 경험을 넓히고, 대학교-기업 사이 벽을 낮춰 현장에 붙어 있는 수업으로 취·창업이 바로 연결되게 만든다는 구상으로요. 학생들이 '배운 만큼 바로 성장하고 커리어로 이어지는' 교육 체계를 아홉 개 거점 지역대학교 전반에 깔아주겠다는 이야기지요. 이미 '서울대 10개 만들기'는 시작되었습니다.

지역인재 양성

**지방 학생에게도
기회의 문을 열다**

'서울로 가야 할까?' 지역교육을 둘러싼 부모들의 진짜 고민

얼마 전 한 학부모가 이런 고민을 털어놓았어요.

"우리 아이가 지방에서 고등학교를 다니고 있는데, 서울로 보내야 할지 고민이에요. 지역대학교는 예전만 못하다는 이야기가 많고, 그렇다고 무조건 서울을 노리자니 경쟁이 만만치 않아서요."

말하는 표정에 '아이의 미래가 달려 있다'는 절실함이 고스란히 담겨 있었죠.

사실 이 고민은 한 가정만의 이야기가 아닙니다. 지방 소도시에 사는 중고등학생 부모들이 가장 자주 묻는 질문 중 하나니까요. 이는 지금 대한민국 교육의 중심 흐름과도 맞닿아 있는 문제예요.

현재 우리나라의 교육 지형은 크게 흔들리고 있습니다. 학생들이 모두 서울로 몰리니 지역대학교의 위상이 예전만 못한 것은 부정할 수 없는 사실이에요. 하지만 현재 정부는 장기적인 국가 경쟁력 강화를 위해 '지역인재 양성' 정책을 강하게 추진하고 있습니다. 이것은 단순히 지역대학교를 살리자는 차원을 넘어섭니다. '지역이 살아야 나라가 산다'는 관점에서 국가 전략이 바뀌고 있는 것입니다. 이 변화는 앞으로 입시 전략, 진로와 대학교 선택 그리고 삶의 방향까지 크게 영향을 줄 흐름이지요.

'서울 쏠림' 멈출 수 있을까? 지역인재 전략의 현재

우리나라는 오랫동안 '서울 중심의 교육 시스템' 속에서 움직여왔습니다. 좋은 대학교도, 기업도 대부분 서울에 있다 보니 자연스럽게 사람들이 서울로 몰렸죠. 그런데 이 흐름이 더 이상 유지되면 안 되는 상황입니다. 우리나라의 학령인구가 급격히 줄고 있기 때문이지요. 지방의 중소도시에는 2024년 기준으로 한 학년 전체가 한 반으로 이루어진 학교가 늘고 있고, 어떤 곳은 학생 수 부족으로 통폐합까지 고민해야 할 정도예요. 학생 수는 계속 줄어드는데 서울·수도권 쏠림은 점점 심해지니 문제가 잇따르죠. 지역산업은 인재 확보가 힘들어지고, 지역경제가 약해지니 지역사회 전체의 활력도 떨어지는 거예요.

이런 흐름이 계속되면 국가 전체의 균형 발전이 흔들릴 수밖에 없어요. 그래서 등장한 정책이 바로 지역에서 인재를 키우고 지역에서 일할 수 있도록 돕는 '지역인재 양성 전략'이지요. 이는 단순히 '지역대학교를 살리자'는 문화적 구호가 아닙니다. 앞으로의 국가 경쟁력을 위해 꼭 필요한 전략적 선택이지요.

"지역이 살아야 나라가 산다."

다들 이렇게 말하지만 막상 '지역인재 양성'을 어디서부터 손대야 할지는 생각보다 막막해요. 수도권으로 사람·일자리·돈이 몰리는 것은 오래된 이야기고, 지역대학교는 정원 미달과 재정 압박을 함께 겪고 있으니까요. 좋은 학생이 들어와도 졸업 후 다시 수도권으로 빠져나가니 지역에는 숙련 인력이 남지 않지요. 이 악순환을 끊는 열쇠가 바로 '입학→학습→현장 경험→채용→정착'이 끊기지 않게 이어지는 인재 생태계를 만드는 것, 즉 지역인재 양성이에요.

문제의식은 분명합니다. 인재들은 지역에 정주하지 않는다는 것이죠. 그렇다면 지역인재들을 지역대학교에 다니게만 하면 지역이 살아날까요? 꼭 그렇지는 않습니다. 무엇을 어떻게 가르치고, 어디에서 어떤 현장 경험을 제공하며, 어떤 조건으로 채용·정착을 연결하느냐가 진짜 성패를 가를 거예요. 여기에 대해 이해하기 위해 우선 용어를 알아봅시다.

지역인재는 지역에서 교육·훈련을 받고 그 지역 산업·기관에서 일하며 정착하는 사람을 뜻합니다. 이 단어의 핵심은 '정착'이에요. 지역인재전형은 대학교가 특정 권역 출신(또는 해당 지역 고교 졸업) 학생을 일정 비율로 선발하는 제도지요. 특히 의·치·약·간호 등에서 비중이 큽니다. RISE는 지역(지자체)이 고등교육 의사결정에 더 깊이 참여해 대학교-지자체-산업을 한 팀으로 묶자는 거버넌스 개편이고, 글로컬 대학30은 지자체와 대학교가 함께 '한 방에 체질 바꾸기'를 해보자고 선정·지원하는 혁신 프로젝트라고 보면 됩니다.

지역대학교의 재편과 변화

현재 지역대학교들에는 큰 변화가 진행되고 있습니다. 재정 지원을 받고, 학과를 새롭게 개편하고, 지자체와 손잡고 지역산업 구조를 바꾸면서 '전문성을 갖춘 대학교로 다시 자리 잡고 있는 거예요. 예를 들면 이런 변화들이죠.

- 부산광역시는 해양·조선 산업을 중심으로 한 '해양 특화 교육 벨트'
- 대구광역시·경북은 반도체 산업과 연계한 'K-반도체 인재 육성 지구'
- 광주광역시·호남권은 AI와 소프트웨어를 중심으로 한 'AI 특화 캠퍼스'

지역산업과 대학교의 역할이 서로 맞물리며 새로운 구조로 재편되고 있는 거예요. 앞으로 지역대학교는 예전처럼 전국 학생을 불러 모으는 '종합대학교'가 아니라, 특정산업 분야에 특화된 전문가를 키우는 '전문인재 양성 대학교'로 변화하겠죠. 이런 변화 속에서 지역인재 전형의 중요성도 계속 높아질 테고요. 지역산업과 지역대학교가 함께 성장하는 구조로 움직일 테니까요.

지역균형 발전의 핵심 키워드, 5극 3특

요즘 지역 이야기를 할 때 '5극 3특'만큼 많이 언급되는 단어도 없을 거예요. 다음은 정부의 「5극3특 국가균형 성장 추진 전략 설계 도안 (2025. 09. 30.)」에 나오는 내용입니다.

❷ '5극3특' 성장 5종 세트 패키지 지원

- (1) (인재 양성) 서울대 10개* 만들기, RISE 체계 재구조화** 등을 통해 지역인재 양성 체계 개편 및 지·산·학·연 협력 대폭 확대.

  * 지역 전략산업 연계 특성화 연구대학 육성, 지산학연 협력, 우수교원 유치, 취·창업 보장 교육 확대 등.

  ** 초광역 RISE센터 독립법인 신설 및 초광역 RISE위원회

구성·운영.

- **(대학교)** 지역 거점 국립대학교 육성을 위해 지역 전략산업과 연계된 집중 육성 분야 '특성화 대학원-학부-연구소' 운영.

- **(첨단인재)** 대학교-기업 연계 학사 제도* 추진, 한국형 인재리턴 프로젝트** 추진.

  * 탄력적 학사 제도 도입(대학교-기업 공동운영 계약학과·계약정원제 설치·운영, 가칭산업학위제, 사내대학원 설치 등).

  ** 해외 우수인재 유치(대학교원 국내·외대학 겸직근거 마련, AI 해외 Top-tier급 인재 유치, 인건비·연구비·기자재 패키지 지원 등).

- **(실무인재)** 협약형 특성화고* 지정·운영, 직업계고-전문대-대학교 간 연계 강화를 통한 지역 특화 실무인재 양성.

  * '협약형 특성화고' 지정·운영을 통한 졸업 후 채용 연계, 직업계고-전문대-대학교 학제 연계 강화.

'5극 3특'은 수도권 쏠림을 완화하고 각 지역이 스스로 성장할 기반을 만들기 위한 국가균형 발전 전략입니다. 전국을 수도권·대경권(대구·경북)·동남권(부산·울산·경남)·중부권(세종·대전·충청)·호남권(광주·전남·전북)의 다섯 개 초광역권으로 묶어 광역 인프라와 산업 생태계를 함께 키우고, 제주·강원·전북 세 곳은 특별자치도로서 자치입법과 재정 관련 권한을 더 넓혀 지역 특성에 맞는 정책을 과감히 펼치도록 하겠다는 것이지요.

교육 측면에서는 '서울대 10개 만들기'에 비견되는 수준으로 거점 국립대학교를 전략 투자·체계 육성하고, 지역 혁신 중심 대학 지원 체계RISE를 5극 3특 체계에 맞춰 초광역 단위로 재구조화할 예정입니다. 이렇게 되면 권역 내 대학교들이 교육과정·교원·연구시설을 공동으로 쓸 수 있을 뿐 아니라 지역 전략산업과 연계한 인재 양성—예컨대 첨단기술·실무형 인재의 투 트랙two track—도 한층 수월해지겠지요. 대학교육-현장실습-취·창업 지원을 하나의 흐름으로 묶어 지역에 정착하는 청년을 늘리고, 기술개발·창업·일자리 창출로 이어지는 선순환을 만드는 것이 목표입니다.

5극 3특은 수도권과 대등하도록 성장축을 만들고, 세 개의 특별자치도에 과감한 자율성을 부여해 지역이 스스로 달리게 하는 전략입니다. 교통·정주·산업·교육을 하나로 꿰는 초광역 협력과 재정 인센티브가 함께 작동해야 성과가 나기에, 각 권역에서 자기 지역의 강점 산업을 기준으로 메가시티*급 협력을 설계하고, 대학교·지자체·기업이 묶인 인재·기술 생태계를 촘촘히 만드는 것이 관건이지요. 그렇게만 된다면 인구 유입과 지역 경제 활성화, 지역 주도의 혁신 성장도 꿈이

---

* '매우 큰 도시very large city'라는 뜻으로, 메가시티를 결정하는 유력한 기준은 도시의 인구입니다. 메가시티를 판단하는 기준은 인구 수 300만, 800만을 거쳐 1,000만까지로 점점 바뀌어왔습니다.

아닙니다.

정부는 거점 국립대학교를 축으로 한 '서울대 10개 만들기' 로드맵과 RISE 체계 재구조화를 연계해 '학부-대학원-연구소'가 하나의 패키지로 움직이는 교육·연구 허브를 권역별로 세울 방침입니다. 이에 따라 학생 1인당 교육비를 단계적으로 확대하고, 산업별 추진과제와 연동된 특성화 분야를 집중 육성할 계획이죠. 2026년 세 개 대학교를 우선으로 추진한 뒤 2027년 이후 단계적으로 확대하겠다고 밝혔습니다.

2024~2025년 증원 문제로 시끄러웠던 의대 문제도 거론했습니다. 지역·필수의료의 인력과 재정을 동시에 강화하는 방안이 제시된 것입니다. 일정 비율을 지역의사 선발 전형으로 뽑아 장학·수련을 지원하고 졸업 후 일정 기간 지역에 의무복무하도록 하는 '지역의사제'와 가칭 공공의료사관학교, 지역의대 신설로 필수 의료 인력을 안정적으로 확충하겠다는 것이지요.

요컨대 정부는 권역별 거점 대학교를 중심으로 교육-연구-산업을 하나의 생태계로 묶고, 첨단 기술 인력과 지역 실무형 인력을 동시에 길러, 대학교 입학부터 취·창업·정주까지 끊김 없이 이어지는 지원 체계를 구현하려 합니다. 이러한 구상이 자리 잡을 경우, 지역 거주 청년이 늘고 기업이 성장 동력을 확보해 5극3특 균형 성장이 활발히 이루어지리라 기대됩니다.

지역인재 양성을 위한 노력

「국정운영 5개년 계획(안)」은 2025년 8월 13일, 대통령 직속 국정기획위원회가 발표한 새 정부의 전략적 청사진입니다. 국가 비전, 3대 원칙, 5대 목표, 123대 과제, 재정 계획, 입법 계획 등을 담고 있습니다. 교육 분야 5대 국정과제 중 하나인 '지역교육 혁신을 통한 지역인재 양성'은 '모두가 잘사는 균형 성장'이라는 국정목표의 전략 중 하나로 강조되고 있지요. 정부는 앞으로 5년 동안 '지역에서 제대로 키운 인재가 지역을 살린다'는 방향을 세우고, 지역대학교 지원을 크게 늘리겠다고 했습니다. 이른바 '서울대 10개 만들기'처럼 거점 국립대학교를 집중 육성해 수도권 쏠림을 줄이고, 지역에서도 좋은 교육·일자리를 만들겠다는 뜻입니다.

 지역대학교·기업·연구소가 함께 묶이는 지·산·학·연(지역+산업+대학교+연구) 협력을 강화하고, RISE(지역 고등·평생교육 지원체계)도 손봐서 국공립·사립 대학교가 교육과정·교원·시설을 같이 쓰도록 할 계획입니다. 직업계고－전문대－지역산업을 촘촘히 잇고, 성인도 언제든 다시 배우고 일할 수 있는 평생교육 체계도 만들겠다고 했습니다. 교육특구, 통합학교, 농산어촌 유학 같은 제도도 활용해 지역마다 상황에 맞는 '미래형 학교'도 늘리겠다고 하지요. 목표는 '사람들이 굳이 서울로 가지 않아도, 지역에서 좋은 교육을 받고 일자리와 정착 기회를 찾을 수 있게 하겠다'는 것입니다.

대입·취업 지형을 바꾸는 RISE, 핵심만 간단히

정부는 지역대학교의 경쟁 약화와 수도권 쏠림을 해결하기 위해, 지역이 스스로 고등교육을 설계하고 운영하도록 권한을 내려보내는 RISE 사업을 추진하고 있습니다. 쉽게 말하면, 대학교가 지역 발전의 중심이 되도록 구조를 새로 짜는 정책이죠. 지역이 살아야 국가 전체가 균형 있게 성장한다는 판단에서 출발했습니다.

RISE 사업이란 '지역 혁신 중심 대학 지원 체계^{Regional Innovation Support for Education}'의 약자로, 골자는 지역대학교가 산업·일자리·생활 인프라와 더 촘촘하게 연결되도록 대학교 – 지자체 – 기업이 함께 교육 혁신을 만드는 것입니다. 학령인구 감소와 지역 소멸 위험이 커지는 상황에서, 대학교육 → 현장 경험 → 취·창업 → 지역 정착으로 이어지는 선순환 구조를 만들려는 목적도 큽니다.

운영 방식은 비교적 명확합니다. 각 시·도에 RISE 전담 조직을 두고 지자체장·대학교 총장·전문가가 참여하는 위원회가 중장기 계획과 예산을 결정합니다. 대학교와 기업이 함께 제안한 과제는 심사를 거쳐 협약을 맺고 추진하며, 중앙정부는 큰 방향과 성과 관리를 맡습니다. 예산은 국비와 지방비를 함께 투입하며, 중요한 것은 돈을 쓰는 과정에서 실제 변화가 일어나는지를 평가하는 점입니다.

현장에서는 공유·융합 전공 개설, 기업 연계 현장실습, 채용 연계형 트랙, 창업 보육, 공동 연구 인프라 조성 등 다양한 프로그램이 운영됩니다. 지역 문제를 직접 해결하는 리빙랩 프로젝트처럼 지역 맞춤형 과제도 포함되죠. 산업 분야는 지역별 전략에 따라 AI·ICT, 바이오·헬스, 에너지·환경, 소부장 등으로 다르게 설계됩니다.

RISE의 목표는 크게 네 가지입니다. 첫째 지역대학교 졸업생이 지역에서 취업하도록 교육과정을 개편하고, 둘째 혁신 기술·창업을 촉진하며, 셋째 지역민을 위한 평생교육을 확장하고, 넷째 대학이 없는 지역도 기업·주민과 함께 지역 문제 해결에 참여할 수 있도록 돕는 것입니다.

다만 지역별 기획·집행 역량의 격차, 대학교의 구조 변화 유도 장치 부족 등은 개선 과제로 지적됩니다. RISE가 지속되려면 지역-대학교-기업이 함께 학습하며 제도를 고도화하는 '학습하는 거버넌스'가 필요하다는 점도 강조됩니다.

글로컬대학30 프로젝트

정부가 추구하는 지역 발전 프로젝트 중에는 글로컬대학 지정이 있습니다. 글로컬은 세계화를 뜻하는 글로벌GLOBAL과 지역화를 뜻하는 로컬LOCAL의 합성어입니다. 2023년 3월 13일, 교육부가 글로컬대학 위원회를 출범시키며 사업 개요, 사업 대상, 평가 방법 등의 시안을 공개했습니다. 그 후 4월 확정안을 발표했지요.

글로컬대학이란 국내와 국외 간 벽을 허물고 지자체 및 지역산업계 등과 파트너십을 기반으로 '대학교-지역'의 동반 성장을 이끌어갈 대학교를 의미합니다. 글로컬대학30 프로젝트는 전국에서 30개 대학교를 '지역 거점'으로 만들어서, 그 지역에 딱 맞는 교육·산업 연계 모델을 만들자는 것이고요. 이 프로젝트에서는 지역의 상생과 혁신을 위해 과감한 혁신을 단행하는 대학교에 5년간 약 1,000억 원을 지원합니다. 고등교육 혁신 특화지역 제도를 통해 현장실습 확대, 규제 특례 등의 지원도 강화했습니다. 실습 지원비 지원율을 25%에서 50%로 올리고, 통합 학사 제도의 적용도 확대했지요.

이는 「지방대학 및 지역균형인재 육성에 관한 법률」(이하 「지방대육성법」)이라는 법으로 뒷받침됩니다. 이 정책의 중심적인 법적 토대인 「지방대육성법」은 지역대학교의 경쟁력 강화와 지역균형 발전을 목적으로 2018년 제정됐지요. 교육부 장관이 고등교육 재정지원 등 전반적인 '기본 계획'을 수립하면 시·도지사가 지역별 '시행 계획'을 통해 실행하는 것입니다. 이 법에 따라 교육부는 기본 계획을 짜고, 각 시·도는 '우리 지역 맞춤형' 시행 계획을 만들어서 실천하게 돼 있습니다. 이를 통해 지방자치단체가 대학교에 재정 지원을 하고, 장학금이나 취업 연계 프로그램도 만들고, 기업과도 연결해주는 중개자 역할을 하게 되는 거고요.

정부에서 밀어주고, 예산을 쏟아붓고, 인프라도 좋아지면 서울 못지않은 경쟁력을 갖춘 지역대학교가 많아질 것입니다. 그러면 꼭 서

연도	구분	연번	설립	대학명	비전	주소
2025	통합	1	국립	강원대	강원1도 1국립대를 통한 글로컬대학 도시 구현: 지역과 대학교가 함께하는 '미래 산업 글로벌 도시'.	강원
		2	국립	국립강릉원주대		강원
	단독	3	국립	경상국립대	우주항공방산 분야의 글로컬 선도 대학교 G.N.U., Glocal No.1 University.	경남
	통합	4	국립	부산대	Edu-TRIangle이 만드는 새로운 미래 교육도시.	부산
		5	국립	부산교육대		부산
	단독	6	국립	국립순천대	혁신과 융합! 지·산·학 협력 거점, 글로컬 국립순천대.	전남
	통합	7	국립	국립안동대	경북 발전을 선도하는 K-인문 세계중심 공공형 대학교로 대전환.	경북
		8	도립	경북도립대		경북
	단독	9	사립	울산대	울산 산업 대전환을 견인하는 지·산·학 일체형 대학교.	울산
	단독	10	국립	전북대	전북과 지역대학을 미래로 세계로 이끄는 플래그십 대학교.	전라
	통합	11	국립	충북대	통합을 통한 혁신 극대화로, 지역과 함께 세계로.	충북
		12	국립	국립한국교통대		충북

연도	구분	연번	설립	대학명	비전	주소
2025	단독	13	사립	포항공과대	지역에 뿌리내려, 세계로 뻗어나가 열매 맺는 글로컬대학, 포스텍.	경북
	단독	14	사립	한림대	AI 교육 기반 창의 융합인재를 양성하는 열린 대학교.	강원
2024	단독	1	사립	건양대	지역과 함께 세계로, K-국방산업 선도 대학교.	충남
	단독	2	국립	경북대	글로벌로 도약하는 연구중심 KNU·청년연구자가 넘쳐나는 파워풀 대구.	대구
	단독	3	국립	국립목포대	친환경 무탄소 선박과 그린 해양 에너지 산업의 혁신을 선도하는 글로벌 대학교.	전남
	통합	4	국립	국립창원대	창원국가산단 미래 50년 K-방산·원전·스마트제조 연구 중심 대학교.	경남
		5	도립	경남도립 거창대		경남
		6	도립	경남도립 남해대		경남
		7	사립	한국승강기대		경남
	통합	8	사립	동아대	‘통합산단’ 기반으로 ‘부산시-대학 공동이익’을 실현하는 ‘부산 개방형 연합 대학교’.	부산
		9	사립	동서대		부산
	연합	10	사립	대구보건대	경상·전라·충청을 넘어 대한민국 보건의료산업 전문인력 양성 전문대학 모델 제시.	대구
		11	사립	광주보건대		광주
		12	사립	대전보건대		대전

연도	구분	연번	설립	대학명	비전	주소
2024	단독	13	사립	대구한의대	K-MEDI 실크로드 개척으로 지역과 세계를 잇는 혁신 대학교.	경북
	통합	14	사립	원광대	생명산업의 글로벌 거점 대학교.	전북
		15	사립	원광보건대		전북
	단독	16	사립	인제대	대학교를 책임지는 도시, 도시를 책임지는 대학교.	경남
	단독	17	사립	한동대	교육을 미래로, 세상을 바꾸는 글로벌 HI 칼리지.	경북
2025	단독	1	사립	경성대	K-컬처 글로벌 혁신 대학교.	부산
	단독	2	사립	순천향대	AI 의료융합 선도 대학교.	충남
	단독	3	국립	전남대	인간 중심 AI 융합 인재양성 교육·연구 혁신 대학교.	광주
	단독	4	국립	제주대	런케이션 플랫폼의 표준 대학교.	제주
	통합	5	사립	조선대·	웰에이징 NO.1 대학교.	광주
		6	사립	조선간호대		광주
	통합	7	국립	충남대·	국립대 통합과 대규모 벽 허물기를 통한 산·학·연 글로벌 생태계 구축.	대전
		8	국립	국립공주대		충남
	단독	9	사립	한서대	국가 경쟁력을 견인하는 K-항공 선도 항공 종합 대학교.	충남

울대, 연·고대, 서·성·한이 아니어도 괜찮다는 사람도 늘어날 테고요. 글로컬대학30에 지정된 대학교들은 2023년(10개 모델/13개 대학교), 2024년 (10개 모델/17개 대학교), 2025년(7개 모델/9개 대학교·최종)입니다.

지역인재전형과 지역균형전형

'지역인재 양성 정책'은 입시 판도에도 영향을 주고 있습니다. 이를테면 충청권 의대에는 충청도 고등학교를 나온 학생을 뽑는 지역인재전형이 있습니다. 대구광역시·경북권 간호학과나 약대에서도 똑같이 이런 전형이 운영되고 있지요. 교육부에서 '지역인재 선발 의무 비율'을 명시했기에 이 비율은 점점 올라가고 있어요. 앞으로는 비수도권 대학교에서 지역인재 뽑는 비중이 더 커질 가능성이 높아요. 지역인재전형의 지원 자격은 다음과 같습니다.

<지역인재전형의 자격기준>

☐ **자격기준**

- 「지방대학 및 지역균형인재 육성에 관한 법률」 제15조 제1항, 2항 및 동법 시행령 제10조 제1항에 따라 해당 지방대학교가 소재한 지역의 「초·중등교육법」 제2조에 따른 고등

학교에서 입학부터 졸업까지의 모든 교육과정을 이수하고 졸업(예정)한 사람.

- 단, 2022학년도 이후 중학교 입학자 중 '의과대학·한의과대학·치과대학·약학대학·간호대학·한약학과' 지원자는 수도권이 아닌 지역에 소재한 「초·중등교육법」 제2조에 따른 중학교와 해당 지방대학교가 소재한 지역의 「초·중등교육법」 제2조에 따른 고등학교에서 입학부터 졸업까지의 모든 교육과정을 이수, 졸업(예정)하고 재학 기간 내에 해당 학교가 소재한 지역에 거주하여야 함.

여기에 대한 법적인 근거는 다음과 같습니다.

<지역인재전형의 법적 근거>

- □ 「지방대학 및 지역균형인재 육성에 관한 법률」 제15조, 「지방대학 및 지역균형인재 육성에 관한 법률 시행령」에 따라 학생을 선발하여야 함.

- □ 의과대학, 한의과대학, 치과대학, 약학대학 및 간호대학 등의 경우, 법령에서 정한 학생 입학비율* 이상이 되도록 하여야 함.

- 「지방대학 및 지역균형인재 육성에 관한 법률 시행령」 제10조 관련 [별표]를 따름.

- □ 2028학년도 적용 예고 사항 (2022학년도 중학교 입학자부터 적용)

- 「지방대학 및 지역균형인재 육성에 관한 법률」 제15조 2항,

「지방대학 및 지역균형인재 육성에 관한 법률 시행령」 제10조 제1항에 따라 각 호의 요건을 모두 충족한 자.
- 수도권이 아닌 지역에 소재한 중학교 및 해당 지방대학교가 소재한 지역의 고등학교에서 입학부터 졸업까지의 모든 교육과정을 이수, 졸업하고 재학 기간 내에 해당 학교가 소재한 지역에 거주한 자.

이는 지역대학교의 위상을 높이는 한편, 지역고등학교 재학생이 지역인재전형을 타고 대학교에 입학하기 수월하게 만들어줍니다. 의대·약대·간호대처럼 선호 높은 학과에 이 전형이 적용되는 경우에는 경쟁력이 높겠지요. 많은 학부모가 체감하지 못하지만, 입시에서 지역고등학생이 수도권 학생보다 의대 진학 기회가 더 넓어지는 구조는 이미 자리 잡았습니다. 그래서 '지역이면 불리하다'고 생각은, 지금의 입시 현실과 맞지 않지요.

학생부 성적이 지금보다 더 중요해질 수도 있습니다. 지역에서 뽑는 학생일수록 내신이나 학생부 중심의 전형이 많아지고 정시보다 수시 쪽에서 기회를 더 많이 열어주려 하기 때문입니다. 이렇게 되면 수도권 고교 집중 현상이 약해지면서, 지역에 머무는 것이 오히려 전략이 될 수도 있겠지요.

이어서 지역균형전형에 대해 알아봅시다. 지역균형특별전형은 다음과 같이 지원할 수 있습니다.

<지역균형특별전형 자격기준과 운영기준>

□ 자격기준

- 「초·중등교육법」에 따른 학교의 장이 추천하는 사람.

□ 운영기준

- 「수도권정비계획법」에 따른 수도권에 소재한 대학교에서는 「고등교육법」 제34조의8제3항에 따라 지역균형 발전을 목적으로 하며 모집정원이 전체 모집인원의 10% 이상이 되도록 노력해야 함.

- 학교생활기록부의 '교과학습발달상황' 중 이수 교과목의 성취도 및 석차등급을 우선적으로 고려하도록 노력해야 함.

지역균형전형과 지역인재전형을 혼동하는 경우가 많지만 두 전형은 전형 방법, 운영 대학교, 지원 조건 등이 완전히 다릅니다. 지역인재전형은 수도권 외 지역 소재 대학교가 운영하는 전형으로, 해당 지역 출신자만 지원할 수 있지요. 지역균형전형은 수도권 소재 대학교가 운영하는 전형으로 지원 자격에 제한이 없으며, 출신 고교의 추천을 받은 자를 대상으로 하고요. 수도권에 비해 교육 환경이 상대적으로 불리한 타 지역 학생들에게 고른 기회를 제공한다는 취지로, 지원하려면 학교장 추천이 필요합니다.

지역균형전형의 교과전형은 대학별로 합격 가능한 등급컷이 정해져 있습니다. 변수가 적기 때문에 지역 교사들은 학생부종합보다 교과 중심의 전략을 짜는 경향이 있지요. 한편 종합전형을 착실히 대비하는 경우에는 3등급대 학생들도 서울, 수도권 대학교 진학이 가능합니다. 학생부위주전형에서는 교과 성적 관리가 무엇보다 중요하니까요. 그렇다고 해서 내신에만 치중하지는 마세요. 논술과 면접 있는 전형 등 시야를 넓혀 경쟁력을 확보할수록 유리하거든요.

지역인재전형은 2014년 우수 인재의 지역 이탈을 막기 위해 도입한 전형으로, 지역대학교가 해당 지역 학생을 일정 비율 이상 선발하는 것입니다. 예를 들어 부산대학교 지역인재전형은 부산·울산·경남 지역의 고교 출신자만 지원할 수 있어요. 거주민이라는 자격 제한 때문에 경쟁률과 합격선이 상대적으로 낮으니 해당 지역 학생이라면 눈여겨볼 필요가 있겠죠.

2023학년도부터 의학 계열에 '지역인재 의무선발' 제도가 도입되었으므로, 지역인재로 지원이 가능한 수험생들이라면 이 제도를 적극적으로 활용할 필요가 있습니다. 법률 개정에 따라 2028학년도부터 지원자격이 변경되어 중학교도 지역 소재 학교에서 입학과 졸업까지 모든 과정을 이수해야 지원이 가능하지요. 고등학교는 해당 대학교가 소재한 지역에서 이수해야 하고요.

지역 학생들의 선호도가 높은 의대, 치대, 한의대, 약대, 수의대에서 지역인재전형의 선발 인원을 확대한 것은 지역의 최상위권 수험생들에게 분명 매력적인 요건이에요. 의·치·한 계열 진학 희망 학생들은 수시 한두 장을 지역인재전형으로 지역대학교에 안정적으로 지원하고, 나머지는 서울 수도권대학교에 지원하기도 합니다.

지역인재전형은 다섯 개 권역 즉, 충청권, 호남권, 대구·경북권, 부산·울산·경남권, 제주권으로 나눕니다. 지역은 대학교가 소재하는 권역 기준으로 범위를 설정하고, 권역 내 구체적 해당 지역은 대학교가 직접 지정하지요. 따라서 대학별로 지역인재전형의 지원 조건이 어느 지역 범위까지 설정되어 있는지 확인해야 합니다. 참고로 해당 지역의 범위는 보다 세분화할 수 없습니다(시·군·구 단위로 설정 불가). 고교 유형별로 구분하여 지원 자격을 제한할 수도 없고 졸업예정자만을 대상으로 지원 자격을 설정할 수도 없어요.

2023학년도에는 지역인재 최소 입학 비율이 30% 권고에서 40% 의무로 확대되었고, 강원권과 제주권은 20%를 의무적으로 선발합니다. 지역 고교에 다니는 수험생에겐 그만큼 기회가 넓어진 것이죠. 전형 유형(교과 혹은 학생부종합)과 선발 인원, 최저 기준, 합격선, 경쟁률 등을 비교해서 지원하되, 타 전형에 비해 무조건 커트라인이 낮을 거라는 생각은 버려야 합니다.

의대 분리 모집안의 등장

최근 국가교육위원회 차정인 위원장이 의대 분리 모집안을 제안했어요. 차 위원장이 말한 '의대 분리 모집안'은 간단히 요약하면 "의대 입시에서부터 필수의료·의사과학자·일반 의대생을 따로 선발하자"와 "필수의료 기피과에는 병역·형사책임 특례까지 부여해 인력을 확실히 확보하자"는 거예요.

지금 문제의 본질은 '의사 수 전체'가 아닙니다. 필수의료·지역의료에 갈 사람이 부족한 것이지요. 특히 소아과, 산부인과, 내과, 외과, 흉부외과, 응급의학과, 마취과, 영상의학과, 진단검사의학과 등은 전공의 지원·충원율이 매우 낮아요. 비수도권은 더 심각하고요. 따라서 "입학 단계부터 필수의료 인력을 따로 길러내는 구조 개편이 필요하다"는 논리예요.

차 위원장은 의대생을 세 가지 모집단위(트랙)로 나누자고 제안했어요. 하나는 필수의료 전형으로 내과·외과·소아과·산부인과·응급의학과·마취과·흉부외과·신경외과·영상의학과·진단검사의학과 등 국가·지역 의료에 꼭 필요한 과를 '필수의료 트랙'으로 묶어 따로 선발하자는 거예요. 입학할 때부터 '나는 필수의료 쪽으로 간다'는 전제를 깔고 들어가는 것이지요. 그다음은 의사과학자(기초의학·연구) 전형으로 기초의학·의과학 연구를 할 '의사과학자' 트랙으로 영재고·과학고 학생이 의대에 진학할 수 있게 문을 열어주는 방안이에요. 마지막으로 일반 전형은 기존처럼 특정 전공을 미리 정하지 않고 뽑는 일반 의대생 트랙이고요. 필수의료·의사과학자·일반을 아예 입시 단계에서부터 분리해서 뽑자는 것이지요.

필수의료 전공생은 인턴·레지던트 과정까지 의무 복무를 하도록 설계하되 전공의 과정을 마친 이후에 전공 전환의 자유를 열어두자는 차 위원장의 논리는, 실제로 레지던트 수료 후 전공을 바꾸는 비율이 약 10% 정도에 그치기 때문에 레지던트까지만 의무 복무를 적용해도 대부분 계속 해당 분야에 남게 된다는 거예요. 또 병역 특례(면제) 카드를 소아과·산부인과 등 기피과 전공의에 적용하는 방안도 검토하고 있어요. '군에서는 사실상 필요 없는 전문과(소아과·산부인과)에 국가가 전략적으로 병역 특례를 줄 수도 있다'는 것이지요. 형사 책임 완화도 이야기되고 있지요. 응급의학과 등 바이탈 관련 필수의료 분야에는 형사책임 면제 혹은 완화 제도를 도입해야 한다는 주장과 함께요. 의료사고에 대한 형사적 부담이 필수의료를 기피하는 큰 이유 중 하나라는 진단에 따른 거예요.

더불어 지금은 영재고·과고 학생의 의대 진학에 대한 사회적 비판이 큰데, 차 위원장은 "필수의료나 의사과학자 트랙으로 가는 길은 열어줘야 한다"고 말합니다. "그들이 단순히 돈 되는 과로 가는 게 아니라, 기초의학·필수의료로 간다면 사회적으로 오히려 응원해야 한다"는 프레임 전환 시도지요. 차 위원장은 부산대학교 총장 시절 지역 인재 비율을 30%에서 80%로 확대했더니 지역 잔류율이 높아졌다는 경험을 사례로 들면서 '분리모집 + 지역인재전형 확대'를 함께 쓰면 지방 필수의료 인력을 안정적으로 확보할 수 있다고도 주장합니다.

'분리모집'이 가져올 입시 변화는 무엇일까요? 수험생과 학부모 입장에서 보면 현재는 '의예과 100명 → 하나의 모집단위로 선발 → 입학 후 본과에서 각자 전공 선택'의 구조지요. 분리모집안(예시)은 '필수의료 트랙 30명, 의사과학자 트랙 20명, 일반 트랙 50명' 식이고요. 필수의료 트랙은 지원 자격·평가 요소에서 지역인재·의료취약지 근무 의지·전공 적합성을 더 강조하고, 대신 입시 난이도(점수컷)는 약간 낮을 수도 있다는 시나리오까지 제시되지요.

이 안은 이미 확정된 정부 방침이나 법 개정안이 아닙니다. 차정인 위원장이 국교위 차원에서 '논의할 과제'로 제시한 구상이지요. 실제 제도화까지는 국교위 내부 논의, 교육부·복지부·국방부(병역), 법무부(형사특례) 등 관계부처 협의, 의료계·의대·입시계 논쟁, 법·시행령 개정 같은 단계가 남아 있는 상태예요.

지역인재 양성 정책과 학부모의 자세

"지역대학교 나와서 뭐하냐고들 하는데, 요즘은 지역대학교라도 국가지원이 탄탄하면 오히려 기회가 많다던데요?"

"지역 아이들한테 좋은 정책이라는데, 진짜 도움이 될까요?"

"국가에서 예산 넣는 것은 좋은데, 또 형식만 남는 거 아닐까요?"

요즘 학부모들에게 의심과 기대가 섞인 이런 말을 자주 듣습니다. 요즘 정부가 밀고 있는 교육 정책 중 하나가 '지역교육 혁신을 통한 지역인재 양성'이기 때문이지요. 이것의 목적은 그냥 지역대학교 살리기만이 아니에요. 정책을 깊이 들여다보면 우리 아이들한테 실질적인 기회와 경쟁력을 줄 수도 있는 방향으로 설계되고 있습니다. 앞서 말한 「지방대육성법」에 의해 지방자치단체는 지역대학교 및 지역균형 인재 육성 관련 업무를 자치사무로 수행할 수 있어요. 중앙이 하던 것을 지역이 직접 하게 만든 법적 근거가 있는 것이지요.

예산은 얼마나 들까요? 정부가 여기에 얼마나 돈을 쓰는지 보면 진짜 방향이 보입니다. 2022년 기준으로만 봐도, 고등교육 재정지원 예산의 60% 이상이 지역대학교에 집중되고 있어요. 앞으로는 RISE 체계나 글로컬 프로젝트에 더 집중적으로 투자할 거예요. 각 지역의 실정에 맞게 교육 여건 개선, 장학금·연구비 지원을 추진할 수 있다는 이야기지요.

이 흐름을 그냥 '뉴스'로만 보면 아무것도 얻을 수 없습니다. 정책의 본질을 정확하게 파악하고 다음을 생각해야 합니다. 꼭 수도권대학교만이 해답일까요? 요즘 지역에도 교육과정, 시설, 교수진이 엄청 좋아진 데가 많습니다. 게다가 국가지원이 따라오면 기회도 같이 따라오지요. 우리 가족이 사는 지역 또는 지역대학교에서 어떤 사업을 했는지 알아보세요. 글로컬대학 후보인지, RISE 지역인지도 확인해 보고요. 그 후 해당 대학교의 지역 맞춤형 전공이나 취업 연계 프로그램도 알아보면 좋아요. 지역 기반 진로 설계도 가능한지도 알아봐야 합니다. 수도권 명문대학교에 쏟던 관심을 지역 특화산업 기반 진로로 돌릴 타이밍입니다. 예를 들어 탄소산업(전북), 반도체(충북), 수소

(울산), 바이오(대전) 등으로요.

우리 정부가 말하는 지역교육 혁신은 단순히 대학교 하나를 키우는 일이 아니에요. 아이들이 '서울에 가지 않더라도' 스스로 성장하고 자리 잡을 수 있는 구조를 만드는 일에 가깝지요. 이 변화 속 흐름을 가장 먼저 읽고 준비해야 하는 사람은 바로 기성세대, 부모예요. 지금 학부모가 꼭 해야 할 일은 세 가지입니다.

첫째, 지역인재전형을 정확히 이해해야 합니다. '점수가 조금 낮아도 붙는다'라는 소문은 사실과 달라요. 이 전형은 내신, 수행평가, 세특의 완성도처럼 아이의 학교생활 전반을 꼼꼼하게 살펴봅니다.

둘째, 아이의 학습 기반을 지역 안에서 탄탄하게 잡아줘야 합니다. 지난 10년 데이터를 보면, 지역인재 전형 합격자들의 공통점은 '좋은 학군'이 아니라 꾸준함과 기록으로 남는 학습 루틴이었어요. 이 점을 꼭 기억해야 합니다.

셋째, 장기적인 전략을 세워야 합니다. 지역인재전형은 단기간의 스펙으로 승부가 나지 않아요. 3년 동안의 안정적인 학교생활과 학습 완성도가 가장 큰 힘이 됩니다.

넷째, 부모가 두려움으로 결정 내리지 말아야 합니다. '서울로 가야만 살아남는다'는 말은 더 이상 현실과 맞지 않아요. 이 변화를 제대로 이해하고, 우리 아이에게 맞는 방향을 선택하는 것이 중요합니다.

지역인재 양성은 시대가 만들어낸 새로운 입시 지형이에요. 앞으로 이 흐름은 더 커질 것이고, 대입뿐 아니라 아이의 직업 선택과 삶의 방식까지 영향을 줄 거예요. 부모는 변화를 두려워해서는 안 됩니다. 변화를 이해하고, 그 안에서 우리 아이에게 맞는 길을 찾아주어야 합니다. 아이의 미래는 '어디에 사느냐'가 아니라 학습 태도, 자기 주도성 그리고 장기 전략을 가진 부모의 선택으로 달라질 수 있으니까요.

고교학점제와 성취평가

**절대평가와 상대평가 사이,
고교학점제가 바꾸는 평가 방식**

고교학점제가 바꾸는 평가의 기준

고교학점제가 도입되면서 가장 크게 달라질 부분으로 '평가 방식'이 주목받고 있습니다. 기존에는 모든 학생이 같은 수업을 듣고 동일한 시험을 치렀기 때문에 상대평가 중심의 내신 체제가 크게 흔들리지 않았지만, 앞으로는 학생마다 선택하는 과목이 달라지고, 각자가 다른 시간표로 공부하게 될 테니까요. 그럼 같은 기준으로 줄 세우는 방식이 유지되기 어렵겠지요. 자연스럽게 '그렇다면 어떤 평가 방식이 아이의 학업을 평가하게 되는가?'라는 질문이 떠오를 테고요. 수능·내신 절대평가 전환 논의가 교육계의 핵심 이슈로 떠오르고 있는 까닭이지요. 고교학점제가 수업의 방식과 학생의 학업 경로를 바꾸는 제도라면, 평가 방식은 그 변화를 실질적으로 구현하는 핵심 축이기 때문에 학부모들은 '우리 아이는 어떤 기준으로 평가받게 되는가'라는 현실적인 고민을 할 수밖에 없습니다. 아이의 고교 생활과 대입 전략을 결정짓는 중요한 변수가 될 평가 제도의 변화를 알아봅시다.

재점화되는 평가 방식 논쟁, 절대평가 vs. 상대평가

"국민 56%가 동의하고 교육감들도 동의한 수능과 고교 학생부 성적 (내신) 절대평가 전환에 대해 어떻게 생각하시나요?"

국회에서 질문을 받은 최교진 교육부 장관은 이렇게 답했어요.

"수능·내신 절대평가 전환에 공감합니다. 교육부가 중심이 돼서 최대한 준비하겠습니다."

취임 후 첫 대정부 질문에서는 이런 말도 했지요.

"대학수학능력시험(수능)과 고등학교 학생부 성적 모두 다음 대입 개편 시기까지 절대평가로 전환할 준비를 하겠다."

언론에서는 취임 직후부터 민감한 교육 정책에 대해 섣부른 행보를 보인다고 평했습니다. 수능과 학생부 성적 개편은 교육과정과 맞물려 있기 때문에 국가교육위원회의 심의를 거쳐야 하는데, 교육부 장관이 국교위와 의논 없이 폭탄 발언을 던졌으니까요. 이와 함께 '절대평가'라는 화두가 수면 위로 올라왔지요.

교육학에서의 절대평가absolute evaluatio는 절대적인 기준으로 학생을 평가하는 것이다. 즉, 집단의 성취도와는 관계없이 자기 자신의 성취도를 확인하는 것이 목적으로 하는 평가다. 절대평가는 교육과정에서 설정된 성취목표를 준거로 삼는 준거참조평가criterion referenced evaluation 방식이므로 학생 사이 경쟁을 조장하는 현재의 상대평가보다 교육적으로 바람직한 측면이 있다. 절대평가 방식에서는 다른 학생보다 높은 점수를 받았느냐가 아니라, 미리 설정된 교육 목표에 다다랐는지가 중요하기 때문이다. 이 때문에 수능의 한국사 영역과 영어 영역은 각각 2017학년도, 2018년도에 절대평가로 전환됐다. 제2외국어는 2022학년도 수능부터 절대평가로 전환됐다.

절대평가에서는 누구나 좋은 성적 또는 등급을 받을 수 있습니다. 90점 이상이면 모두 A, 80점 이상이면 모두 B를 받을 수 있지요. 자격증 시험, 운전면허 시험 같은 데서 절대평가 방식이 많이 쓰이는 까닭은, 다른 사람과의 비교 없이 각자의 등급이나 합격 여부가 결정되기 때문이에요. 이 같은 절대평가의 가장 큰 장점은 경쟁하지 않아도 된다는 거예요. 기준만 충족하면 누구나 같은 등급을 받으니까요. 목표를 뚜렷하게 설정할 수 있으니 학습 동기 부여에도 도움이 되겠지요. 기준이 확실하니 결과 해석이 쉽고, 평가의 신뢰성이 높아진다는 것도 장점이고요.

장점	설립
명확한 기준 목표로 삼아야 할 기준이 명확하게 제시되므로, 학습 목표의 설정과 달성에 도움이 됩니다. **공정성** 모든 학생이 동일한 기준으로 평가받기 때문에 공정성이 높은 편입니다. **자기 주도 학습** 학생들이 자신의 학습 진도를 스스로 관리하고 평가할 수 있습니다.	**기준 설정의 어려움** 모든 학생에게 적절한, 평가 기준의 설정이 어려울 수 있습니다. **동기 부여의 한계** 일부 학생은 목표 기준의 충족만으로 만족해 더 높은 성취를 위해 노력하지 않을 수 있습니다. **개인차 반영의 한계** 학생 개개인의 능력과 특성이 충분히 반영되지 못할 수 있습니다.

물론 단점도 있습니다. 우선 평가 기준이 너무 낮으면 변별력이 떨어지겠죠. 모든 학생이 같은 기준을 적용받으면 개개인의 실력 차이를 세밀하게 구분하기 어려워질 테니까요. 집단의 전반적인 수준 변화나 학습 환경 등의 맥락이 충분히 반영되지 못할 위험도 있지요.

이와 달리 다른 학생들과 경쟁시키는 방식은 '상대평가'라고 합니다. 상대적으로 얼마나 우수한지를 파악하려는 상대평가에서는 일정한 비율로 성적을 나눠 서열을 매기고 1, 2, 3순으로 등급을 부여하지요. 상위 10%의 학생들에게는 1등급을, 그다음 20%에게는 2등급을 주는 식으로요.

상대평가라 부르는 규준-참조평가norm-referenced evaluation는 응시자의 성취 수준을 규준집단norm group에 맞추어 해석하는

| 절대평가와 상대평가의 차이 |

구분	절대평가	상대평가
개념	개인의 학업성취도를 절대적인 기준에 비추어서 평가하는 방법.	개인의 학업성취도를 다른 학생의 성적과 비교해 집단 내의 상대적 위치로 평가하는 방법.
평가 기준	미리 정해진 기준 또는 점수에 따라 성적을 부여함.	집단 내에서 상대적으로 성적을 비교해 등급이나 순위를 정함.
경쟁 정도	개인의 목표 달성에 중점을 두기 때문에 상대적으로 경쟁이 적음.	순위에 많은 영향을 받으므로 집단 내 경쟁이 심화됨.
기준 명확성	평가 기준이 명확해 성적 예측이 용이함.	평가 기준이 집단의 수준에 따라 매년 달라질 수 있음.
변별력	모두가 기준에 다다르면 변별력이 떨어짐.	집단 내 실력 차이를 세밀하게 구분할 수 있음.
동기 부여	자기 주도 학습에 도움이 될 수 있음.	순위에 대한 압박으로 동기 부여보다 스트레스가 높을 수 있음.
예시	자격증 시험, 운전면허 시험 등.	일부 학교 학생부 성적, 모의고사 등.

방식의 평가를 말한다. 응시자 내부에서 상대적인 서열을 매기는 것이다. 표준점수를 사용하는 규준-참조평가는 함께 응시한 집단을 규준집단으로 삼아 결과를 해석하므로 집단 내 경쟁을 심화하는 상대평가 방식이라 할 수 있다. 현재 수능에서는 표준점수 기반 상대평가 방식을 사용하기에 학생들은 '성취 수준이 얼마나 높은지'보다 경쟁에서 '얼마나 우위를 점했는가'를 기준으로 평가받는다.

각 평가 방식의 장단점을 이해하면 앞으로의 정책 변화에 적절히 대응할 수 있습니다.

학생부 성적 성취평가제

2022 개정 교육과정 학생부 성적 산출 규정에서도 절대평가와 관련된 개념을 찾아볼 수 있습니다. 바로 성취평가제입니다. 성취평가제를 이해하기 위해 우선 기본 개념인 '성취 기준'에 대해 알아볼까요?

성취 기준은 교과별로 학생이 어떤 지식·기능·태도를 배우고 갖춰야 하는지에 대한 기준입니다. 선생님에게는 '무엇을 가르치고 어떻게 평가해야 할지', 학생에게는 '무엇을 공부하고 어디까지 이해해야 할지' 알려주는 가이드인 셈입니다. 예를 들어 고등학교 「화법과 언어」 성취 기준은 다음과 같습니다.

【12화언01-01】 언어를 인간의 삶과 연결해서 이해하고, 국어와 국어생활이 시간에 따라 어떻게 변했는지 분석합니다.

【12화언01-02】 표준 발음을 이해하고, 정확하게 발음하려고 노력합니다.

【12화언01-03】 품사·문장 구조 지식을 써서 언어 자료를 분석하고 설명합니다.

'성취 수준'은 위의 성취 기준에 얼마나 다다랐는지를 단계별로 정리한 것입니다. 한 단원을 마칠 때마다 학생들에게 기대되는 성취 기준(지식·기능·태도)이 있잖아요? 단원별 성취 수준은 학생들이 어느 정도 성취 기준에 다다랐는지 판단할 수 있게, 수준별로 정리한 거예요. 이는 단원 목표 세우기나 수업 계획을 잡을 때 아주 유용합니다.

지금 시행 중인 고교학점제에는 '최소 성취 수준'라는 것이 있습니다. 최소 성취 수준이란 교육과정에서 학생들이 도달해야 하는 기본적인 학업성취 기준이에요. 현재 최소 성취 수준은 학업성취율 40%이지요. 기준을 충족시키지 못하면 해당 과목의 최소 성취 수준에 미도달한 것으로 평가됩니다. 최소 성취 수준에 미도달하면 학점 취득이 불가하여 졸업이 어려우니 이를 막기 위해 보충 지도를 미리 하는데, 이는 고등학교 1학년부터 적용됩니다.

2011년 12월 발표된 학사 관리 방안에 따라 도입된 성취평가제의 핵심은 '무엇을 어느 정도 성취했는지' 제대로 보자는 것입니다. 그렇다면 성취 수준을 어떻게 평가할 수 있을까요? 교육과정에 맞춰 만든 교과별 성취 기준을 바탕으로, 학생이 배운 결과를 보고 성취 수준을 구분합니다. 이때 학생의 학습 결과를 수업 중에 교사가 평가하거나 수행평가 등을 통해 평가하지요.

성취평가제는 보통 A-B-C-D-E 등의 단계로 표시하는데, 학교는 다양한 교수학습 활동으로 성취 기준을 가르친 다음 이에 부합하는 평가로 학생의 수준을 확인합니다. '누가 더 잘했는지'가 아니라

'무엇을 어느 정도 배우고 익혔는지'를 중요하게 생각하는 성취평가
는 절대평가와 같다고 봐도 되겠지요.

절대평가와 고교학점제

현재 시행 중인 고교학점제의 핵심은 '과목 선택 다양화'입니다. 이를
뒷받침할 평가 방식은 절대평가지요. 경쟁을 유발하는 상대평가로는
제대로 된 고교학점제 운영이 어려우니까요. 고교학점제에서는 아이
들이 스스로 과목을 선택해 이수하는데, 그러면 모든 학생이 같은 시
험을 볼 수 없잖아요. 자연스럽게 '어떤 평가 방식으로 학생의 성취를
확인할 것인가'가 중요해지지요.

  고교학점제를 한 줄로 정리하면 '대학생처럼 과목을 골라 듣고, 정
해진 학점을 채워야 졸업하는 제도'예요. 2009년생, 그러니까 지금
고1부터 전국의 모든 일반고에 전면 적용됐어요. 아이들은 3년 동안
192학점을 채워야 졸업할 수 있는데, 1학점은 50분 수업 16회를 의
미해요. 출석이 전체의 3분의 2 이상이면서, 성취율 40% 이상을 넘겨
야 그 과목을 '이수했다'고 인정받아요. 이 기준을 못 넘기면 '미이수'
가 되고, 방학이나 학기 말에 보충지도로 다시 따라잡아야 하지요.

  수업 구조도 예전과 꽤 달라졌어요. 고1 때는 공통과목을 같이 듣
습니다. 공통국어, 공통수학, 공통영어, 통합사회, 통합과학, 한국사

같은 과목들이지요. 그러다가 2, 3학년이 되면 아이 진로에 따라 시간표가 완전히 달라져요. 또 과목마다 순서(위계)가 있어서, 수학 I 을 듣지 않고 바로 수학 II 로 건너뛰거나, 물리학 I 없이 물리학 II만 듣는 식으로는 진행하기 어렵지요. 아무 과목이나 찍어서 듣는 건 안 된다는 이야기예요.

솔직히 아직은 교사·학생·학부모 모두가 적응 중인 단계예요. 교사 입장에서는 아이들이 선택할 수 있는 과목이 늘면서 수업 준비도 복잡해지고, 평가 방식도 바뀌고, 미이수 학생들을 위한 보충지도까지 맡으면서 업무가 크게 늘어났죠. 학교 전체적으로는 아이들 선택 과목 수요를 맞춰 시간표를 짜야 하니, 말 그대로 퍼즐 맞추듯이 시간표를 편성하고 있고요. 이 공백을 메우기 위해 공동교육과정이 등장했어요. 우리 아이 학교에서 어떤 과목의 개설이 어렵다면 온라인 공동교육과정을 통해 다른 학교나 교육청에서 여는 강의를 실시간으로 듣거나, 인근 학교끼리 모여 수업을 여는 오프라인 공동교육과정 또는 대학교와 연계한 캠퍼스형 프로그램 같은 방식으로 과목을 보충할 수 있는 거예요. 그래서 앞으로는 다른 학교에서 수업을 듣거나 온라인 실시간 수업으로 학점을 이수하는 일이 많아질 수도 있어요.

고교학점제의 문제는 아직 진로가 뚜렷하게 정해지지 않은 아이들이 훨씬 많다는 거예요. '진로를 너무 일찍 확정하라고 압박하는 제도가 아니냐'는 비판이 나오는 이유죠. 반대로 '이제 아이가 스스로 과목을 선택할 권리와 목소리를 갖게 됐다'는 긍정적인 평가도 함께 존재하지만요. 아직은 이 두 가지 분위기가 섞여 있는 과도기예요.

그렇다면 대입에서는 무엇이 달라질까요?" 먼저 상위권 대학교들은 정시에서도 학생부(내신과 어떤 과목을 이수했는지)를 일부 반영하는 방향으로 움직이고 있어요. 수능 성적만 보는 게 아니라요. 특히 전공과 관련된 과목을 꾸준히 이수한 학생을 선호하는 분위기가 점점 강해지고 있지요. 서울대학교는 2025년 6월, 2028학년도 입시를 앞두고 전공별 권장 과목 리스트를 공개했죠. 이공계나 의·약 계열 같은 경우는 기하, 미적분, 여러 과학 진로 과목들을 이수하는 것을 '권장'한다고 밝힌 거예요. 대학교가 앞으로 어떤 학생을 선호할지 방향을 보여준 셈이지요. 교과전형(학생부 위주 전형)도 예전처럼 '학생부 성적(내신) 평균 몇 점'만 보는 구조에서 벗어나고 있고요. 많은 대학교가 내신 성적에 더해 어떤 과목을 선택했는지(과목 선택)와 세부능력 및 특기사항(세특)에 어떤 내용이 적혀 있는지까지 함께 평가하겠다고 밝히고 있으니까요.

다만 기본적으로는 여전히 성적이 먼저예요. 과목 선택은 그 위에 얹어지는 플러스 요인에 가깝지요. 성적이 많이 부족한데 과목 선택만 기가 막히게 잘한다고 상황을 반전시키기는 어려워요.

부모는 어디에서 아이를 도와줄 수 있을까요? 고등학교를 고를 때 예전처럼 '내신 따기 쉬운 학교냐?'만 보고 결정하는 건 추천하지 않아요. 이제는 이런 질문이 더 중요해졌어요. '우리 아이가 잘하거나 좋아하는 과목이 충분히 열려 있는 학교냐?'

초·중학생 때 '딱 이 학과!'를 정할 필요는 없어요. 그래도 인문·사회·자연·공학·예체능 정도의 큰 계열에 대해 아이와 함께 대략 감을 잡아두면, 2~3학년 때 과목 선택이 훨씬 수월해지겠죠. 이때 활용하기 좋은 도구가 워크넷, 커리어넷(주니어 커리어넷)이에요. 이 사이트들에는 적성·흥미 검사, 학과와 직업 정보, 각 전공에서 무엇을 배우는지, 진로 전망은 어떠한지 등이 비교적 잘 정리되어 있거든요. 중요한 건 한 번 검사하고 끝내지 않는 거예요. 아이의 관심은 시간이 지나면서 바뀌니까요. 몇 달 간격으로 반복 검사를 해보면 관심사의 변화 흐름이 눈에 들어와요. 고등학교에 올라가면 진로 전담교사도 있으니, 아이 혼자 끙끙 고민하게 내버려두지 말고 진로 전담교사와의 상담을 아이에게 먼저 제안해보세요.

고등학교를 선택할 때는 학교알리미 사이트도 꼭 들여다보는 것이 좋습니다. 여기에는 각 학교의 전 학년 교육과정 편제표, 실제로 어떤 선택과목이 개설되어 있는지, 과목별 성취도 분포(평균과 표준편차) 같은 정보가 공개되어 있으니까요. 평균이 높고 표준편차가 작다면 전체 학업 수준이 대체로 고르게 높은 학교, 평균은 높은데 표준편차가 크다면 공부를 열심히 하는 학생과 그렇지 않은 학생이 함께 있는 학교, 평균이 낮고 표준편차도 크다면 전반적으로 공부 분위기가 약한 학교일 가능성이 크다고 볼 수 있겠죠.

또 하나, 5등급 상대평가가 선택과목까지 확대되면서 예전처럼 '무조건 특목고·자사고가 유리하다'고 말하기도 어려워졌습니다. 이제는 '내신 따기 쉬운 학교'보다 우리 아이에게 맞는 과목과 학습 환경이 있는 학교를 찾는 눈이 훨씬 더 중요해요.

마지막으로 요즘 뉴스에 자주 등장하는 '최소 성취 수준 보장지도(보충지도)' 이야기를 짧게 짚어보겠습니다. 원래 고교학점제에서는 '출석 3분의 2 이상 + 성취율 40% 이상' 기준을 못 넘기면 그 과목은 '미이수'가 되고, 이 학생을 위해 학점당 5시간 보충지도를 해야 한다고 정해져 있었습니다. 그런데 이 보충지도를 2025학년도 고1부터 모든 과목에 의무 적용하기로 하면서 교사들 사이에서 '현실적으로 너무 과한 업무'라는 반발이 크게 일어났어요. 이에 2025년 9월 25일, 교육부는 개선안을 발표했어요. 보충지도 기준을 점당 5시간에서 3시간으로 완화하고, 일부 운영 방식은 시도교육청과 학교 재량에 맡기도록 한 거예요. 또, 보충지도의 일부를 온라인 프로그램으로 대체할 수 있는 방안을 제시하고, 교사 수 증원도 관계 부처와 협의 중이라고 설명했지요.

아직 현장에서는 '입시 구조, 고교 서열, 평준화 문제, 평가 방식처럼 고교학점제와 얽혀 있는 근본적인 문제는 그대로 둔 채, 겉보기만 조금 손본 것 아니냐'라는 비판이 계속 나오고 있어요. 그래서 제도가 앞으로 여러 차례 추가로 손질될 가능성이 크지요. 현재 부모 입장에서는 세 가지 정도만 기억하면 됩니다.

첫째, 고교학점제는 대학생처럼 과목을 골라 듣고 192학점을 채워야 졸업하는 제도이고, 출석과 성취도 기준을 못 채우면 '미이수 → 보충지도'로 이어집니다.

둘째, 대입에서는 점점 '전공과 연결된 과목 선택을 얼마나 꾸준히 해왔는지'가 중요해지고 있고, 성적이 비슷하다면 그런 학생이 더 유리합니다.

셋째, 부모의 역할은 모든 걸 대신 결정해주는 것이 아니라 진로 탐색과 학교·과목 선택 과정에 옆에서 함께 참여해주는 것입니다.

워크넷과 커리어넷, 진로 전담교사 상담을 적극 활용하고, 학교알리미로 과목 개설 현황과 성취도 분포를 꼼꼼히 살펴보면서 우리 아이에게 맞는 과목과 환경이 있는 학교를 찾아보세요. 이 세 가지 감각을 가지고 있다면, 2025년 11월 현재 기준으로 고교학점제의 큰 그림은 이미 충분히 이해하고 있는 셈입니다. 이제 남은 건 '우리 아이의 진로와 적성'이라는 렌즈를 끼고, 학교 선택·과목 선택·대입 전략을 함께 설계해 나가는 일입니다. 그것이 앞으로 부모 입장에서 가장 든든한 지원이 될 거예요.

절대평가와 분할점수

누가 더 위인지 서열을 매기는 상대평가와 달리, 절대평가는 각 학생이 기준에 얼마나 도달했는지를 봅니다. '누가 더 잘했나'보다 '어디까지 해냈나'를 중시하는 것이지요. 이와 같은 맥락에서 성취평가제는 기준 중심으로 평가함으로써 학생 한 명, 한 명 배움의 정도를 정확하고 공정하게 보기 위해 노력하는 제도라고 이해하면 됩니다.

목표 도달 여부를 따져야 하는 성취평가제에서는 A, B, C, D, E처럼 성취 등급을 나누곤 하는데 등급을 나누려면 '어디까지 A고, 어디부터 B인지' 정해진 기준점수가 필요합니다. 이를 분할점수라고 하지요. 5단계(A~E)라면 등급 개수보다 하나 적게 분할점수가 필요합니다. 왜 5단계 등급(A~E)에는 분할점수가 네 개일까요? 등급을 나눈다는 것은 점수 구간을 연속된 여러 구간으로 나누는 것입니다. 예를 들어 A~E까지 총 다섯 개의 구간을 만들려면, 점수대 전체를 5등분해야 하지요. 등급이 N개 있으면, 구간을 나누는 경계선(분할점수)은 N-1개 필요하고요. 절대평가는 미리 정한 준거로 등급을 매기기 때문에, 이 분할점수를 타당하고 과학적으로 정하는 것이 중요합니다.

분할점수에는 두 가지 종류가 있습니다. 우선 중학교 성취평가제에서 널리 사용되는 고정 분할점수(90/80/70/60) 방식부터 알아 볼까요? 고정 분할점수는 시험 전부터 90, 80, 70, 60점 등 분할점수를 정해두고 그 기준에 맞춰 등급을 부여하는 것입니다. 이 방식은 학생과 학부모가 이해하기 쉬워 목표 예측이 가능하고, 시간은 물론 비용도 거의 들지 않지요. 문제는 '이 점수가 성취 기준을 제대로 반영하느냐'에 대한 근거를 제시하기 어렵다는 거예요.

현재 고등학교 생활기록부에는 성취도(절대평가)와 석차 등급(상대평가)이 함께 기재됩니다. 성취도는 중학교처럼 고정 분할점수를 가장 많이 표기하지요. 예를 들어 음악·미술·체육은 보통 80점 이상 A, 60~79점 B, 60점 미만 C의 3단계로 표기합니다. 참고로 일반고 58.1%, 자율고 61.1%, 과학·영재고 29.2%, 외고 48.8%, 예고 90.9%가 이 방식을 쓴다고 하네요.

상황에 따라 단위학교 산출 분할점수를 쓰는 경우도 있습니다. 단위학교 산출 분할점수란 말 그대로 학교가 과목 특성에 맞게 분할점수를 산출하는 방식이에요. 문항 내용과 난이도, 성취 기준의 특성을 보고 교사들이 논의해서 분할점수를 정하는 것입니다. 과목이나 학생 수준에 따라 고정 분할점수(90/80/70/60)을 적용하면 D, E가 과도하게 많아지는 탓에 학습 의욕이 떨어질 수 있으니까요. 문항 난이도·정답률 등을 반영해 학교별·과목별로 적절한 점수를 정하기에 과목마다 분할점수가 다를 수도 있습니다. A~E 비율도 달라질 수 있지요.

단위학교 산출 분할점수를 쓰려면 교육부의 분할점수 산출 프로그램 등을 활용해야 합니다. 문항을 행동 영역(지식·이해·적용 등)과 난이도(쉬움·보통·어려움)로 분류하고, 예상 정답률을 입력하면 분할점수 산출을 도와주는 프로그램이지요. 시험 전에는 학업성적관리위원회에 시험지를 제출하고, 심의·공지 과정도 거쳐야 하고요. 교과 담당교사들은 이때 학기 성취 수준 기술과 최소 능력 특성을 함께 검토해 합의하곤 합니다. 조사에 따르면 과학·영재고의 68.8%가 이 방식을 채택했다고 하네요.

고정 분할점수의 강점은 단순·명확해 예측이 가능하고, 목표 설정이 쉽다는 것입니다. 단위학교 산출 분할점수는 과목과 학생의 수준 반영, 공정하고 적정한 난이도 유지 등의 타당성이 강점이지요. 학교 현장에서는 과목별로 두 방식을 함께 쓰기도 합니다. 절대평가에서는 분할점수가 등급의 기준선이지만, 중요한 것은 성취 기준을 충실히 반영하며 사전 공지로 혼란을 막으며 절차의 투명성을 지키는 것이지 방식이 아니니까요. 무슨 방식이든 과목 특성과 학생 수준을 고려해 공정하고 과학적으로 정했다면 문제 없겠지요.

요즘은 배우는 과정을 꼼꼼히 들여다보는 '과정 중심 평가'가 대세입니다. 교육과정의 성취 기준을 바탕으로 미리 평가 계획을 세우고, 수업 중 학생의 성장을 여러 방법으로 관찰·기록한 뒤, 그 자료를 토대로 바로바로 피드백하는 평가 방식이지요. 기존의 '결과 중심 평가'가 수업과 상관없이 시험 점수로 성취 수준을 판단한다면, 과정 중심 평가는 수업 도중에 계속 평가가 이뤄져요. 학생이 어떻게 배우고, 어디서 막히고, 얼마나 나아지고 있는지 파악해서 즉시 피드백하는 것이 핵심이거든요. 구체적으로 다음과 같은 방법을 활용하지요.

우선 토의·실험·발표 과정에서 보인 이해도, 참여도, 협업 태도를 교사가 기록합니다(관찰 기록). 작은 문제나 활동으로 이해도를 수시로 확인하고, 틀린 부분은 바로 보완합니다(형성평가/미니퀴즈). 수행물·보고서·오답노트 등을 모아 성장 과정을 한눈에 보게 할 수도 있습니다(포트폴리오). 마지막으로 잘한 점－보완점－다음 행동의 순서로 즉각적이고 구체적인 피드백을 줍니다.

과정 중심 평가를 하면 개별 맞춤 지원이 가능해요. 점수만 보는 것이 아니라 성장 자체를 인정받으니 학습 동기도 유지되지요. '개념 이해'가 막힌 친구인지, '적용'이 막힌 친구인지 바로 파악할 수 있으니 수업 개선에도 좋고요. 학생 반응을 보고 교사가 바로 수업을 조정할 수 있잖아요? 이것이 바로 '교육과정 – 수업 – 평가 – 기록의 일체화'입니다. 배우는 내내 살피고 고쳐가는 평가인 것이지요.

학생부 성적과 절대평가

2024년 7월 공개된 '2028 대입 제도 확정안'을 살펴보면 2028학년도에는 학생부 성적이 기본 5등급 체제로 바뀝니다. 과목 성적은 절대평가(A~E)와 상대평가(1~5등급)를 함께 써야 하고요. 다만 사회·과학 융합 선택과목은 절대평가만 표기하지요. 이 같은 상황에서 교육부 장관이 공개적으로 "다음 대입 개편 시점까지 수능과 학생부 성적의 절대평가 전환을 준비·검토하겠다"고 이야기한 것입니다. 정치·행정적으로 절대평가 비중을 더 키우자는 이야기가 테이블에 또다시 올라온 것이지요.

솔직히 고교학점제 전면 시행과 맞물려 성취 기준 중심으로 학생부 성적을 살펴보자는 흐름은 꾸준했습니다. 2023~2024년 논의에서도 '9등급 유지 vs. 5등급(절대평가) 전환'이 줄다리기를 했고요. 결과적으로 2028년부터 절대평가와 상대평가를 함께 쓰되 일부 과목은 절대평가만 적용하는 형태로 정리됐지요. 절대평가(A~E)와 상대평가(1~5등급) 정보가 과목별 성적에 함께 표기되지만, 융합 선택(사회·과학)은 절대만 표기되는 방식으로요.

교육부는 대학교들에 성취도 분포, 과목 평균, 수강자 수 같은 통계 정보를 줍니다. 수험생 평가 시 절대평가와 상대평가를 함께 본다는 뜻이에요. 이때 절대평가만 반영되는 융합 선택과목은 분할점수에 맞춰 목표 성취만 관리하면 되지만 절대평가와 상대평가가 모두 표기되는 보통교과들은 반 편성·과목 선택, 수행·서술 대비까지 종합적으로 봐야 합니다. 학교·과목 간 격차 관리도 관건이에요. 절대평가의 비중이 커질수록 '분할점수 설정의 타당성'과 '성적 부풀리기 방지장치'가 중요해진다는 것도 명심해야겠죠. 정부는 평가 기준 보급·교사 연수·평가관리센터 역할 강화를 언급했어요. 이 제도가 현장에 정착하는 속도가 앞으로 정책의 성패를 가를 거예요.

다시 불붙은 평가 제도 논쟁

사실 2002학년에도 학생부 성적을 '절대평가로 할 것인가, 상대평가로 할 것인가'의 문제로 첨예한 갈등이 있었습니다.

먼저 '우리나라도 선진국처럼 석차 같은 상대평가가 아니라 학업성취도 평가 같은 절대평가 체제로 학교 성적을 전환해야 한다'던 주장에 대해 알아봅시다. 이렇게 주장하는 사람들은 상대평가가 친구들과 치열하게 경쟁하도록 만들기 때문에 교육적으로 바람직하지 않다고 목소리를 높였어요. 교육에서의 평가는 학생의 성취 정도를 객관적으로 파악하고, 그 성취 수준을 높이는 교육적 처방을 찾아내는 방식으로 운영돼야 한다는 것이었습니다.

'절대평가는 현실적으로 시기상조이며, 당분간 상대평가 방식을 지속해야 한다'고 주장하던 이들의 근거는 무엇이었을까요? 상대평가를 주장하는 사람들은 절대평가의 취지는 이해하지만, 현실적으로 '학생부 성적 부풀리기' 현상이 우려된다고 이야기했습니다. '그렇게 되면 결국 학생부가 전형 자료로는 유명무실해진다'는 것이었지요.

논쟁 끝에 과목별로 '수·우·미·양·가'의 절대평가 방식을 유지하되 상대평가 방식의 석차도 함께 표기하는 것으로 결정됐습니다. 그것을 대학교가 자율적으로 선택 활용하게끔 하자는 것이었지요. 그러자 학생부가 제시하는 성적, 특히 석차 등급은 고등학교 사이의 학력 차이를 제대로 반영하지 못한다고 생각해오던 대학가에서 특히 일부 사립대학교가 학업성취도를 전격적으로 입시에 반영하기 시작했어요. 대입 전형에 상대평가인 석차 등급을 반영하면 일반고 학생들이 유리하지만 절대평가인 학업성취도 평가 결과를 반영하면 과학고, 외국어고 등의 특목고나 명문고 학생들을 유치하기가 좋았기 때문이죠. 여기에 이어진 고등학교의 '성적 부풀리기'에 맞서 대학교가 학생부 성적의 비중을 낮추자 학교 수업을 소홀히 여기는 학생들이 늘어났어요. 수능과 대학별 고사의 비중이 커지자 관련 사교육이 들끓었고요. 고교 입시도 과열됐지요. 명문고로 진학해야 학생부 성적에서 불리해지지 않으니까요. 2005년에는 급기야 정부가 학생부 성적을 '상대평가에 따른 9등급제'에 따라 표기하기로 결정했지요. 이것이 지금까지 이어져온 것입니다. 9등급이 5등급으로 바뀌었을 뿐입니다.

5등급 상대평가가 도입되면 학생부 성적 경쟁이 지금보다 더 치열해질 수도 있습니다. 고교학점제의 취지와 무관하게 등급 위주의 과목을 선택하거나 문제풀이식 학습을 반복할 가능성도 높지요. 수능은 9등급 상대평가 체제를 유지하니 사교육비 부담도 늘어날 테고요.

수능과 절대평가

다시 말하지만, 현재는 상대평가와 절대평가를 함께 쓰고 있습니다. 절대평가만 표기하는 몇몇 예외 과목을 통해 상대평가의 절대평가화에 단계적으로 접근 중인 상황이지요. '2028 대입 개편안'은 이미 병기 체제로 확정됐고요. 이 같은 상황에서 차기 개편의 절대평가 확대가 재논의되는 까닭은 무엇일까요?

'이재명 후보 직속 미래교육자치위원회'는 서로 밀접하게 연관된 대입 전형 간소화, 수능 절대평가 전환, 고교 학점제 도입, 고교 체제 정비 등이 따로따로 추진돼 정책 효과를 반감시킨다고 봅니다. 이들은 학생부 성적의 절대평가를 통한 실질적인 과목 선택권 보장, 수능의 절대평가 확대 및 자격고사화를 주장하지요. 온전한 학생부 성적의 성취평가 시행을 주장하는 것입니다. 이와 더불어 교육부 장관이 '절대평가'를 이야기하는 근거는 과잉 경쟁 완화, 과정 중심·성취 기준 중심 학습 정착, 고교학점제와의 정합성 등일 거예요. 이 중 가장 큰 것은 현행 상대평가 제도가 진로와 적성에 따라 자유로운 과목 선택을 전제로 하는 고교학점제와 잘 어울리지 않는다는 것이겠지요.

사실 수능에는 이미 한국사, 영어, 제2외국어/한문 등의 절대평가 과목들이 있습니다. 2028학년도 새로운 대입 제도와 맞물려 수능의 절대평가 확대 여부도 계속 논의 중이지요. 정부 차원에서 절대평가의 흐름을 살펴볼까요?

2013~2014년 정부는 2017학년도 수능 체제를 정비하면서 한국사 절대평가(필수)를 예고, 확정했습니다. 9등급 절대평가로의 큰 변화였지요. 2014년 12월에는 2018학년도 수능부터의 영어 절대평가 도입을 공식 발표했고요. 이 사항은 실제로 2018학년도 수능부터 적용됐습니다. 2022학년도에는 제2외국어/한문도 절대평가로 전환됐어요. 2024년 7월에는 '2028 대입 제도 확정안'이 발표되면서 학생부 성적을 5등급 체제로 개편하고, 절대평가와 상대평가를 병기하는 것으로 바뀌었지요. 2025년 9월 교육부 장관의 발언으로 인해 '다음

대입 개편 때까지 수능·학생부 성적의 절대평가 전환 준비 검토'가 공개 의제로 등장했습니다만 '개인 견해'라는 선 긋기도 있었습니다. 현재는 국가교육위원회와 사회적 합의를 전제로 논의 중이지요.

솔직히 교육적으로 일정 점수를 받으면 특정 등급을 받는 절대평가 제도는 매우 타당합니다. 교육과정이 제시한 최상위 성취 목표에 다다르면 누구라도 최고 등급을 받을 수 있으니까요. 다만 국어·수학·탐구까지 절대평가로 바꾸면 변별력이 떨어지며 대학교의 선발권을 보장할 수 없습니다. 만약 2032학년도 수능이 절대평가로 전면 전환되면, 현실적으로 다음과 같은 문제가 생길 수 있지요.

첫째, 변별력 약화입니다. 일정 기준만 넘기면 같은 등급을 받는 평가 구조에서는 상위권 대학교가 필요로 하는 미세한 실력 차이를 가리기가 어려워집니다. 이 경우 수능의 대입 선발 기능 자체가 약해진다는 지적이 나올 수밖에 없습니다.

둘째, 수능만으로는 선발이 어려운 모집단위가 늘어날 수 있습니다. 의·치·한 등 특정 학과는 세밀한 판별이 필요한데, 절대평가만으로는 지원자 간 차이를 충분히 파악하기 어렵기 때문입니다. 수능 이외의 요소가 대입에 큰 비중으로 개입할 수 있는 것입니다.

셋째, 고비용·저효율 문제가 불거질 수 있습니다. 국가 차원의 대형 시험을 치르는데 정작 대학교 선발에서 활용도가 낮아진다면? 사회 전체가 지불하는 비용 대비 효율성 논란이 커질 가능성이 있지요.

넷째, 등급 경계선 불공정 시비가 붙을 수 있습니다. 90점은 1등급,

89점은 2등급이라고 생각해보세요. 실제 실력 차이는 1점인데 대입 반영 점수 차이는 훨씬 크게 벌어지면 충분히 불공정하다고 생각할 수 있지요. 평균 점수와 등급 분포가 어긋나는 평균-등급 역전 현상의 발생도 염두에 두어야 하고요.

다섯째, 분할점수 턱걸이 대비에 과도한 수요가 몰리기 쉽습니다. '한 문제만 더 맞히면 등급이 오른다'는 인식 때문에 사교육 집중이 심해질 수도 있어요.

여섯째, 약해진 변별력을 보완하기 위해 논술, 면접, 심층구술 등 대학별 고사가 확대될 수도 있습니다. 그럼 사교육비가 늘어날 가능성이 크지요.

마지막으로 평가 체제가 바뀔 때마다 발생하는 제도 변경의 빈도와 부담 문제입니다. 출제·채점·전형 반영 방식이 자주 수정되면, 수험생·교사·대학교 모두가 혼란스러워집니다. 과거 국가교육회의에서 공론화 결과를 바탕으로 『2022학년도 대입제도 개편 방안에 대한 권고안』을 작성해 정부에 제출한 「대입제도 개편 공론화 숙의자료집」(2018)에는 절대평가에 대한 반대 의견이 다음과 같이 적혀 있습니다.

- **변별력 유지를 위해서 상대평가는 불가피** : '수능' 성적 기준으로 제한된 입학 정원의 합격/불합격 결정을 위해서는 상대평가가 불가피하다. 절대평가 시 동점자가 크게 증가해 변별

력에 문제가 발생한다.

- **면접, 논술, 대학별 고사 등 또 다른 전형 야기** : 절대평가로 전환하면 면접, 논술, 대학별 고사 등 또 다른 전형으로 학생 부담이 가중된다.

- **절대평가는 과목별 난이도 차이 혼선** : 매년 과목별 난이도가 상이해 연도별 1등급 비율의 편차가 심해져 대입 전형으로서 역할을 못한다.

- **'운으로 대학교 간다'는 인식 확산** : 89점과 90점은 1점 차이로 등급이 갈린다. 89점은 80점과 9점 차이인데도 같은 등급으로 환산돼 점수가 같다. 100점과 90점이 동점 처리되는 '모순'으로 인해 실력이 아닌 운으로 대학교에 진학하는 사례가 속출, '운7기3'이 대입을 빗대는 신조어가 될 것이다.

(출처 : 「대입 제도 개편 공론화 숙의자료집」 107쪽)

위와 같은 이유로 수능의 영향력을 낮추고 학생부 비중을 높이면 또 다른 고민이 생깁니다. 실제로 2028학년도부터 많은 대학교가 정시 수능전형에도 학생부 성적을 반영하려고 합니다. 그런데 학생부 비중을 높이면 우수고(고난도 교육과정 운영 학교) 학생은 불리해질 수 있어요. 동일 등급이어도 학교별 수업 난이도나 평가 문화가 다르니까요. 학생부 성적이나 대학별 고사에 대비해 사교육이 늘 가능성도 높고요. 수능 변별력이 낮아지면 상위권 수학·과학 등 고난도 과목의 역량 판별이 어려워지고, 고득점이 한 구간에 몰리는 점수 쏠림이 생길 수도 있잖아요? 시험 경험을 통한 성적 향상을 기대하기 쉽기 때문에 대학생이 재수하는 현상도 늘어날 수 있겠죠.

대학교의 입장에서는 수능 외에 신뢰도 높은 대안적 전형 자료가 함께 마련돼야 합니다. 표준화된 수행평가 결과, 전공 적합성 기반의 공정한 평가 도구, 학교 간 격차를 보정할 수 있는 비교 지표, 대학별 표준화 면접·구술 등을 예로 들 수 있습니다. 핵심은 공정성·예측 가능성·변별력을 동시에 확보하는 것입니다.

솔직히 지금은 '절대평가 확대 흐름'이 유효합니다. 그렇지만 절대평가로 전환 시의 변별력 약화로 인한 수능의 영향력 하락, 대학별 고사의 확대 가능성, 과목·학교에 따른 평가 공정성 논란 등이 우려되는 것도 사실입니다. 과연 어떤 변화가 일어날까요?

- **중하위권·지역 대학교** : 충원이 지금보다 수월해질 수 있습니다.
- **상위권 대학교·학과** : 수능만으로는 선발 타당성이 약해질 수 있어 수능 외 요소(학생부, 서류, 비교과, 면접, 대학별 고사)를 사실상 필수로 도입·확대할 가능성이 큽니다.
- **전형 구조** : 수시·정시의 성격 차이가 옅어지고, 대학별 설계 재량이 커지는 등 대학교 자율권이 확대될 수 있습니다.
- **사교육 환경** : 대학별 고사나 특정 등급 분할점수 대비가 강화되면서 민간교육비 증가 가능성이 있습니다.

관건은 '절대평가의 교육적 장점을 살리면서도 대입 선발의 신뢰성과 정밀함을 보완할 장치를 어떻게 설계하느냐'입니다. 이 부분이 보완되지 않으면 제도의 취지가 아무리 좋더라도 현장의 혼란과 부담이 커질 수밖에 없으니까요. 그렇다면 과연 무엇이 필요할까요? 표준화된 수행평가, 전공 적합성 평가, 비교과의 공정한 정량화, 대학별 표준평가의 틀 등 수능을 대체·보완할 신뢰도 높은 전형 자료가 필요합니다. 그래야 변별력·공정성·예측 가능성을 함께 잡을 수 있을 것입니다.

학생부 성적 체제 개편과 평가

기준 성취도를 평가하고 싶을 때, 그러니까 특정 학습 목표나 기준을 충족했는지 평가할 때는 절대평가가 적합합니다. 운전면허 같은 자격증 시험처럼 일정 기준을 충족해야 하는 경우 말이에요. 학생 개개인의 학습 성취도를 평가할 때도 절대평가가 유용하지요. 토익 같은 특정 과목은 학생들이 정해진 기준을 얼마나 충족했는지를 평가하잖아요? 모든 학생이 동일한 기준에 따라 평가받기 때문에 공정성도 확보됩니다. 학습 목표가 명확할 때도 절대평가가 적합할 수 있겠네요.

상대평가는 경쟁으로 동기를 부여하려고 할 때 적합합니다. 대입은 물론 이후의 회사 내 성과 평가에서도 상대평가로 상위 몇 퍼센트의 학생이나 직원을 뽑잖아요? 성적 분포를 파악할 때도 상대평가가 잘 맞습니다. 학생 사이의 성적 분포를 쉽게 파악할 수 있어, 학급 내 성적 수준을 비교하기 쉽기에 특히 대규모 평가에서 유용하지요. 마지막은 우수 학생을 뽑고 싶을 때입니다. 상위 10%의 학생에게만 최고 성과 등급을 부여하니까 우수한 학생의 선발에 도움이 되지요.

그때그때 상황에 맞춰 절대평가와 상대평가를 적절히 활용하면, 목적과 상황에 맞는 공정하고 효과적인 평가가 가능합니다. 여기서 질문을 하나 하고 싶습니다. 과연 수능 전 과목 절대평가를 실시하는 것이 맞는 걸까요?

평가 전문가들은 그렇다고 주장합니다. 변별력 확보 등 일부 긍정적 측면이 있으나 수능 상대평가로 인한 부작용이 더 크다는 것입니다. 이들이 꼽는 부작용은 치열한 경쟁과 획일화된 답을 요구하는 반복적인 문제풀이식 교실 수업 등입니다. 절대평가와 상대평가가 섞인 지금의 수능 평가 방법은 수학 등에 대한 경쟁이 치열해지는 폐해가 심각하므로 전 과목 절대평가를 도입하자는 것이지요.

이 같은 분위기에서 국가교육위원회는 3차에 걸쳐 '2028학년도 대입 개편 시안'에 대한 토론회를 열었습니다. 3차 토론회 주요 논의 내용은 '학생부 성적 서술형 평가 강화 및 평가의 신뢰성 확보 방안'이었습니다. '학생부 성적 절대, 상대평가 병기 시 예상 효과'에 대한 의견을 주고받았지요. '학생부 성적 서술형 평가 강화 및 평가의 신뢰성 확보 방안'의 골자를 살펴봅시다.

- **평가기준 안내** : 출제의도, 채점 방향, 표준답안 등 평가 기준 및 방법에 대해 세부적인 기준 마련 및 학생·학부모에게 사전 안내.

- **공정성 및 객관성 강화** : 평가 전담관, 논·서술 평가위원회 등을 통해 출제 및 채점 내용을 점검하고, 블라인드 채점, 다수 교사의 교차 평가 실시.

  - 학부모) 모든 학교에서 사용 가능한 AI 활용 평가 프로그램 개발 검토.

  - 교육 관계자) 평가전문기관에서 학교별 문제를 모아 문제은행 형태로 운영.

- **지역·학교 간 격차 해소** : 교육부·교육청 차원의 평가 가이드라인을 제시하고, 교육청 단위 공동 출제 및 전국 단위 통일 평가 방식 도입 검토.

'학생부 성적 절대평가, 상대평가 병기 시 예상 효과'에 대해서는 긍정적인 의견과 부정적인 의견이 엇갈립니다.

사전에 정해진 기준이 뚜렷한 절대평가가 도입되면, 학부모가 학습 목표부터 아이와 함께 잡는 것이 좋습니다. 어떤 과목에서 A를 받으려면 무엇을 해야 하는지 함께 정리해보는 것입니다.

"수학은 총점 90점 이상이어야 A를 받을 수 있네. 단원평가는 92점, 수행은 18/20점을 목표로 해볼까?"

아이 스스로 계획을 세우고 실천하는 경험이 중요합니다. 자녀가 먼저 주간(월~금) 계획을 세우면, '가능한 일정인지'만 확인하며 자기 주도 공부 습관을 응원해주세요. 자료 찾기·오답 정리도 아이가 주도해야 합니다. 작은 성취도 바로바로 칭찬해주는 것이 좋고요. 중간중간 막힌다고 어려워하는 건 당연한 일이니, 그럴수록 과정 중심 피드백을 해주세요.

"채점해보니 계산 실수가 줄었네! 다음에는 서술식 답안에 근거만 한 줄 더 써보자."

짧은 휴식, 가벼운 운동, 질 좋은 수면 등 공부-휴식의 균형도 중요합니다. 기준을 맞추려다 보면 스트레스가 쌓이니까요. 50분 공부했다면 10분 스트레칭을 하고, 취침 전 30분 전부터는 스마트폰을 안 보는 것이 좋습니다. 주말에는 산책 등 간단한 취미를 즐길 수 있게 시간을 확보해주어야 합니다.

학교와의 소통도 필요합니다. 짧게라도 정기적으로 담임교사에게 컨디션과 학습 태도를 확인해보세요. 아래처럼 구체적인 질문이 도움이 됩니다.

"이번 단원 성취 기준에서 우리 아이가 보완할 포인트가 뭘까요? 집에서 어떤 연습을 하면 좋을까요?"

이 같은 자세로 자녀의 학습을 지원하면, 절대평가에서도 좋은 성과를 거둘 수 있을 것입니다. 다만 과제나 공부에 부모가 너무 깊게 개입하면 안 돼요. 그러면 아이는 자기 주도 학습 능력을 키우기가 어

구분	학생부 성적 절대평가, 상대평가 병기 시 예상 효과
긍정	▶ 학업성취 기준 도달 여부 파악(절대평가), 변별력 확보 및 학업 동기 유발(상대평가) 등 상호 보완적 작용 가능. - 학생: 상대평가에 따른 동일 등급 내 변별력 약화 문제를 절대평가로 보완, 절대평가 시 과목별 난이도 차이 등 문제를 상대평가로 보완 가능. - 학부모: 학생 평가 자료가 풍부지니 대학교의 학생 선발 시 융통성과 다양성이 확대. - 교육 관계자: 학생부 성적 절대평가의 도입이 바람직하나 대입 등 현실적인 문제를 고려하면 상대평가 병기에도 긍정적. - 일반 국민: 절대평가 도입을 위한 과도기적 단계로 상대평가 병기 필요.
부정	▶ 대입에서 절대평가가 유명무실해지고 상대평가가 주된 기준으로 활용될 우려가 있으며, 성적 잘 받는 과목으로 쏠림 현상. - 학부모: 두 평가를 모두 고려하면 대입제도가 복잡해져 입시 컨설팅 등의 사교육 의존도가 높아질 우려. - 교육 관계자: 두 평가를 모두 적용하면 학생, 학부모, 교사 모두의 혼란이 야기되며 피로도가 높아짐. - 일반 국민: 두 평가를 모두 실시할 경우 교사의 업무 부담이 늘어나고 높은 수준의 평가 역량이 요구될 테니 이에 대한 준비가 필요.

렵거든요.

"어디까지 해봤니? 다음에는 뭘 해볼까?"

질문하며 과제의 목적을 확인하고, 꼭 필요한 부분을 도와주는 것은 괜찮지만, 가급적 스스로 계획하고 해결할 기회를 줘야 합니다. 더불어 높은 성적을 목표로 삼는 것은 좋지만, 지나친 압박은 오히려 역효과라는 사실을 잊지 말고 점수보다 노력이나 과정, 태도를 더 자주 칭찬해주세요.

“이번에는 오답 정리 정말 꼼꼼하게 잘했네.”

이런 피드백이 학습 동기를 지속하는 데 더 도움이 됩니다. 성적 압박보다 과정 칭찬이 먼저라는 점을 잊지 마세요. 또한 다른 친구와 비교당하면 괜스레 마음이 흔들리기 쉽습니다. 자기 목표를 달성하는 데만 집중하게 도와주세요. “지난번보다 시간 관리가 더 좋아졌네”처럼 개인적 성취를 칭찬하는 것이 가장 효과적입니다. 실수 등으로 기대 이하의 성적이 나왔더라도 꾸중하는 것은 금물입니다.

“이 문제 개념은 맞았는데 적용에서 막혔구나. 같이 적용 연습 몇 개만 더 해볼까?”

이렇게 다음 행동으로 연결되는 피드백을 해주세요. 부정적 피드백보다 학습 힌트와 격려가 훨씬 도움이 됩니다.

절대평가가 바꾸는 고교 선택의 기준

사실 학부모들에게는 ‘절대평가냐, 상대평가냐’가 그리 중요하지 않습니다. 이들의 관심사는 ‘앞으로의 평가 체제가 내 아이에게 얼마나 유리하고, 또 불리한지’일 테니까요.

학생부 성적이 절대평가로 완전히 바뀐다면 고교 선택 양상도 달라지겠죠. 특목고나 자사고, 명문고에 다녀도 학생부 성적으로 인한 불이익이 없으니 고교 선택이 좀 더 자유로워지리라는 이야기입니다.

만약 고등학교가 현재처럼 유형으로 나뉘지 않고 평준화된다면? 일반고만 남는다면, 과거 자사고나 특목고였던 고등학교로 진학하기 위해 노력해야 합니다. 학생부 성적에 대한 걱정은 없어졌는데, 그 학교의 입시 노하우와 노하우를 가진 교사들은 남아 있기 때문이지요.

사실 문재인 정부는 고교 체제를 평준화하고, 학생부 성적을 절대평가로 바꾼 다음 고교학점제를 실행할 계획이었습니다. 앞에서 이야기했듯, 고교학점제란 학생이 자기 적성이나 진로에 맞는 다양한 과목을 선택해서 들은 뒤 학점을 채워 졸업하는 제도예요. 학교에서 정해주는 것이 아니라 학생의 수요에 따라 과목을 개설하고, 선택하게 해주지요. 성적도 석차/등급으로 줄 세우는 것이 아니라 과정 중심 평가로 학생이 각 과목의 성취 기준에 얼마나 다다랐는지를 보고요.

2020년 마이스터고(51개교)에서 먼저 시작된 고교학점제는 2022년 특성화고로 확대됐으며, 2023년부터 단계적으로 일반계 고등학교에도 적용되는 중입니다. 2025년에는 전국 모든 고등학교에서 전면 시행됐지요. 직접 고른 수업을 들으니 학생은 집중력도 높아지고, 주도적으로 공부하게 됩니다. 이 과정에서 자기 이해력과 진로 탐색 역량도 키워지고요. 교사 역시 단순한 지식 전달자가 아니라 학생의 선택과 진로를 함께 고민해주는 상담자 역할을 맡게 됩니다. 학교 안팎의 다양한 사람과 소통하고, 협력하면서 말입니다.

절대평가가 전면적으로 시행되면 분할점수의 타당성·투명성, 과정 중심 피드백, 학점제 운영력이 탄탄한 학교에 다니는 것이 좋습니다.

분할점수는 어떻게 매기는지, 시험의 난이도는 물론 학점제 운영력과 교육과정은 어떤지, 학급·교사별 평가 편차는 어떻게 보정하는지도 따져봐야 하지요. 그러나 그전에 반드시 유념해야 할 사항이 있습니다. 바로 '절대평가면 어디서나 A 받기 쉬워진다'는 생각은 틀렸다는 것입니다. A의 기준선(분할점수)과 과정평가의 질에 따라 난이도 체감은 크게 달라집니다.

고교 유형별로 생각해봅시다. 절대평가는 특목고·자사고의 학생부 성적 관리에 더 유리합니다. 일반고 학생들은 학생부 성적 관리에 불리해질 수 있지요. 이는 학교별 평균 성취도, 학생 집단의 특성, 과목 선택 다양성 등 여러 요소에 따라 달라질 것입니다. 학업 역량이 뛰어난 학생이 많은 특목고, 자사고, 외고, 과학고 등은 절대평가 전환 시 A등급이 일반고 대비 2~3배 많을 테고요.

이미 과학고의 평균 A등급 비율은 66.7%, 외고·국제고는 39.5%, 자사고는 34.1%입니다. 18.5%인 일반고보다 월등히 높지요. 이런 학교에는 시험 점수가 만점에 가까운 학생이 많습니다. 이에 지방의 일반고는 고교학점제로 다양한 선택과목의 개설이 가능해져도 과목 선택이나 학생부 성적의 등급에서 불리할 수 있습니다. 인원이 적은 선택과목은 성취도 관리도 어려우니까요. 전국 단위 변별력에서 새로운 문제가 생기는 셈이지요.

절대평가 시 특목고·자사고가 유리하다는 점은 부정할 수 없습니다. 여기에는 높은 학업 역량, 우수한 동료 집단, 성취도 중심 평가 구조 등이 복합적으로 작용해요. 학급 내 평균 점수와 상위권 집중도가 높으니 만점 및 고득점자가 많아지는 것입니다. 심화·탐구·선택과목이 다양하게 제공되는 특목고·자사고에서는 학생들이 자기 강점에 맞춰 과목을 선택하기에 성취 기준의 달성도 쉽겠지요. 우수 학생 집중, 절대평가 기준 충족자 확대, 교육 환경과 과목 다양성 등이 맞물려 학생부 성적 절대평가에서 구조적으로 유리해지는 셈입니다.

절대평가 시대, 일반계 고교가 마주할 어려움

사실 절대평가를 섣불리 도입하면 여러 문제가 생길 수 있다는 지적이 지속적으로 제기되고 있습니다.

우선 상위권 변별력이 약화되면서 대입에서 불이익을 얻을 수 있지요. 똑같은 최상위 등급을 받았더라도 대학교에서 일반고 상위권 학생들보다 특목고, 자사고 출신들을 선호할 수 있다는 이야기입니다. 기존 상대평가 체제에서는 상위권 학생이 밀집한 특목고, 자사고의 경우 최상위 등급을 받기 어려워 일반고 학생에 비해 교과전형 등에서 상대적으로 불리했다는 분석이 많으니까요. 대학교에서는 변별력을 위해 학생부 성적보다 수능 등 객관식 평가의 비중을 높일 가능성이 크지요. 학생부 성적에 비교과가 많은 학생이나 소수의 일반고 상위권 학생에게 절대평가가 뜻밖에 불리할 수도 있다는 뜻입니다.

경쟁이 더 심해지면서 사교육 시장이 더 커지는 것도 걱정입니다. 절대평가의 도입 목적 중 하나는 사교육 줄이기지만, 기대와 달리 대입에서 우위를 점하기 위해 상위권 학생들은 사교육을 더 많이 받을 수도 있거든요. 절대평가로 인해 변별력이 낮아졌다고 보는 대학교들이 각종 비교과 전형, 면접, 논술 등을 확대할 수도 있고요. 그럼 새로운 대입 전형에 대한 부담이 커지겠지요.

지역 및 학교별 격차도 우려됩니다. 같은 등급인 학생의 수가 많으면 대학교에서 원점수, 세부평가 등 등급 내 미세 성적을 요구할 수 있으니까요. 그럼 지방의 소규모 일반고 등 과목 선택 폭이 좁은 학생은 대도시 학생보다 불리해지겠죠. 다양한 과목 선택이 어려운 일반고 학생들에게 선택권 박탈, 불평등 심화 문제가 생길 수 있는 것입니다. 또 다른 걱정거리는 제도 변경으로 인해 교육 현장이 혼란스워지는 거예요. 그럼 절대평가의 기준 및 수행평가의 공정성에 대한 신뢰가 낮아질 위험이 있지요. 평가 신뢰도가 낮으면 절대평가 도입 취지(교육 정상화, 학생 중심 수업 등)가 오히려 훼손될 수도 있습니다.

앞으로 대비해야 할 우리 아이 입시의 미래

현재 수능에서는 한국사(2017), 영어(2018), 제2외국어/한문(2022)의 등급을 절대평가로 나누고 있습니다. 그러니 앞으로의 논의는 국어·

수학·탐구의 처리 방식에 초점이 맞춰질 가능성이 큽니다. 이에 대해 여론과 언론 모두 돌발적 제도 변경에 대한 불안, 숙의 부족 등을 지적하고 있지요. 추진 의지도 중요하지만, 사회적 합의도 무시할 수 없다는 거예요. 2028학년도 대입의 큰 틀은 이미 공표된 상황이니 차기 개편 주기(현 초등 6학년이 응시할 시점인 2032학년도)를 겨냥한 청사진이 곧 나올 수 있겠네요. '절대평가 + 논·서술형 일부' 조합을 장기 로드맵으로 두는 그림으로요.

과거 2017년 한국교총이 전국 고교 교사 1,613명을 대상으로 조사한 결과를 보면, 과목별 절대평가 확대에 절반 넘게(55.9%) 찬성합니다. 그간 교원단체들은 학생들이 적성과 진로에 따라 과목을 선택할 수 있도록 하기 위해서는 절대평가 확대가 필요하다고 주장했죠. 절대평가 전환 없는 고교학점제는 학생 선택권 보장은커녕 또 다른 경쟁과 왜곡만 초래할 뿐이라면서요. 반면 학생들을 대상으로 한 2018년 조사에 의하면 상대평가 유지가 더 좋다는 의견이 우세하고(62.4%), 절대평가 선호는 22.2% 정도입니다.

절대평가 도입 시 누가 정말 유리한지는 아직 알 수 없습니다. 특목·자사고와 일반고는 같은 조건이 아니니 교육 현장의 체감은 다를 수밖에 없겠죠. 하지만 변하지 않는 쟁점은 변별력과 공정성입니다. 상위권 변별력과 대학교 선발권이 핵심 쟁점이죠. 이를 위해 분할점수의 설계, 문항 난이도 통제, 과락/가산점 규칙 같은 보완 장치가 반드시 필요합니다. 그렇지 않으면 대학별 고사가 확대되며 사교육이 심해질 수 있어요.

2028학년도에는 병기 체제를 유지하되, 과목별 평가 운영 가이드를 보강하는 쪽으로 안정화하며 절대평가 범위를 단계적으로 점차 확대할 듯합니다. 절대평가만 표기하는 과목군을 조금씩 넓히거나 단위학교 산출 분할점수 기준을 더 정교화해 절대평가 신뢰성을 끌어올리는 방식이랄까요?

'상대평가야말로 공정하다'는 인식에 더해 대학교 서열 같은 뿌리 깊은 구조를 바꾸려면 시간이 필요합니다. 여기에 더해 상위권 가르기와 대학교 선발의 타당성을 어떻게 확보할지도 지켜봐야겠지요. 2032학년도 수능 개편까지 가는 동안 사회적·교육적 합의, 경쟁 완화 대책, 대학별 평가 신뢰도를 어떻게 확보할지 두고 봐야겠습니다.

학교폭력과 교사의 권위

**교실이 흔들리면
아이도 흔들린다**

학교폭력, 대입에 들어오다

예전에는 학교폭력이 학생들 사이 있기 마련인 '친구끼리의 갈등' 정도로 여겨지곤 했습니다. 그때도 크나큰 마음의 상처 때문에 누군가의 삶은 뒤틀렸지만, 제도적으로 이를 해결할 방법은 따로 없었죠. 그런데 최근 이 같은 상황을 바꾸려는 시도가 눈에 띕니다. 바로 2026학년도부터 대입의 모든 전형에 학교폭력 기록을 의무적으로 반영하게 만든 것입니다.

이 같은 변화가 어느 날 갑자기 시작된 건 아닙니다. 우리 사회는 오랫동안 '학폭, 피해만 남고 가해는 잊힌다'는 모순을 품고 있었으니까요. 피해 학생의 목소리에 귀 기울이지 않은 탓에, 가해 학생은 시간이 지나면 아무렇지 않게 일상으로 돌아올 수 있었지요. 피해 학생의 시간은 멈춰 있는데, 가해 학생의 시간은 계속 흘러갔달까요. 이 모순은 어느 순간, 외면할 수 있는 지점을 넘어섰습니다. 이에 학교폭력이 더 이상 교실 안의 문제만은 아니라는 목소리가 높아졌지요.

기폭제는 2023년, 이른바 정순신 사태였습니다. 당시 국가수사본부장으로 내정됐던 정순신 변호사의 자녀 학교폭력 문제가 드러나 공분을 산 거예요. 이 사건에 국민이 강하게 반응한 이유는 무엇일까요? 아마도 가해자와 피해자 사이에 드러난 극명한 불균형 때문일 것입니다. 가해자가 서울대학교에 진학해 진로를 개척해나가는 동안, 가해자에게서 벗어나기 위해 학교까지 옮긴 피해자는 정신적인 고통으로 인해 학업을 포기한 상태였죠.

이 사건이 단순한 '개인의 일탈'로 치부되지 않은 것은, 권력을 가진 학부모 앞에서 학교와 교육청의 학교폭력 징계 시스템이 사실상 무용지물임을 보여주었기 때문입니다. 많은 이가 현재 우리나라의 교육 시스템이 피해자를 제대로 보호하지 못하고 있음을 깨달았어요. 이 같은 여론은 빠르게 정책 변화로 이어졌습니다. 교육부는 물론 대학교들까지 '학교폭력 이력의 투명한 기록과 대입에서의 반영' 필요성에 공감한 덕분이지요. 그 결과가 2026학년도부터 적용되는 학교폭력 조치사항 학생부 기재 확대입니다.

사실 정부는 2023년 4월에 이미 학교폭력 이력을 모든 대입 전형에서 반영하는 내용의 대책을 내놓았습니다. 다만 반영 방식은 대학교의 자율에 맡겼죠. 더불어 과거에도 학교폭력 조치가 학생부에 기록되기는 했지만 기재 보류가 가능했을 뿐만 아니라, 일정 기간이 지나면 삭제됐어요. 실제로 대입 평가에 반영되는 강도도 매우 낮았고요. 즉, 기록만 될 뿐 대입에 미치는 영향은 미미했지요.

반면 2026학년도부터는 학교폭력 조치사항이 학생부에 명확히 기록되고, 대학교에서는 이를 학생부종합전형의 정식 평가 요소로 다룹니다. 기록은 일정 기간 삭제되지 않으며, 학생 온라인 시스템에서 대학교로 그대로 전달돼요. 이는 단순한 제도 개편이 아니라 입시 질서의 규범을 바꾸는 조치라고 할 수 있습니다.

여기서 중요한 것은 문제가 '폭력의 크기'가 아니라 '사건의 존재 여부' 중심으로 전환되었다는 점입니다. 과거에는 '사안이 경미하니 선도교육으로 마무리합시다' 같은 조정이 가능했다면, 이제는 아무리 경미한 사안이라도 학교폭력대책심의위원회(이후 '학폭위')가 열리고 조치가 내려지면 대입에 영향을 주는 식으로 달라졌어요.

학교폭력 기재, 대입에서 어떻게 평가될까?

다시 말하지만, 2026학년도 대입부터는 학교폭력 조치사항이 모든 전형에 의무적으로 반영됩니다. 학생부위주전형은 물론이고, 논술전형, 수능위주전형, 실기/실적위주전형 모두 예외 없이 적용되지요. 이는 2023년 교육부가 발표한 '학교폭력 근절 종합 대책'에 따른 조치예요. 2025학년도에는 147개 대학이 자율적으로 이를 반영했지만, 2026학년도부터는 모든 대학교가 의무적으로 반영해야 합니다.

반영 방식은 정량평가, 정성평가, 지원 자격 제한 등 크게 세 가지로 구분되는데 대학교과 전형 유형에 따라 차이가 있습니다. 대학별로 반영 방식을 자율적으로 결정하기 때문이죠. 고려대학교를 예로 들어볼까요? 학교추천, 학업우수, 계열적합 등의 전형에서는 정성평가를 하지만, 논술과 수능위주전형에서는 정량평가를 합니다. 최고 20점에서 최저 1점까지 감점 처리하며, 특기자전형(체육교육과)의 경우에는 부적격 처리로 합격 자체가 불가능해요.

대입에 영향을 미치는 학교폭력 기준

학교폭력에 따른 조치는 「학교폭력예방 및 대책에 관한 법률」에 따라 총 9단계로 구분됩니다. 조치 단계는 행위의 심각성, 반복성, 고의성, 피해 정도 등을 고려해 학폭위가 결정하고요. 단계가 높을수록 무거운 처벌을 받았다는 의미입니다. 대입 평가에서의 불이익 가능성도 커지죠.

이 단계 중 어느 수준부터 문제로 삼는지도 대학별로 다릅니다. 동국대학교와 홍익대학교를 비교해볼까요? 동국대학교의 경우 수

단계	조치 내용	단계	조치 내용
1호	서면 사과	6호	출석정지
2호	접촉·협박·보복행위 금지 조치	7호	학급교체
3호	학교에서의 봉사	8호	전학
4호	사회봉사	9호	퇴학처분
5호	특별교육 이수 또는 심리치료	-	-

(출처: 교육부 자료)

능 전형에서 1~3호는 감점이 없고, 4~7호는 조치사항에 따라 100점에서 400점까지 감점이 일어나며, 8~9호는 불합격합니다. 홍익대학교는 동국대학교와 달리 1호부터 감점을 적용하지요. 일반적으로 1~3호는 감점 폭이 크지 않은 편입니다. 단, 동국대학교처럼 소명 내용을 제출할 수 있는 대학교도 있어요. 단순 처분 단계에 따른 일괄적인 감점이 이뤄지지 않는 경우도 있죠.

학교폭력 조치사항은 처분 수준에 따라 졸업 후 삭제도 가능합니다. 우선 1~3호 처분은 졸업과 함께 삭제됩니다. 4~5호 처분은 졸업 후 2년간 보존해야 한다는 원칙이 있지만, 졸업 직전 심의를 통해 졸업 시 삭제가 가능하지요. 6~7호 처분 역시 졸업 후 4년간 보존해야 하지만, 심의를 통해 졸업 직전 삭제가 가능하고요. 다만 8호의 경우 예외 없이 4년간 조치사항이 보존되며, 9호는 영구 보존됩니다.

학교폭력 가해 사실이 첫 반영된 2025학년도 대입 상황을 살펴볼까요? 2025학년도에는 국립대학교 여섯 곳에서 학폭 가해자 45명이 불합격했습니다. 경북대학교가 22명으로 가장 많았고, 부산대학교 여덟 명, 강원대학교와 전북대학교 각각 다섯 명, 경상대학교 세 명, 서울대학교 두 명 등이었지요.

대입 전형에 학교폭력 사실을 반영하는 것에 대해, 대중의 반응은 긍정적입니다. 방송인 박명수는 라디오에서 이렇게 말하기도 했어요.

"공부 잘하고 S대 간다고 성공하고 인성이 좋은 게 아닙니다. 경북대의 강력한 조치를 지지합니다. 만약 경북대에서 행사를 하게 된다면 출연료를 20% 할인해드리겠습니다."

박명수의 발언에 응원과 공감의 댓글이 넘친 것은 학교폭력 피해자와 그 가족을 응원하는 이가 많다는 증거겠죠.

'10대 시절의 실수를 돌이킬 기회를 박탈하는 과도한 제도'라는 반론도 아예 없지는 않습니다. 미숙한 사춘기 시절의 행동에 낙인을 찍어 대입에까지 불이익을 준다면 갱생의 여지를 너무 일찍 차단하는 것이라는 반론이죠. 반성하고 새출발하려는 학생을 절망으로 몰아갈 수도 있다는 거예요. 이 주장에 대한 반론은 이렇습니다.

"대입에 영향을 줄 정도의 학교폭력이라면 절대 경미한 수준이 아니다. 성인이 되어서도 책임을 져야 한다."

지나치게 가혹한 조치라는 이야기가 아예 없는 것은 아니지만, 학교폭력에 대한 우리 국민의 근심이 오래된 만큼 이런 이야기는 묻히는 분위기인 셈입니다.

대학교는 무엇을 보려 하는가

대학교는 학교폭력 기록을 단순히 '가해 학생을 걸러내기 위한 장치'로 보지 않습니다. 대학교가 보고 싶은 것은 학생의 관계 역량, 공동체 의식, 책임감, 성찰 능력이기 때문입니다. 미래 사회의 인재상은 혼자 잘하는 사람이 아니니까요. 서로 다른 배경과 의견을 가진 사람들과 문제를 함께 해결할 수 있는 인재를 필요로 하죠. 따라서 대학교는 이렇게 묻습니다.

- 어려운 상황에서 해당 학생은 어떻게 행동했는가?
- 갈등 상황에서는 어떻게 책임을 인정했는가?
- 관계 회복을 위해 어떤 노력을 했는가?
- 공동체 안에서 자신을 어떻게 위치시키는가?

즉, 학교폭력 반영은 입시 철학의 변화이자 인재상 재구성의 흐름입니다. 그러니 학부모는 아래 다섯 가지를 절대 잊어서는 안 됩니다.

1. 학교폭력은 이제 '경중'이 아니라 '기록'의 문제다. 경미해도 학폭위에서 조치가 내려지면 대입에 영향을 준다.
2. 사적 화해가 항상 유리한 것이 아니다. 공식 기록을 남기는 것이 피해자 보호에 중요할 때도 있다.

3. 피해의 회복은 기록 삭제와 동일하지 않다. 제도는 성찰 과
   정과 공동체 회복을 더 중시한다.

4. 교사를 압박하는 민원은 결국 우리 아이들의 교실을 무너
   뜨린다. 교사의 권한 약화는 교실 내 갈등 조정 능력의 상실
   로 이어진다.

5. 가정에서의 '관계 감수성 교육'이 그 어떤 대비보다 중요하
   다. '말투', '멈추기', '도움 요청하기', '상황 공유'는 반드시
   연습해야 한다.

가정에서 시작할 수 있는 학교폭력 예방 교육

그렇다면 가정에서 시작할 수 있는 학교폭력 예방법 교육 방법은 무
엇일까요? 아래와 같은 연습을 추천합니다.

1. 감정이 올라왔을 때 잠시 멈추는 연습.

2. "기분이 상했어"라고 감정으로 말하는 연습.

3. 상대의 입장을 듣는 턴-테이킹(차례 대화) 연습.

4. SNS·채팅에서의 언어 감수성 확인.

5. "선생님에게 이야기해도 괜찮아"라는 신뢰 기반의 도움 요
   청 연습.

학교폭력 예방의 가장 강력한 방법은 아이 스스로 관계를 조절할 힘을 기르는 것임을 잊지 않아야 합니다.

학교폭력을 줄이는 현명한 방법

학교폭력은 갈수록 심각해지고 있습니다. 초중고 학교폭력 접수 건수는 2020학년도 2만 5,903건에서 2024학년도 5만 8,502건으로 4년 새 2.3배나 뛰었지요. 사안이 중대해 학폭위로 넘겨진 사례도 8,357건에서 2만 7,835건으로 증가했고요. 행정 소송으로 비화되는 경향도 두드러집니다. 가해 학생의 소송은 2021학년도 202건에서 2024학년도 444건으로, 피해 학생의 소송은 53건에서 96건으로 늘어났어요. 초등 4~6학년 학교폭력 피해율은 2020년 0.9%에서 2025년 2.5%로 늘었고요.

경찰청에 따르면 올해 1~6월 학교폭력 사건으로 경찰의 수사 처분을 받은 학생은 1만 1,023명으로, 전년 동기 대비 20.5% 증가했다고 합니다. 2021년 1만 1,967명에서 매해 2000~3000명씩 증가해 지난해에는 2만 722명으로 늘어났지요. 수사받은 학생 수의 증가는 가벼운 수준의 다툼까지 경찰 신고로 이어진 영향으로 분석돼요. 전체 신고 사건 중 경찰이 입건 전 조사 종결로 마무리 지은 학교폭력 사건이 접수 사건 전체의 50%에 달했다니까요.

가벼운 갈등으로도 경찰 수사까지 받는 사례가 늘어나면서 학교 분위기는 점점 각박해지고 있습니다. 아이가 학교폭력 사건에 휘말리지 않도록 예방하는 일이 최대 관심사가 되면서 아이들에게 '키링형 녹음기', '볼펜형 녹음기' 등을 들고 다니게 하는 학부모들도 늘어났어요. 학교폭력 피해 시 신고와 가해자로 몰렸을 때의 대응을 위한 목적으로 말이지요. 학부모 사이에서 합의를 통한 갈등 해결이 쉽지 않을 경우, 맞폭으로 대응하는 현상까지 나타나고 있다고 합니다.

맞폭이란 신고당한 학생이 징계를 피하기 위해 피해 학생을 신고하는 거예요. 경미한 학교폭력이라도 검찰 단계로 넘어가 '기소유예'를 받으면 대입에 악영향을 미치는 만큼, 맞신고로 도리어 갈등을 키워 처벌을 피해보겠다는 의도지요. 경찰이 상해나 지속적인 괴롭힘, 사이버불링 등 중대한 학교폭력 수사에 집중할 수 있도록 한두 차례의 가벼운 몸싸움이나 우발적인 말다툼 등 가벼운 갈등은 학내 화해, 조정 프로그램으로 처리해야 한다는 제안이 등장한 까닭입니다.

학교폭력의 대입 반영이라는 조치가 나온 다음, 아이러니하게도 학교폭력 전문 변호사 시장이 유례없는 호황을 누리고 있다고 합니다. 2026학년도부터 대입에 학교폭력 조치가 반영되기 때문이기도 하고, 2028학년부터 내신이 현행 9등급제에서 5등급제로 바뀌며 학교폭력 조치의 파급력이 더 커질 것으로 보이기 때문이기도 하겠죠. 전문가와의 상담을 통해 학교폭력에 얽히는 일을 사전에 최대한 막아보려는 노력일 것입니다.

징계 회피 전략을 짜는 것도 문제입니다. 학폭위 결정 이후 가해자들은 흔히 집행정지 신청과 취소 소송을 택하죠. 이것이 변호사들의 전략으로 자리 잡은 지 이미 오래입니다. 대개 1심만 6~8개월이 걸리니까요. 항소와 상고까지 하면 2년 넘게 끄는 건 식은 죽 먹기라고들 해요. 집행정지가 인용되면 사실상 입시에 영향이 없다는 계산입니다. 이 부분을 아쉬워하는 목소리들은 한결같이 학교폭력을 줄이려면 '학교 안에서 갈등을 초기에 중재할 교사 권한과 보호장치가 복원돼야 한다'고 지적하지요.

최근 법 개정 논의와 교육 현장의 요구에 따라 가벼운 학교폭력 사건의 경우, 교사의 권한 확대 필요성이 강조되고 있어요. 현재 교사에게는 학교폭력 사건 발생 시 신고 의무만 있고, 실질적 조사 및 처벌 권한은 제한적이거든요. 학교폭력을 인지한 교사가 신고하면 이후 절차는 교육지원청 심의위원회 등에서 진행되기 때문이죠. 가벼운 학교폭력도 자체적으로 해결할 권한이 없고, 개입 시 오히려 법적 책임(아동학대 등) 등이 우려되는 거예요. 따라서 교사들은 학교폭력 예방과 초기 대응을 위한 더 많은 권한과 자율성을 원하고 있습니다.

학교폭력 문제는 교사의 교육권, 이른바 교권과도 깊게 연결돼 있습니다. 교사가 학생들 사이의 갈등을 생활지도 차원에서 해결하려고 할 때 학부모가 이렇게 말하는 경우가 있거든요.

"선생님이 사안의 경중을 판단할 권한이 어디에 있죠?"

"학폭위 절차대로 진행해주세요."

이 말속에는 변화한 교육 환경이 그대로 담겨 있습니다. 과거에는 교사가 갈등 조정의 중심으로, 학생들 사이에 생긴 균열을 교육적 관계와 신뢰를 기반으로 조율했지요. 그러나 생활지도가 학부모 민원, 교육청 조사, 학폭위, 대입 반영으로 연결된 지금은 교사의 중재 권한 자체가 크게 위축됐습니다. 그 결과 교실 내 관계는 경직되고, 학생들은 서로 경계하게 됐지요. 교실 안이 매우 조심스러워진 거예요. 고로 교권 회복은 학교폭력 줄이기의 중요한 실마리 중 하나기도 합니다.

흔들리는 교실과 교사의 권위

학교폭력이 반복되면서 최근 학교 현장에서는 교사의 권위는 물론 지도권까지 약화되는 현상이 나타나고 있습니다. 학생들 사이에 폭력 사건이 발생하면 교사가 이를 바로잡고 교육적으로 지도해야 하는데 학부모 민원이나 행정 절차, 법적 제한 때문에 적절한 조치를 취하기 어려운 경우가 많기 때문이에요. 이 과정에서 학생과 학부모가 교사의 권위를 불신하게 되면, 수업과 생활지도에서 교사의 영향력이 줄어들 수밖에 없지요. 교사는 학생들의 통제와 올바른 학습 환경 조성에 어려움을 느끼며 '가르쳐도 소용없다'는 무력감을 경험하게 되고요.

예전에는 선생님 말씀에 자연스레 권위가 실렸는데, 지금은 학생이나 학부모의 목소리가 더 큽니다. 사소한 말이나 행동도 항의하니 교사는 훈육은커녕 생활지도까지 조심스러워지지요. 학부모 민원이 두렵기 때문입니다. '스승의 그림자도 밟지 않는다'는 말은 이제 책에서나 볼 수 있는 듯합니다.

자율적으로 수업하던 예전과 달리 학생과 학부모의 눈치를 봐야 하니 교사들은 점점 위축될 수밖에 없습니다. 갈등을 피하려고 훈육을 포기하거나 문제행동을 애써 무시하는 선생님도 늘어났다고 하지요. 이렇게 교실 질서가 흐트러지면 학생들도 피해를 입을 수밖에 없습니다. 여건이 받쳐주지 않으면 교사가 책임감과 자율성을 갖고 수업을 설계·지도하기 어렵지 않겠어요?

이렇게 학교폭력 문제가 교사의 권위와 권한을 제한하면서 교권이 추락하는 구조는 단순한 개인 문제를 넘어 학교 전체 교육 환경에도 악영향을 미칩니다. 따라서 학교폭력 대응과 교권 보호는 별개로 볼 수 없는 밀접한 문제입니다. 실질적 해결책 마련이 시급하지요.

학생의 무례한 언행, 일방적인 요구를 밀어붙이는 학부모의 민원, 상급자의 소극적인 지원에 따른 정서적 소진도 심각한 문제입니다. 최근 한 교원단체 조사에서는 교사의 70% 이상이 "업무 스트레스로 정신적 고통을 겪고 있다"고 답했어요. 이는 절대 가볍게 볼 수 없는 신호입니다. 이 신호가 수치로도 나타나니까요. 매년 증가하고 있는 국공립 초등학교의 명예퇴직을 살펴볼까요?

2025년 국정감사 자료에 따르면 최근 5년(2020~2024) 국공립 초등 명예퇴직자는 2020년 2,379명, 2021년 2,178명, 2022년 2,338명,

2023년 2,937명, 2024년 3,119명으로 늘었습니다. 명예퇴직 비율도 2020년 1.33%, 2021년 1.21%, 2022년 1.29%, 2023년 1.63%로 전반적 상승세였고요. 2024년에는 기준 정원의 1.74%가 자발적으로 퇴직했지요. 교원은 정년이 보장되는 데도 말입니다.

사실 이런 조짐은 20여 년 전부터 있었습니다. 당시 교육 현장에서는 '학교 붕괴'라는 키워드가 화두였어요. 이는 그때나 지금이나 한두 가지 원인으로 설명하기 어려운 문제지만, 제 생각에는 상대평가 중심의 입시 체제가 큰 몫을 차지합니다. 초등학교 때부터 입시의 그림자가 드리워지니 학교 수업이 '입시 효율'에 밀리며, 학생들은 사교육으로 몰려든달까요? 예체능도 '입시용'이 되는 순간 본래의 가치가 희미해지잖아요. 학원 스케줄에 쫓기니 학생들의 학교 수업 몰입도는 낮아질 수밖에 없고요. 어젯밤 사교육 때문에 오늘 낮의 공교육이 무너지는 셈입니다.

핵가족화와 과잉 보호로 가정 내 생활습관 교육이 약해진 것도 문제입니다. 인성 교육이 부족한 상태로 학교에 온 아이들은, 그만큼 수업 규칙 준수나 몰입에 어려움을 겪지 않겠어요? 여기에 더해 영상·게임·숏폼처럼 자극적인 매체에 익숙해진 학생들 입장에서는 아무래도 설명형 수업이 지루하게 느껴질 수 있습니다. 폭력적이며 선정성인, 비교육적인 콘텐츠에 익숙해지면 차분히 듣고 생각하는 힘이 약화되며 '재미있냐/아니냐' 기준으로만 수업을 재단하기 쉽지요.

'학교 붕괴'는 학생·교사·가정·입시·사교육이 얽힌 복합 문제입니다. 특히 교권 추락과 밀접하게 연결돼 있지요. 학교가 흔들리니 교권이 약해지고, 교권이 약해지니 교실 통제가 어려워 학교 붕괴가 심해지는 것입니다. 앞에서도 언급했듯 여기에는 부족한 가정교육에 더해 자극적 미디어 환경과 사교육 과열로 인해 학교 수업에 대한 학생들의 관심이 낮아진 영향이 크지요.

사실 공교육은 '인간답게 사는 힘'을 기르기 위해 받는 것인데, 입시에만 몰두하면 전인교육의 기반이 약해질 수밖에 없습니다. 입으로만 창의·자율을 떠들 뿐, 현실의 교육은 상대평가로 줄 세우는 데 매몰돼 있고요. 지금이라도 학벌 중심의 사회 구조를 개혁하고, 대입 위

| 요즘 학교 현장의 모습 |

항목	구체화
스마트폰·SNS 상시 접속	학생들이 집중 지속 시간이 짧아지고, 수업 중 알림·채팅이 몰입을 방해함.
학령인구 감소+학교 간 격차	지역·학교별로 학급당 학생 수, 교원 수급, 선택과목 개설에서 격차가 커짐.
교사 행정 과부하	생활지도·민원·각종 보고로 수업 준비 시간이 잠식될 정도임.
디지털/AI격차	가정 배경에 따른 기기·학습 지원 차이가 학업 격차를 키움.
평가 체제의 과도기	절대평가·상대평가 혼재, 수행평가 신뢰 논란, 고교학점제 정착 과정의 혼란이 현장 에너지를 분산시킴.
정신 건강 문제	불안·우울·수면 문제 등으로 학습 몰입 자체가 어려운 학생이 증가함.

주의 지식 중심의 교육에서 벗어나 가치 중심 교육으로 가야 합니다. 교육 현장의 시장 논리를 바로잡고, 공동체 의식을 회복해야 하지요. 그러려면 교사부터 충분한 자질을 갖추고 성심으로 지도해야 하겠지만, 최선을 다해 수업에 임하는 학생의 역할도 무시할 수는 없습니다.

교권 없이 진정한 교육이 가능할까?

교권 침해는 한 개인의 불운으로 끝나지 않습니다. 교실 전체, 나아가 학교 전반의 질서에 영향을 미치거든요. 교권 침해가 일상화되면 교사는 방어적으로 바뀌고, 이에 따라 학생과의 관계는 더 어려워집니다. 학생들은 '선생님을 무시해도 된다'고 생각하기 쉽고, 다른 교사들은 '나도 당할 수 있다'는 불안으로 위축되기 때문이지요. 그러면 교육의 질이 떨어지고요. 좋은 교육의 바탕은 신뢰인데, 교사가 학생을 불신하고 경계한다면 '진짜 교육'이 가능할까요?

지금 우리에게는 교권 회복이 반드시 필요합니다. 교사의 존엄과 안전이 보장되지 않는 학교는 아이들에게도 안전한 공간이 되기 어려운 탓입니다. 불행 중 다행으로, 2023년 서울 서이초의 비극 이후 교권 침해에 대한 사회적 문제의식이 크게 높아진 상황이에요.

임용 1년 차의 열정적인 교사는 학부모의 민원과 중재 과정에서 반복되는 압박, 미흡한 보호 체계 속에서 큰 상처를 겪고 세상을 떠났습니다. 사건 이후 전국 곳곳에서 자발적 추모와 촛불집회가 이어지며 '이대로는 안 된다'는 사회적 요구가 확산됐지요. 제2, 3의 서이초 사건이 일어나지 않도록, 시스템이 바뀌어야 한다는 데 많은 사람이 공감한 것입니다. 이 과정에서 그동안 묻혀 있던 유사 사례들도 알려졌어요. 교무실에서 고함치며 교사를 위협하는 학부모, 생활지도 이후 아동학대 신고로 조사받는 교사, 반복 민원으로 정신과 치료를 받는 교사의 사례 등등. 최근 20년(대략 2005~2025년) 동안 우리나라에서 공론화됐거나 판결·제도 변화로 이어진 대표적 교권(교사의 교육활동·인격권) 침해 사례들을 시기·유형별로 정리해봤습니다.

표 내용 외에도 현장학습·안전사고 관련 '과도한 과실책임' 논쟁이 있었습니다. 일례로 현장학습 중 사고에 인솔교사 두 명이 '업무상 과실치사'로 기소된 사건이 있었지요. 불가항력성, 업무상 주의의무 범위 등을 두고 교권·교사 책임의 경계가 쟁점화된 사건이었습니다. 이와 관련해 현장학습 사고에서 교사의 감독 의무를 무겁게 본 판례들이 소개되며, 과도한 민·형사 책임 지적과 교권 침해 논의에 불이 붙었습니다.

'더 이상 교사가 약자여서는 안 된다'며 시스템 개선의 필요성에 많은 사람이 공감하는 이 시기, '아동학대 남용'에 대한 대법원 교정이 있었음은 긍정적인 신호입니다. 2024년 10월, 교사의 교육과정상 행위를 '아동복지법상 학대'로 본 원심을 대법원이 파기·환송(무죄 취지)한 것은 교육 판단의 존중 원칙을 분명히 한 중요 판결이라는 평가를

| 교권(교사의 교육활동·인격권) 침해 사례 |

구분	시기	내용
2005~2010 학부모·학생의 물리적 폭력과 '체벌 논쟁'이 교차	2010년 9월	이른바 '오장풍' 체벌 동영상 파문. 담임교사가 학생을 폭행하는 장면이 공개되며 교사 해임. 이후 학교 현장에서 체벌 금지 기조와 교권 사이의 긴장 이슈가 증폭됨.
	2010년 10월	경남 창원에서 "왜 우리 아들 뺨을 때렸냐"며 학부모가 학교를 찾아 교사를 폭행한 사건. 당시 경찰 수사 착수로 학부모 폭행 책임이 문제가 됨.
2011~2015 교권 침해 통계 급증과 '교권보호법' 제정 움직임	2009년 → 2011년	정부 보도에 따르면 교권 침해로 분류되는 사건(폭언·폭행·성희롱·수업 방해 등)이 3년 새 1,500여 건→4,800여 건으로 급증. 학부모가 학교 내에서 교사를 협박·폭행한 경우 형량 가중 등 대책이 추진됨.
	2015년	폭언·욕설 1만5,324건, 수업 방해 5,223건, 폭행 393건, 교사 성희롱 323건 등 유형이 다변화. '학부모 가해' 비중이 유의미하게 관측됨.
2016~2020 제도화 단계— '교원지위법'(특별법) 정비와 판례 축적	2016년 ~ 2019년	교권 침해 대응 강화를 위한 「교원의 지위 향상 및 교육활동 보호를 위한 특별법」(약칭 「교원지위법」)과 관련 하위 규정이 개정·보완. 피해 교원의 보호와 대응 수단 확충이 골자.
	2017년	학부모·학생의 교사 폭력에 대한 형사·민사 대응 방안을 체계화한 법학 연구가 등장(사례·유형 정리, 손해배상·형사책임 쟁점 등). 현장 법률 대응이 구체화되는 분기점.

구분	시기	내용
2021-2025 '서이초 사건' 이후 교권 이슈의 대전환 (무고·폭행·소송 남발 등)	2023년 7월	학부모 민원·업무 스트레스로 인한 서울 서이초 교사 사망 사건이 교권 이슈를 폭발적으로 공론화. 2023년 9월 전국 대규모 교사 집회(여의도 약 30만 명 집결 보도)와 '교권 보호 5법'(교원지위법·교육기본법·초중등교육법·유아교육법·아동학대처벌법) 개정의 기폭제가 됨.
	2023년 → 2025년	사망 사건 이후 초등교사의 부정적 교직 태도 비율이 17%→30%로 증가했다는 연구 결과(교직 소진·이탈 신호).
	2022년 사건, 2024년 보도	인천에서 수업 중 담임교사를 폭행하고 욕설한 학부모—1심 실형 판결을 항소심도 유지. '학교 안 폭력'의 중대성 확인.
	2025년 5월	교사를 폭행한 학생 강제 전학(중징계) 처분—방송 보도로 절차·구제 수단(행정 심판 90일)까지 안내된 사례.
	2025년 9월	제주에서 교사·직원 10명을 '아동학대'로 무더기 고소한 학부모에게 협박·무고 혐의로 구속영장 청구. '아동학대 무고'가 교권 침해 수단으로 악용된 대표 사례

받고 있지요. 2024년 11월에는 학생 손목을 잡고 제지한 행위를 학대로 본 유죄를 대법원이 바로잡은 사건(파기 환송)도 있었어요. 이 사건의 쟁점은 교육적 제지의 한계와 교사의 재량 판단이었습니다.

2025년 8월에는 '교사가 혼잣말로 "싸가지 없는 ××"라고 한 사안은 아동학대 아님' 취지의 판결이 있었습니다. 교사의 표현이 부적절하더라도 '형사적 학대'로 단정할 수 없다는 것이었죠. 또한 학부모의 지속적인 담임교사 교체 요구가 '교육활동 침해에 해당'한다고 본 판결도 있습니다. 이 판결은 '반복적인 부당 간섭은 교권 침해'임을 명확히 판단했습니다.

교권 추락이 대입에 미치는 영향

교권 침해 보도가 반복되면서 '교사는 감정노동·법적 리스크가 큰 직업'이라는 인식이 퍼졌습니다. 저출생으로 인한 임용 TO 축소와 합격률 하락이 더해져 '붙어도 자리가 적다'는 인식도 확산됐지요. 학령인구 감소와 교권 침해 이슈가 겹치며 교직에 대한 선호도가 낮아지며 중상위권 수험생 이탈하자 합격선도 자연스럽게 낮아졌고요.

서울교대·춘천교대 등 다수 교육대학교의 2025학년도 수시 일반전형 합격선은 학생부 성적 6등급대까지 떨어졌습니다. 일부 특별전형은 7등급 사례까지 확인됩니다. 정시는 수능 4등급 중반으로도 합격이 가능해졌지요. 이는 직업 매력도가 하락하고, 임용 전망이 악화된 교권 이슈가 동시 반영된 것으로 보입니다. 학교·전형별로 편차가 크지만, 2024~2025학년도에는 학과 단위에서 교육학·교과교육과 일부 학과 경쟁률·등급컷 약화 또는 미달 사례가 다수 확인됩니다.

그런데 이 현상이 흥미로운 결과를 이끌어냈습니다. '교권 추락 →

학년도 / 대학명	2026	2025	2024	2023	2022	2021	2020
경인교육대	7.39	6.52	4.58	4.02	5.11	3.88	4.35
공주교육대	6.64	5.75	5.62	5.25	5.27	4.46	4.80
광주교육대	6.38	5.53	4.09	4.43	5.41	5.49	5.88
대구교육대	5.84	6.49	4.99	4.74	4.96	5.03	5.60
부산교육대	5.96	6.57	6.76	5.41	5.86	5.47	6.17
서울교육대	5.04	4.30	3.46	3.05	4.47	3.14	4.28
전주교육대	6.28	4.61	3.53	3.98	4.95	4.63	3.56
진주교육대	9.21	4.85	4.93	6.48	6.81	5.78	7.11
청주교육대	8.29	7.88	6.35	5.84	9.13	6.40	7.09
춘천교육대	11.90	5.67	5.77	7.30	7.31	5.87	9.42

(출처: 유웨이교육평가연구소 자료)

직업 매력도 하락(임용·업무 리스크)→선호·입결·경쟁률 약화'가 최근 2~3년 흐름이었는데, 2026학년도 수시 경쟁률이 일부 반등한 것입니다.

2020~2026학년도 교육대학교 수시 경쟁률을 살펴보면, 춘천·진주교대 등 일부가 2026년에 큰 폭으로 상승했습니다. 서울교대는 2020~2026학년도 전 기간 5 : 1 이하를 유지했지요. 경인교대는 2024학년도 4.58 : 1에서 2026학년도 7.39 : 1로 꾸준히 상승했고, 부산·대구는 하락했으나 공주·전주·광주는 2024~2026 안정적 성장세를 보였습니다. 전국 10개 교대 평균 수시 경쟁률은 2021학년

도 4.92 : 1→2022학년도 5.82 : 1→2023학년도 4.96 : 1→2024학년도 5.05 : 1→2025학년도 5.95 : 1(최근 5년 내 최고)였고, 2026학년도는 평균 7.17 : 1로 더 상승(7년 내 최고 추정), 10개 중 여덟 개가 상승했습니다.

큰 흐름으로 보자면 '2020→2021학년도 완만한 하락, 2022학년도 급등, 2023학년도 재하락, 2024학년도 일부 회복, 2025학년도 전반적 상승, 2026학년도 상승세 지속'으로 정리할 수 있습니다. 이는 교권 개선 기대와 전년도 입결 급락에 따른 기저효과가 섞인 것으로 보여요. 전년도(2025) 합격선이 급락했으니 도전해볼 만하다는 기대심리가 반영됐달까요. 정부의 교권 보호·처우 개선 논의에 기대되는 미래의 여건 개선에 대한 희망도 반영됐겠지요. 불확실한 노동시장 속 교직의 상대적 안정성도 매력적일 테고요.

그렇다고 낙관은 금물입니다. 직접적인 교권·처우 개선의 '실효'가 장기적으로 확인돼야 이 반등이 지속적인 선호 회복으로 이어질 테니까요. 게다가 규모가 축소되며 임용시험에서 둘 중 하나는 탈락하고 있습니다. 2022년도에는 초등교사 신규 선발이 3,161명이었는데, 2024년도에는 2,621명으로 줄어들었으며, 2025년도 2,000~2,300명으로 전망됩니다. 사범대(중등) 쪽도 학생회 차원의 임용 확대 요구 시위 등이 이어지고 있지요. 그만큼 '임용 절벽' 체감이 큰 것입니다. 중등 임용 합격률 저하·TO 축소가 누적되자 일부 사범대학교에서는 전공 자율로 '비非교원 양성 트랙'까지 도입했지요.

흔들리는 교실을 바로잡기 위한 노력들

서이초 사건으로 사회 전반에 교권 보호에 대한 국민적 공감대가 형성되자, 정부도 발 빠르게 움직였습니다. 교육부를 중심으로 다양한 대책이 발표됐고, 일부는 이미 시행 중입니다.

우선 학부모 민원 전담 기구가 설치됐습니다. 교사 개인이 민원을 감당하는 것이 아니라 전담 부서로 조율하게 만들겠다는 것입니다. 교사의 생활지도가 교권 침해로 번지지 않도록 명확한 가이드라인을 제공해 정당한 생활지도에 대한 보호도 강화하려고 노력 중이지요. 마지막으로 정신적 피해를 입은 교사들을 위해 상담 서비스와 법률 지원도 마련하고 있습니다. 이에 대해 자세히 알아볼까요?

1. 교권 침해 대응 시스템 강화

정부는 교사가 학부모나 학생으로부터 부당한 침해를 당할 때, 즉각적인 대응이 가능하도록 시스템을 강화하겠다고 밝혔습니다. 구체적인 방안은 다음과 같습니다.

첫째, 각 교육지원청에 교권보호팀을 두고, 교사의 민원이나 피해 사례를 신속하게 처리합니다.

둘째, 피해 교사에게 단순히 법률 지원만이 아니라 병가나 유급휴가, 심리 치료, 회복을 위한 전보까지 적극 지원합니다.

셋째, 가해 학생 및 학부모에게 교육활동 침해에 대한 경고 수준을 넘는 실제적 조치를 취할 수 있습니다.

이제 학부모가 고의적으로 교사에게 지속적인 민원을 넣거나 협박성 발언을 할 경우, 학교 출입 제한 등 법적 조치가 가능해졌습니다.

2. 정당한 생활지도 보장

많은 교사가 생활지도 중 '이 말이 문제가 되진 않을까?'를 걱정합니다. 이에 정부는 정당한 생활지도를 법적으로 보호하겠다는 입장을 밝혔습니다.

첫째, '지도'와 '체벌'의 모호한 경계를 좀 더 명확하게 만들어주는 매뉴얼을 제작해 교사들이 안심하고 교육활동을 할 수 있도록 하겠습니다.

둘째, 학생 지도의 정당성, 비례성, 필요성이 인정될 경우 해당 교사가 민형사상 책임에서 면책될 수 있도록 하겠습니다.

이는 교사들이 위축되지 않고 소신껏 학생들을 이끌 수 있도록 기반을 만들어주려는 정부의 노력입니다.

3. 학부모 민원 시스템 개선

학부모 민원 대응 방식의 변화는 특히 중요합니다. 이전에는 다수의 상황에서 교사가 민원을 직접 응대해야 했습니다. 이는 스트레스의 큰 원인이었지요. 이와 관련해 정부는 다음과 같은 방식으로 개선을 시도 중입니다.

첫째, 민원 접수와 응대는 전담 행정 인력이나 부서에게 맡깁니다. 이를 통해 교사는 수업과 생활지도에 집중할 수 있도록 합니다.

둘째, 반복적으로 욕설이나 고성 또는 비난을 일삼는 학부모에게는 '접촉 제한', '출입 제한' 등의 실질적인 조치가 가능합니다.

셋째, 교무실 방문이나 전화 대신 온라인 상담 플랫폼으로 일정 조율 후 상담을 진행함으로써 불시에 민원이 닥치는 일을 줄입니다.

4. 실태 조사 및 교육감 책임 강화

정부는 교권 침해 실태를 제대로 파악하고, 이를 기반으로 정책을 수립하겠다는 의지도 밝혔습니다. 정기적으로 교권 실태를 조사하고, 그 결과를 각 시·도 교육청에 통보해 책임 있는 대책을 마련하겠다는 것입니다.

첫째, 교권 보호 실적을 시·도 교육청 평가 지표에 반영함으로써 지역 단위에서도 실질적인 노력이 이루어지도록 합니다.

둘째, 법적으로 교육감이 교권 침해 예방과 보호에 앞장설 책임이 있다는 점을 명확히 합니다.

이런 대책들이 발표되면서, 많은 교사가 '이제는 뭔가 달라지려나 보다' 하는 기대감을 갖게 됐습니다. 이 대책들이 모든 문제를 한 번에 해결할 수는 없겠지만, 교사들이 더 이상 혼자 끙끙 앓지 않아도 된다는 인식이 생긴 것만으로도 큰 변화입니다.

교권 보호를 위한 안전 장치

상황이 이쯤 되자 교사를 보호하기 위한 법적 장치들도 계속 논의되고 있습니다. 최근 법 개정·제정의 핵심은 교권 침해의 신속한 대응, 가해자 처벌 및 피해 교원의 보호 조치 강화, 정당한 생활지도의 인정, 악성 민원 및 무고 혐의의 처벌 근거 확립 등입니다.

1.「교원의 지위 향상 및 교육활동 보호를 위한 특별법」

교원 보호를 위한 제도적 근거로 교원의 교육활동을 방해하거나 침해하는 행위의 유형을 정의하고, 가해자와 피해자를 즉시 분리하는 법입니다. 정당한 생활지도는 아동학대에 해당하지 않음을 명시하며, 학생뿐 아니라 보호자의 행위도 위해에 포함시킵니다. 정부는 이 법에 따라 교원에 대한 악성 민원, 모욕·명예훼손·폭언·폭행 등 교육활동 침해에 대해 신속한 학교·교육청 차원의 대응과 법률 지원을 의무화했습니다. 학생과 보호자의 행위는 악성 민원뿐 아니라 공무집행방해, 무고죄 같은 형사 범죄의 적용을 받을 수도 있습니다.

2.「교육기본법」

교원의 정당한 교육활동을 학부모 등 보호자가 협조·존중하도록 하는 법적 근거입니다. 최근 개정됨으로써 학교와 교원의 판단을 존중하고 협력해야 하는 보호자의 의무가 한층 강화됐습니다.

학생의 인권과 교권은 둘 다 보호돼야 합니다. 생활지도 과정에서는 필요시 교원도 보호돼야만 하고요. 이에 대한 규정을 신설·강화함으로써 교권과 학생 인권의 균형을 원칙적으로 강조하는 법입니다. 교원의 교육활동과 생활지도를 위한 법적 근거이기도 합니다. 이 밖에 개인정보 침해 시 학교 안팎의 신속한 조치 근거를 규정합니다.

교원의 정당한 생활지도가 「아동복지법」상 금지행위(학대)로 오해받지 않도록 명확히 합니다. 법률상 정당한 교육적 지도의 범위는 보호받으며, 고의적인 무고성 신고에는 별도의 대응이 가능합니다.

이외에도 「교권보호 조례」, 「교육공동체 권리와 책임에 관한 조례」(경기도 등), 「교권보호위원회 운영 근거」 등 다양한 지방 조례가 시행·보완되고 있습니다. 교원은 별도의 교권보호 센터 지원, 법률 자문·소송 지원, 특별 전보 등으로 보호받을 수 있지요.

수업이 서야 교권이 선다

교권은 살아 있는 수업과 안정적인 학교 문화, 학생·학부모의 신뢰위에 서는 힘입니다. 교권 추락을 막고 싶다면, 학교 붕괴부터 해결해야 하는 까닭이지요.

학벌 중심의 채용, 학군·학교 간 서열, 입시 성과로 학교를 재단하는 분위기는 공교육의 호흡을 짧게 만들었습니다. 핵가족화로 돌봄의 부담이 집으로 쏠리고, 공동체 감각이 약해진 것도 학교에 고스란히 전가됐고요. 일관성이 부족한 정책의 잦은 방향 변화도 현장의 신뢰를 깎았지요. 외풍이 교실을 흔들자 학생은 학교를 입시 통로로만 인식하게 됐습니다. 학부모는 사교육이라는 안전판에 기대게 되고, 교사는 성과 기계가 됐지요.

대학교 서열-입시 위주 교육은 인성교육과 생활지도를 변두리로 밀어내고, 수업을 지식 전달과 문제풀이 요령에 갇히게 만듭니다. 그럼 학생들의 학습 동기가 약해지지요. 일부 교사는 허술한 수업 준비, 대화가 아닌 통제 의존, 윤리성 논란 등으로 스스로 신뢰를 깎았고요. 이렇게 안팎이 같이 흔들리면, 교실은 금세 냉소와 무기력의 공간이 됩니다. '선생님 말이 힘을 잃었다'는 것은 결과지 원인이 아닙니다. 수업을 '삶이 걸린 배움'으로 복원하려면 이제 어떻게 해야 할까요?

첫째, 수업 자체를 재설계해야 합니다. 지식 전달 일변도에서 벗어나, 수행·프로젝트·토의처럼 학생이 직접 참여하는 과제를 기본으로 삼아야 한다는 이야기입니다. 교과의 성취 기준은 분명히 하되, 결과보다 과정을 평가해 '배움의 재미→작은 성취→다시 참여'의 선순환을 만들어봅시다. 학급 규모가 과밀하면 개별 피드백이 어려우니,

학교는 시수·분반·팀 티칭 같은 안배를 과감하게 시도해야 합니다. 흥미로운 수업을 공정하게 운영하면 교사의 말에 자연스레 힘이 실립니다.

둘째, 생활지도와 인성교육을 '수업 속'으로 끌어들여야 합니다. 따로 시간을 내어 하는 교육만으로는 부족합니다. 학기 초에 '규칙 설정→학생 참여→합의·피드백의 습관'을 확실히 깔고, 교실 규범을 함께 만들어야 '규율=존중'이라는 공감대가 생길 수 있습니다. 생활지도가 학업 지원을 뒷받침하는, 이 지점이 바로 교권의 토대입니다.

셋째, 학부모와의 동맹을 회복해야 합니다. 평가기준은 무엇인지, 가정이 교육 활동에서 무엇을 도울 수 있을지 투명하게 설명해보세요. 가정통신문보다는 '수업 관찰 주간·성과 공유의 밤' 같은 양방향 프로그램이 효과적입니다. 학교의 평가 철학을 이해하면 사교육이 '대체재'가 아니라 '보완재'로 내려앉으며 학부모도 교사의 지도 권한을 지지하게 될 것입니다.

넷째, 학교 차원의 공정성을 단단히 합니다. 수행·지필·프로젝트 평가의 기준을 학기 초에 공개하는 것입니다. 공정성은 교권의 방패입니다. '이 선생님 평가는 납득된다'는 합의가 쌓이면, 수업에 질서가 잡힙니다.

다섯째, 교사의 전문성을 확보해야 합니다. 좋은 수업은 준비에서 나오니 학년·교과 공동 준비(공동 설계→공동 수업→공동 성찰)를 정례화하고, 교사 연수를 '실전 적용-사례 공유'형으로 바꿔야 합니다.

내부 멘토링·교실 공개(오픈클래스)를 상시화하면, '개별의 부담'이 '조직의 역량'으로 전환됩니다. 조직 역량은 곧 학교의 권위, 즉 교권의 집단적 기반이 되지요.

교권은 선언으로 서지 않습니다. 살아 있는 수업, 공정한 평가, 일관된 생활지도, 촘촘한 소통, 교사의 전문성이 어우러질 때 자연스럽게 서지요. 그런 의미에서 학교 붕괴를 막는 일이 곧 교권 추락을 막는 가장 현실적이고도 빠른 길입니다. 오늘 우리 학교가 할 수 있는 일부터 시작해야 합니다. 그러면 교실은 다시 배움의 장이 되고, 교사의 말은 다시 신뢰의 무게를 갖게 될 것입니다.

교사와 학교가 함께 지켜야 할 교권, 어떻게 가능할까?

1. 교사들이 가져야 할 자세

교사가 흔들리지 않는 교육 신념을 유지하는 것은 교실의 안정성과 직결됩니다. 왜 교사가 되었는지, 어떤 교육을 추구하는지 스스로에게 묻는 태도는 전문성과 소명의식을 지키는 출발점이지요.

전문성도 중요한 요소입니다. 수업의 질은 결국 교사의 준비도에서 나오기 때문에 연수, 수업 연구, 학생 이해 등은 교권을 지키는 실질적 힘이 됩니다. 명확한 기준과 일관된 생활지도를 바탕으로 학생·학부모와 소통하면, 교사도 존중받을 수밖에 없습니다.

혼자 버티는 구조를 줄이는 것도 필요합니다. 동료 교사와의 협력, 학습 공동체 활동은 지치지 않고 오래 가는 힘을 만들어 줍니다. 실수했을 때는 솔직하게 인정하고 성찰하는 태도가 신뢰를 쌓습니다.

교사는 여전히 아이들에게 큰 영향을 미치는 존재입니다. 자기 수업에 자부심이 있는 교사는 어떤 상황에서도 중심을 잃지 않습니다.

2. 교권이 작동하는 학교를 함께 만드는 방법

교권 보장은 제도·문화·관계가 함께 움직여야 효과가 있습니다. 정부는 민원 대응, 생활지도 기준, 법률·심리 지원 체계를 표준화해 학교의 부담을 줄여야 하고, 학교는 이를 실제로 작동시키는 역할을 맡습니다.

학교 차원에서는 불필요한 업무를 줄여 교사가 수업과 상담에 집중할 수 있게 하고, 학기 초부터 학생들과 학급 규칙을 함께 세워 예측 가능한 절차를 마련하면 분쟁이 크게 줄어듭니다. 처벌 중심이 아니라 관계 회복을 중시하는 생활교육이 병행될 때 교권과 학생 인권은 충돌하지 않고 함께 작동합니다.

또한 관리자 역할이 중요합니다. 악성 민원은 교사가 아닌 관리자가 책임지고 차단해야 하고, 공동 수업·동료 코칭 등 협력 문화가 일상화되면 교사의 역량이 조직의 힘이 됩니다.

사회 역시 학교를 돕는 주변 환경이 되어야 합니다. 지역사회 연계 활동, 책임 있는 언론 보도, 학부모의 공동체적 시각이 더해질 때 교실은 안정되고 교권도 자연스럽게 강화됩니다.

교권 존중은 결국 우리 아이를 위한 선택이다

사실 우리나라 학부모만큼 아이들에게 자신의 인생을 거는 이들도 없을 것입니다. 그래서 교권 보호 이야기가 나오면, 괜히 "선생님들 편만 드는 거 아니야?" 하는 부모들도 있죠. 하지만 시각을 조금만 바꾸어보면, 교권 보호는 결국 우리 아이의 권리와 안전을 지키는 일이라는 걸 금방 깨닫게 됩니다.

1. 교권 추락은 곧 학생들의 피해

'교권 침해' 뉴스들은 우리 아이들이 다니는 학교, 교실에서 일어나는 일들입니다. 그러나 선생님이 눈치 보느라 수업 시간에 해야 할 말을 제대로 못 하고, 생활지도를 한 번 했다가 민원이 들어올까 봐 웬만하면 그냥 넘어가게 되면 수업의 질이 떨어지고, 교실 분위기가 흐트러지고, 기준이 사라진 교실이 되어버립니다.

겉으로는 아이들이 편해 보일 수 있지만, 교육은 길게 봐야 합니다. 교권 보호는 선생님의 편의를 위한 것이 아닙니다. 아이들이 건강한 기준 속에서 배우고 자랄 수 있게 하는 최소한의 안전장치라고 생각해주세요.

2. 우리 아이 말은 100% 진실일까?

부모 입장에서 아이가 "선생님이 나한테 이렇게 말했다"고 하소연하면, 당연히 욱하는 마음이 먼저 올라옵니다. 하지만 선생님 입장에서는 어떤 맥락이 있었을까를 생각해보면, 아이의 감정과 사실 관계는 조금 다를 수 있다는 걸 깨닫게 됩니다. 1차로 담임선생님께 차분히 통화나 면담을 요청해보고, 가능하면 아이 없는 자리에서 성인의 언어로 대화해보는 것이 좋습니다.

3. 부모의 말 한마디가 만드는 교실 분위기

부모가 아이 앞에서 이렇게 말해준다면 어떨까요?

"선생님도 사람이라 실수할 수는 있어. 그래도 너를 도와주려고 하는 어른이야."

"혹시 서운한 일이 있으면 먼저 선생님께 예의를 갖추고 이야기해보자."

"엄마 아빠도 선생님 말씀을 기본적으로 존중할게."

이렇게 말하면 아이는 '어른끼리 서로를 존중하는 모습'을 안전함으로 느끼고, 스스로도 선생님과 대화하려는 태도를 배우게 됩니다. 교권을 존중하는 부모의 말 한마디, 표정 하나가 아이의 인간관계, 사회성, 문제 해결력까지 바꿀 수 있습니다.

4. 교권 보호는 아이를 위한 가장 확실한 투자

교권 보호는 누군가의 편을 들어주는 문제가 아닙니다. 선생님이 수업에 집중할 수 있고, 아이들에게 분명한 기준을 제시할 수 있으며, 실수했을 때는 정당한 절차 안에서 바로잡을 수 있는 환경을 만드는 일입니다. 이런 교실이 바로 우리 아이가 하루의 절반 이상을 보내는 공간이었으면 좋겠다는 바람은 부모와 교사 모두 같습니다.

학부모가 태도를 조금만 조정해도 그 작은 변화가 교실의 공기를 바꾸고, 선생님을 지치지 않게 만들며, 결국 우리 아이가 더 좋은 수업을 듣고 더 건강하게 성장할 수 있는 발판이 됩니다.

교권 보호는 멀리 있는 추상적인 구호가 아닙니다. 오늘 내가 아이 앞에서 또는 선생님과 통화하면서 한 말, 학교를 바라보는 시선 속에 이미 담겨 있습니다. 조금만 의식해서 태도를 선택하면, 그 이익은 고스란히 우리 아이에게 돌아옵니다.

영어유치원 금지법

아이의 성장 단계에 맞는
영어교육을 묻다

'4세 고시'의 등장과 유아 영어 사교육의 폭발

「영어유치원 금지법(영유아 대상 영어교습 제한 관련 일부개정법률안)」은 지난해 우리나라에서 가장 뜨거웠던 논쟁일 것입니다. 이 법의 핵심은 만 3세 미만의 영유아에게 영어를 포함한 교과 학습을 전면 금지하고, 3세 이상의 미취학 아동에게는 영어 수업을 하루 최대 40분으로 제한한다는 것이지요. 이에 지금 학부모 100명에게 '지금 유아 영어교육에서 가장 혼란스러운 이슈가 무엇인지'를 묻는다면 상당수가 이렇게 답할 것입니다.

"영어유치원은 앞으로 어떻게 바뀔까요? 보내도 될까요?"

법안 소식이 알려진 다음 "우리 아이는 내년에 정상적으로 다닐 수 있느냐", "법으로 막는 것은 너무 극단적인 것 아니냐"며 답답함을 토로하는 목소리도 나오고 있습니다. 영어유치원의 인기가 높은 상황이라 더욱 관심이 집중되고 있죠. 이는 지금 우리 사회에서 아동의 '발달권'과 학부모의 '교육 선택권'이라는 두 가치가 첨예하게 충돌하고 있다는 증거입니다. 이 충돌의 중심에 바로 영어유치원과 「영어유치원 금지법」이 있지요.

논쟁의 출발점은 바로 '4세 고시, 7세 고시'로 불리는 레벨테스트 겸 입학시험입니다. 아직 우리말에도 완전히 익숙해지지 못한 네 살, 다섯 살 아이들이 '듣기 시험', '구술 테스트', '알파벳 쓰기' 같은 평가를 치르고, 탈락과 합격의 스트레스를 경험하는 현실이 이미 여러 방송과 언론을 통해 보도된 바 있죠. 특히 지난 1월 방송된 KBS 〈추적 60분-7세 고시〉 편은 우리 사회의 과열된 조기 영어교육에 경고음을 울렸습니다. 방송 이후 학부모들이 이런 질문을 쏟아낼 정도였죠.

"우리 아이도 고시 준비를 시켜야 하나요?"

"이게 정말 정상적인 교육인가요?"

이른바 '영어유치원(영유)'이라 불리는 유아 영어학원은 학습량·교습 강도·입학 선발 방식에서 일반 유치원과 크게 다릅니다. 교사의 절반 이상이 원어민이며 하루 4~5시간 이상의 영어 몰입 환경을 제공하죠. 기관별로 학부모에게 레벨 기준·단계별 성취도 체크 등을 통한 '학습 효율성'을 강조하고요. '우리 아이도 이 과정을 거쳐야 뒤처지지 않는다'는 학부모의 불안 심리를 자극한 덕에 우리나라 유아 영어 사교육 시장은 '유치원 이전부터 준비하는 구조'로까지 확장되었습니다.

이런 현상을 단순한 사교육 확산으로 볼 수 없는 까닭은 '유아기 교육의 목적' 자체를 뒤흔들기 때문입니다. 놀이·정서·사회성·신체 발달이 중심이어야 할 시기에 '영어 성취도'가 우선순위를 차지하는 현실은 전문가들 사이에서도 우려가 크지요. 이 모든 흐름이 '영어유치원 금지법' 논의의 배경이 되었습니다.

유아 영어학원에 대한 언론의 태도

요즘 언론은 이른바 '4세 고시'로 상징되는 영유아 사교육 과열, 이를 규제하려는 정치권·교육 당국의 움직임, 이에 대한 학부모와 학원 업계의 팽팽한 반응을 연일 보도하고 있습니다.

보도에 따르면, 일부 가정에서는 유명 유아 영어학원(통칭 '영어유치원') 입학을 위한 레벨테스트 때문에 별도로 '예비 학교cram school'까지 다니고 있지요. 이 시험을 보는 아이들이 보통 4세, 7세라는 점을 고려하면 절대 간과해서는 안 될 사회적 문제입니다. 유엔CRC(아동권리위원회) 등 국제기구에서도 한국의 과도한 유아 영어 사교육을 지적한 바 있을 정도니까요.

교육 전문가들은 이 시기 아동에게 과도한 경쟁과 학습을 요구하면 정서적으로는 물론 뇌 발달에 악영향을 줄 수 있다고 경고합니다. 최근 연구에서는 몰입식 영어교육이 실제로 언어 발달 지체, 학습 스트레스, 학부모와의 갈등, 등원 거부, 자존감 저하로 이어지는 사례가 늘고 있음을 지적하죠. 교육부·EBS 조사에서도 만 4~7세 영유아 가운데 다수가 스트레스를 받고 있으며, 일부는 언어 혼란과 정서 불안으로 전문 상담이 필요한 상황임이 드러났고요.

일부 연구에서는 유아기 사교육의 단기 언어능력 향상 효과가 미미하거나 불확실하고, 장기 학업능력 향상으로 이어진다는 근거가 부족하다고도 지적합니다. 육아정책연구소(2025) 보고서에 의하면, 조기 영어 사교육이 인지 발달이나 학교 학업성취 향상에 통계적으로 유의한 영향을 주지 않는다고 해요.

심각한 문제의식 속에서 규제와 단속도 빨라지는 중입니다. 2025년 7월에는 이른바 '영어유치원 금지법'이 국회에 발의됐죠. 만 36개월 미만 영유아 대상 영어 교습 전면 금지, 만 3~7세 외국어 수업 하루 40분 이내 제한 등 강력한 사교육 규제안이 논의 중입니다. 이와 더불어 교육부와 시·도 교육청은 '영어유치원' 명칭 무단 사용, 과다 광고, 교습비 미신고 등 불법 운영 실태를 전국적으로 점검해 2025년 하반기까지 약 260여 건의 위법 사례를 행정처분을 집행했습니다. 주요 프랜차이즈 일부에서는 교습 정지·명칭 시정·과태료 등 제재가 반복되고 있지요.

국감과 정책 라인의 기조가 명확합니다. 2025년 10월 14일 국회

교육위원회 국정감사에서 최교진 교육부 장관은 '4세 고시의 근절'을 약속했습니다. 같은 날 차정인 국가교육위원장도 영유아 선행 사교육 규제 논의의 필요성을 공개적으로 밝혔고요. 시간 상한·연령 제한 외에도 수준별 배정을 위한 시험·평가 자체를 금지하는 별도 법안도 논의되면서, 제도적으로 레벨테스트를 차단하려는 움직임도 보입니다.

이러한 흐름이 '과도한 국가 개입'인지, '사교육 폐해 근절'인지에 대한 의견은 현재 첨예하게 갈립니다. 유치원 교사단체와 아동권리단체 다수는 '공인 유치원이 아닌 영어학원은 발달권·인권 침해 우려가 크고 사교육 효과도 불확실하거나 해롭다'며 규제 필요성을 강조하고 있으나 법안 발의 반대 청원만 1만 건 이상 접수되는 등 갈등이 확산되고 있어요.

2025년 현재는 조기 영어 학습의 효용성보다 아동의 권리와 공적 관리의 필요성이 더 강조되고 있습니다. 이에 따라 단기적으로는 명칭·광고·비용 공시를 규제하며 입학시험에 대한 단속을 강화할 가능성이 큽니다.

중장기적으로는 유아동 대상 영어 수업의 시간 상한과 시험 금지를 포함한 법·제도 개정 논의가 본격화될 듯하지요. 실효성과 사교육 풍선효과를 둘러싼 공방도 지속될 전망이라 현장의 세밀한 실태 파악과 아이들의 발달권을 최우선에 둔 균형 잡힌 대안의 마련이 무엇보다 중요합니다.

영어유치원과 일반유치원의 차이

사실 '영어유치원'이라는 용어에는 성격이 다른 기관들이 섞여 있습니다. 우선 국가 교육과정을 기본으로 일부 영어 특성화 프로그램을 돌리는, 「유아교육법」에 근거한 정식 유치원(공·사립)이 있지요. 「영유아보육법」에 따른 어린이집의 방과후 영어반도 영어유치원이라고 불리곤 하고요. 우리가 보통 '영어유치원'이라고 말하는 곳은 일반유치원과 비슷한 일과를 영어로 운영하거나 IB·미국·영국 등 정규 외국 커리큘럼을 적용한 국제·외국인학교의 유치과정Early Years/Pre-K을 가르치는 곳이지만요. 감독 주체와 기준이 각각 유치원(교육부·교육청), 어린이집(보건복지부·지자체), 학원(교육청 학원관리)으로 나뉘는 것입니다.

「유아교육법」상 유치원이 아니라 시·도 교육청의 「학원의 설립·운영 및 과외교습에 관한 법률」을 따르는 학원 유형들은 국가 유치원 기준(누리과정, 교사 자격, 비용 규제 등)에 직접 구속되지 않습니다. 기관 자체적으로 교육과정과 비용을 정하기 때문에 '유치원'이라는 이름의 사용이 법적으로 문제가 될 수 있어요. 이에 다른 이름을 쓰는 사례도 적지 않습니다. 법적으로는 대부분 유치원이 아닌 '학원'이니까요. 마케팅을 위해 관용적으로 '영어유치원'이라고 부르더라도 공식 명칭은 학원으로 표시해야 합니다.

영어유치원은 '유치원처럼 보이지만 법적 정체성에 따라 매우 다른 규제와 품질 관리가 적용되는, 영어를 매개로 한 유아교육 서비스'입니다. 「유아교육법」 적용을 받아 교육부·교육청으로부터 정기적으로 점검받고, 촘촘한 기준을 통과해야 하는 일반유치원과는 다르지요. 「유아교육법」에 따라 운영되는 공·사립 유치원이 아닌데 '유치원'이라는 이름을 쓰는 것은 불법이고요.

영어유치원은 일반유치원과 교사 요건도 다릅니다. 일반유치원 담임은 자격증이 필수고, 연령별 '교사 : 아동' 비율과 '안전·시설 기준'도 법으로 정해져 있는 반면 영어유치원은 기관 자체 기준에 따라 유아교육 전공, TESOL, 경력 등을 요구하니까요. 입학 절차 역시 일반유치원은 공고와 추첨 등 표준 절차지만 영어유치원은 주로 레벨테스트를 봅니다. 비용 면에서도 일반유치원보다 영어유치원이 훨씬 부담스러워요.* 높은 학비는 물론 교재·행사비 등 각종 부가비용이 가계에 큰 부담을 주지요.

구분	일반유치원	영어유치원
법적 지위	유아교육법에 따른 정식 유치원. 유아교육법 적용, 교육부·교육청.	학원법에 의한 사교육기관. 학원법 적용, 시·도 교육청 학원 관리.
운영 주체	국공립 또는 사립 유치원.	개인 또는 프랜차이즈형 사설 기관.

---

* 교육부 2024년 조사 기준 유아 대상 영어학원 월평균 수업료가 약 154만 5천 원에 달해 일반 유치원이나 대학교 등록금보다 높은 수준이라는 지적도 나옵니다.

명칭	'유치원'이 공식 명칭.	'유치원' 명칭 사용 원칙적 불가. '영어유치원'은 마케팅 관용어.
교육과정	국가 공인 누리과정중심의 전인교육. 국가 유치원 교육과정(누리과정) 의무. 이수＋특성화(영어 포함 가능).	영어 몰입식 커리큘럼 -미국·영국식 프로그램 차용. 브랜드·지점별 자체 커리큘럼 -영어 몰입·테마 활동 등.
수업 언어	한국어 중심. 일부 영어 활동 병행. 기본은 한국어, 특성화·놀이 속 영어는 보조.	영어 90~100% 사용 -원어민 교사 상주. 영어 중심 -Only English 표방 사례 존재. 한국어 존중 여부는 기관별 상이.
교육 목표	인성, 사회성, 생활습관, 기초 학습 능력 발달.	조기 영어 습득, 글로벌 의사소통 능력 형성.
교육비(월)	국공립 무료~50만 원, 사립 평균 30~70만 원.	100~250만 원 수준. 일부 300만 원 이상.
운영 시간	대개 오전 9시~오후 2시 (방과 후 선택)	오전 9시~오후 4시, 영어 심화 활동 병행. 전·반일제/오전·오후반 등 다양.
교사 구성	유아교육 전공 교사 자격 필수, 보조 인력 기준도 규정.	원어민 교사+한국인 교사 병행, 자격 제약 있음. 필수 국가자격 요건 없음. 기관별 기준 -유아교육 전공·TESOL·경력 등 자율.
진학 방향	국내 초등학교 중심.	국제학교·영어특목학원 및 사립초등학교 중심.
학급 규모	15~25명.	8~15명(소규모 집중 교육).
선발/입학	추첨·모집 공고 등 절차 표준화.	설명회·상담·추첨 중심이 이상적 -일부 레벨테스트 관행은 규제 대상.
교육 방식	놀이·창의 중심, 생활 기반 학습.	언어 몰입·문해 중심. 조기 학습형 수업 포함.
안전	시설·안전·차량·보험·위생 등 법정 기준·점검 의무.	CCTV·차량·보험·환불 약관 등 자율+지침 혼합(감독은 학원 기준).

많은 영어유치원이 하루 종일 영어로 생활하는 몰입식 환경을 표방합니다. 원어민 또는 이중언어 교사가 파닉스(문자와 소리 사이의 관계를 배우는 교수법)와 회화는 물론 읽기·쓰기를 포함해 수학·과학·사회까지 영어로 수업하는 거예요. 미국 초등학교 교과서를 교재로 쓰면서요.

짧은 시간에 성취를 끌어올리기 위해 놀이·노래·그림·프로젝트 등 체험 중심 활동과 고강도 수업을 병행하는 경우도 있습니다. 일부 기관은 창의력 프로그램에 더해 STEM^{수학·과학·기술·공학}을 영어로 가르칩니다. 이 때문에 '과도한 조기 학습과 문자 교육(파닉스·워크북 등), 높은 학비에 따른 가계 부담과 교육 양극화, 학원형 기관의 감독 사각과 교사 자격·근속·안전관리의 편차, 한글 문해력·정서 발달과의 균형 문제' 등에 대한 논쟁과 우려가 꾸준히 제기됩니다.

만약 아이를 영어유치원에 보내고 싶다면 해당 기관의 법적 유형(유치원·어린이집·학원·국제학교)을 먼저 확인하고, 교사 자격과 '교사 : 아동'의 비율, 교육과정 성격(놀이 중심인지, 조기 문자·테스트 중심인지), 일과표·관찰 기록 제공 여부, 안전·위생 체계(차량·CCTV·사고 대응·보험), 환불·휴원·부가 비용 약관, 가정의 언어환경과의 균형 계획(한글·정서·놀이 시간 확보)을 꼼꼼히 살펴봐야 합니다. 놀이와 평가의 균형, 한국어를 존중하는 분위기, 교사 안정성 같은 요소가 기관과 지점에 따라 차이가 나니 현장 확인이 중요하지요.

현장 방문 시에는 기관의 법적 유형과 등록번호가 명확한지, 선발 방식이 시험이 아닌 선착순·추첨인지, 자유놀이와 바깥놀이 시간이 충분한지, 교사 자격과 '교사 : 아동 비율'이 적정한지, 차량·보험·CCTV·사고 보고 절차와 환불 규정이 문서로 준비되어 있는지 차분히 확인해보세요. 설명회 자료 증빙을 확보해야 하니 문자 또는 서면으로 된 서류나 받는 것이 좋아요. 그럼 예상치 못할 실수를 줄일 수 있습니다.

일반유치원의 장점은 놀이 중심 구조와 제도적 안전망이 잘 갖춰져 있다는 것입니다. 운영이 안정적이니 이를 기반으로 아이의 균형 있는 발달을 기대할 수 있지요. 반면 영어유치원에서는 자연스러운 영어 노출로 인한 말문 트기, 영어에 대한 거부감 완화 등을 기대해볼 수 있습니다.

우리 아이와 가정에 맞는 기준을 세우고, 영어유치원을 선택하더라도 놀이 중심·안전·교사 품질·한국어 존중이 분명한 곳을 골라보세요. 더불어 집에서 한글 그림책 읽기와 대화 루틴을 매일 짧게 이어주면 한국어 문해력 토대도 흔들리지 않을 것입니다.

법적 규제와 쟁점들

이른바 '영어유치원'을 둘러싼 규제와 법적 쟁점은 크게 세 갈래로 정리됩니다.

대다수 '영유'는 「학원의 설립·운영 및 과외교습에 관한 법률」의 적용을 받는 학원으로 교육청이 관리하고, 정식 유치원은 「유아교육법」에 따라 교육부·교육청이 감독합니다. 「유아교육법」상 '유치원'이라는 명칭은 학교에만 허용되므로, 사설 유아 영어학원이 '영어유치원'이나 '유치원' 명칭을 쓰면 위법이지요. 이는 공교육과 사교육의 경계 문제이기도 해요. 사설 학원임에도 '유치원' 간판을 쓰면 소비자 오인 가능성이 크지 않겠어요? 이에 따라 '유치원'·'국제학교' 등 명칭 오남용에 대한 적발과 제재 필요도 반복적으로 보도되고 있지요.

'유치원' 명칭 사용 금지 원칙이 강조되면서 불법 명칭 광고와 편법 운영을 근절하고, 학부모의 오인·피해를 막기 위한 실태 조사와 행정 처분이 강화될 예정이에요. 법적으로 사교육 기관으로 규정된 영어유치원 입장에서는 명칭·광고를 전면 점검해 '유치원'이나 '학교'란 표현을 제거하고, 학원 등록번호와 관할 교육청을 명확히 표기할 필요가 있는 거예요. 교육청은 온라인 홍보물을 포함해 반복 위반 시 과태료 부과는 물론 '경고 → 교습 정지 → 등록 말소까'지 가능한 「학원법 상」 제재를 예고·집행하고 있습니다.

2. 최근 단속·행정 흐름

교육부와 시·도 교육청은 전수조사를 실시해 근절 대상인 레벨테스트 실태를 발표했으나, 실시 학원이 23곳으로 파악됐다는 집계 수치를 두고 '현실과 동떨어졌다'는 국감 지적이 이어졌습니다. 2025년 5~7월 실태 조사 이후에도 '클래스 매칭' 등 시험 명칭만 바꾸는 방식으로 사실상 레벨테스트가 지속되고 있다는 지적도 있었지요.

　정부와 국가교육위원회가 '입학시험 근절' 기조를 재확인하자 영어유치원 업계에서는 '4세·7세 고시'로 불리는 입학시험 전면 금지와 선착순·추첨 권고 등 자율 규제를 결의했지만, 현장에서는 '수준 확인' 명목의 운영으로 회피·혼선이 생긴다는 비판도 함께 제기되는 중입니다. 요즘은 지필고사 대신 상담·관찰 방식으로 아이의 영어 수준을 파악하는 변형 레벨테스트도 확산되고 있지요. 최근 '4세 고시' '7세 고시'라는 표현까지 등장하며 영유아 대상 영어 입학시험에 대한 부정적 여론이 커지자 현장에서 이를 우회하려는 움직임이 나타난 것입니다.

3. 입법 움직임과 핵심 쟁점

2025년 7월 이른바 「영어유치원 금지법」 개정안이 발의되어, 만 36개월 미만 영유아 대상의 영어 등 교과 관련 교육·교습을 전면 금지하고, 만 3~7세의 영어 교습을 하루 40분 이내로 제한하는 방안이 논의되고 있습니다. 위반 시에는 교육감이 수업 정지·운영 중단·폐쇄·등록 취소 등 강력한 처분을 내릴 수 있도록 규정을 신설·강화하는 방향으로요. 취지는 미취학 아동의 발달권과 인권 보호, 과도한 사교육 억제에 있습니다.

교습 시간·내용 상한이 법률로 확정될 경우 전일제 몰입형 운영이 반일제·방과후형으로의 전환과 놀이·프로젝트 중심 운영이 요구될 가능성이 큽니다. 전일제·돌봄·급식을 제공 등 유치원형에 가까운 학원에 대해서는 안전·환불·정보 공시를 유치원 수준으로 맞추라는 요구도 커지고 있지요. 영어유치원 입장에서는 법안 리스크를 감안해 상담·추첨 중심으로 원생을 모집하는 것에 더해 반일제·방과후형 중심으로 일과를 다시 짜고, 놀이·프로젝트를 강화해야 제도 변화에 보다 안정적으로 대응할 수 있을 것입니다.

영어유치원 금지법, 무엇을 바꾸려는가

국회에서 발의된 영어유치원 금지법(영유아 사교육 제한 법안)의 핵심 골자는 단순합니다.

- 36개월 미만 영유아의 영어·수학 등 교과 학습을 전면적으로 금지.
- 36개월 이상 취학 전 아동에게도 하루 40분 이상 교과 중심 외국어 교육 금지.
- 영유아 대상 '선발 시험' 형태의 레벨테스트 금지(4세·7세 고시 원천 금지).

규제 찬성 측에서는 아이의 '발달권'을 강조합니다. 특히 유아교육, 아동학, 아동정신의학 전문가들은 아래처럼 주장하죠.

- 유아기는 언어보다 정서·사회성·자율성 발달이 우선되는 시기이다.
- 장시간 외국어 몰입·반 배정 테스트·서열화가 위축·불안·모국어 발달 지연으로 이어질 수 있다.
- 유치원처럼 보이지만 법적으로는 학원인 기관들의 안전·교사 자격·교육과정 관리가 제대로 이뤄지지 않는 문제도 크다.

반면 규제 반대 측에서는 '학부모의 교육 선택권을 왜 국가가 제한하는지'에 대해 부정적입니다. 특히 학부모들은 이렇게 주장합니다.

- 자녀의 교육 방식은 학부모가 선택할 수 있는 기본권이다.
- 영어만 금지하고 다른 조기 교육(중국어·수학·코딩 등)은 허용하는 것은 형평성에 맞지 않는다.
- 영어유치원이 막히면 '국제학교, 조기 유학, 불법 개인 과외' 등 풍선효과가 커질 수 있다.

이들 역시 '과도한 선행과 시험이 문제'라는 사실에는 동의하지만, 해결책이 '전면 금지'여야 하는지에 대해서는 회의적이죠.

2026년 이후 유아 영어교육은 어떻게 재편될까

현재 교육 정책의 흐름은 분명한 방향을 향하고 있습니다.

1. 유아기의 발달의 기본 원칙은 '전인 발달 중심'이다. 놀이, 신체활동, 사회적 상호작용, 정서 안정이 우선되며 영어는 그 안에서 '부드럽게 섞여 들어가는 방식'으로 자리 잡을 가능성이 크다.

2. 영어유치원의 방식도 크게 바뀐다. 지금의 '전일제 영어 몰입' 구조는 규제 강화에 따라 유지가 어렵게 될 수 있다. 대신 다음과 같은 형태가 늘어날 가능성이 크다.

   ▲ 반일제 영어놀이 프로그램

   ▲ 프로젝트·체험형 영어활동

   ▲ 유치원·어린이집 기반의 짧은 영어활동

   ▲ 홈아카데미·온라인 기반 영어 노출 프로그램

3. 입학 선발용 레벨테스트는 사실상 사라진다. 시험이 아닌 관찰 상담 추첨으로 바뀌는 흐름은 영어유치원뿐 아니라 다른 유아기관에도 영향을 줄 것이다.

4. 4세 이하 영어 비중은 오히려 늘어날 수도 있다. 유아기 규제가 강화되면 학부모의 불안은 더 어린아이 대상으로 향할 수 있다.

「영어유치원」 금지법 논란은 '영유아 영어교육을 해야 하느냐 말아
야 하느냐'의 문제가 아닙니다. 한국 교육이 유아기 교육의 목적을 다
시 묻고, 조기 경쟁의 방향을 근본적으로 성찰하는 계기가 되고 있죠.

유아 영어학원, 무엇이 문제일까?

1. 정서·심리 측면

소위 '4세 고시'와 수준별 반 배정, 잦은 시험·스티커 경쟁·상시 수행
평가 등은 취학 전 아동에게 과도한 경쟁으로 인한 학습 스트레스를
유발할 수 있습니다. 이 때문에 불안과 우울, 틱 증상 같은 정서적 문
제가 생길 수도 있지요. '영어=불안'으로 각인되어 아침 등원을 거부
하거나 수면에 문제가 생기는 경우도 있어요. 수업을 못 따라간다는
이유로 반복적으로 질책당하며 말수가 줄고 표정이 어두워진 아이,
적응 실패로 자신감을 잃은 아이 등의 사례도 찾아볼 수 있습니다.

2025년 교육부·EBS 연구에서는 영어 사교육 경험 아동의 26.7%
가 스트레스를, 34%가 학부모와의 갈등을 경험했다고 보고합니다.
상담센터에도 불안·트라우마 관련 내원이 증가했다고 하지요. 또래
와의 비교가 잦은 환경은 자존감과 자아개념을 떨어뜨리니까요. 놀
이 중심이 아닌 장시간 학습 위주는 사회성·정서·도덕성·창의성 등
전인적 발달 기회를 약화시키고요.

파닉스·알파벳 쓰기 등 문자 위주의 선행 영어 학습이 한글 낱자·음운 인식과 어휘 확장을 밀어내면 초등학교 1~2학년의 국어 읽기 속도와 문해력에 문제가 생길 수 있습니다. 한글을 익히기 전에 영어 문자·음가 규칙을 먼저 배운 탓에 '소리 – 문자'가 뒤섞여 혼란을 겪는 것입니다. 우리말 언어에 대한 존중감이 떨어져 문화·정체성 측면의 어려움을 겪는 아이들도 있다고 합니다.

하루 대부분을 영어만 사용하는 완전 몰입식 환경에 오래 노출된 탓에 한국어 표현력·어휘력·문법 정확성의 지연이 관찰됐다는 연구도 있습니다. 전일제 영어유치원 경험 아동은 일반유치원 아동보다 한국어 발화의 정확도가 낮고, 오류 유형이 더 다양하다는 보고도 있지요. 문장 유창성·복잡성은 큰 차이가 없더라도 맞춤법·어법 오류가 더 많이 발견되는 것입니다. 우리나라 헌법재판소 역시 너무 이른 영어 습득이 미성숙한 한국어 능력에 부담을 줄 수 있다고 본 바 있습니다.

모국어 기반이 충분히 형성되기 전인 만 3~5세에 영어 몰입을 시작하면 장기적으로 두 언어 모두 약해질 위험이 있습니다. 더불어 생활영어 문장 암기와 문형 반복에 치우치면 의미 기반 상호작용이 부족해 겉보기에만 영어 사용이 유창해질 수도 있어요. 원어민과의 질 높은 상호작용 없이 녹음·암기식 활동이 많으면 그릇된 발음을 교정하기 어렵다는 지적도 있고요.

학원형 영어유치원은 생활지도나 안전 관리가 부족할 가능성이 큽니다. 이것이 생활지도의 일관성 부족, 문제행동 대응 미흡, 안전사고 문제로 연결될 될 수도 있지요. 자유놀이·신체활동·역할놀이가 줄면 사회성 발달이 뒤처질 위험이 있고요. 여기에 레벨테스트 등이 비교와 서열화를 강화하면 또래 관계에 문제가 생길 수 있어요.

솔직히 영어유치원의 모든 것이 문제라고 단정하기는 어렵지만, 운영 방식과 강도 그리고 아이의 성향에 따라 여러 부작용이 생길 수 있다는 점은 분명합니다. 영어유치원은 영어 노출 기회를 제공하는 과정에서 정서적 선상과 보국어·인지 발달, 놀이가 보장돼야 할 유아기의 권리를 훼손할 위험이 있거든요. 따라서 아이의 기질과 발달 단계에 맞춘 강도 조절을 비롯해 놀이 중심 운영, 가정에서의 한국어 사용과 정서적 지지, 평가·경쟁을 최소화하는 환경이 중요합니다. 핵심은 '놀이 중심, 발달 적합성, 모국어와의 균형이 지켜지느냐'입니다.

정말 해악이 더 클까?

'영어유치원은 언어 발달에 해롭다'는 것은 잘못된 단정일 수 있습니다. 가정에서 한국어 환경을 꾸준히 지켜주는 한편 운영 철학이 놀이 중심인 기관에 다닌다면, 발화 자신감과 원어민급 발음 같은 장점이 앞설 수도 있으니까요. 워크북·평가 위주의 운영철학에 한국어 사용을 제재하고, 장시간 몰입을 강요하는 환경이라면 한글 문해력 발달이 지연될 위험이 커지겠지만요. 장점 먼저 설명해보겠습니다.

1. 언어 측면에서 영어유치원의 장점

흔히 '언어 습득의 황금기'로도 불리는 유아기에 꾸준히 영어에 노출되면 심리적 장벽이 낮아지고, 틀려도 일단 말해볼 수 있는 자신감이 자랍니다. 생활은 물론 놀이와 수업도 모두 영어로 진행하니 듣기와 말하기 능력이 빠르게 올라가겠지요. 원어민이나 이중언어 교사와의 상호작용으로 자연스러운 발음과 억양을 익히기도 쉽고요.

학업 중심 커리큘럼이 운영되는 곳에 다닌다면 조기에 읽기·쓰기 교육을 시작한 덕에 초등 입학 전부터 문자 기반 영어 학습력이 형성될 수도 있습니다. 이후 영어 공부에서 선행 효과를 체감할 가능성도 높지요. 영어로 수학·과학·미술 같은 기초 교과를 접하는 과정에서 영어로 사고하고 문제를 해결하는 습관이 자라나고, 소그룹 활동이나 프로젝트 수업으로 협업력과 문제 해결 능력도 함께 키울 수 있습니다.

'유아기의 이중언어 노출 자체가 해로운 것은 아닐까?' 하는 의문이 들 수도 있지만, 사실 문제가 되는 지점은 이중언어 노출이 아니라 문자·시험 중심의 외국어 교육입니다. 만 5~6세에게 자유시간이나 야

외활동이 50%에 못 미치는 문법 암기 위주의 수업, 주 3회 이상 알파벳 단어 맞추기 등 시험·숙제가 반복되는 상황이 문제인 것이지요.

2. 인지·두뇌 발달 측면에서 영어유치원의 장점

많은 연구에서 이중언어를 사용 시 집중력, 주의 전환, 작업 전환, 기억력 같은 실행 기능이 강화된다고 보고합니다. 규칙 변화 등 새로운 상황에서도 더 빠르고 유연하게 적응한다는 것입니다. 문장 구조와 문법 차이를 인식하는 메타언어 능력도 커져서 문장 분석이나 오류 발견, 추상적 사고에 도움이 된다는 평가가 많습니다.

이중언어 아동의 어휘 발달은, 한 언어만 보면 적어 보일 수도 있습니다. 하지만 일반적으로 두 언어를 합친 전체 어휘 폭이 다양하게 확장됩니다. 유년기부터의 이중언어 노출이 만 1~7세 구간에서 실행 기능과 기억 등에서 뚜렷한 성장세를 보였다는 신경과학적 근거도 있지요. 이 같은 인지적 자산이 치매 예방의 보호 효과가 있음을 시사하는 연구도 있습니다.

다만 주요 발달기(만 3~6세)에 영어 완전 몰입을 위해 한국어 사용을 혼내거나 한글 책 읽기와 대화가 거의 없는 가정 환경 등으로 인해 모국어 지원이 부족해지면 가족 소통에 문제가 생기고, 또래 관계가 약화될 수도 있습니다. 또 읽기·쓰기는 모국어가 안정될수록 외국어 습득도 수월해지지요. 아이가 스트레스 없이, 두 언어를 균형 있고 풍부하게 접해야 외국어가 모국어의 발달을 방해하지 않는 것입니다.

우려의 본질은 유아기 언어 발달의 균형이 흔들릴 수 있다는 점이 겠지요. 모국어 기반이 충분히 다져지기 전에 영어 몰입이 길어지면 사고의 도구인 한국어 실력에 문제가 생길 수 있고, 일부에서는 한국어와 영어 모두에서 어휘·표현이 빈약해지는 '반쪽 이중언어' 위험도 지적됩니다. 경쟁적 평가 구조로 인한 스트레스 때문에 아이가 언어 자체에 대한 거부감을 보일 수도 있어요.

전문가들은 학부모가 잘 점검하면 혹시 모를 문제를 발견할 수 있다고 이야기합니다. 우리말로 그림책을 '내용 → 감정 → 생각'순으로 말로 풀어낼 수 있는지, 한글 받침·단모음을 혼동하는 것이 1~2개월 이상 지속되는지 보라는 것이지요. 가정에서 충분히 모국어 사용을 지원해 두 언어 모두의 기반을 탄탄하게 다져야 합니다.

놀이와 의미 있는 상호작용을 중심에 둔 영어유치원에 다니면서 가정에서 한국어를 장려하고, 과한 외국어 문자 교육을 지양하면 대부분의 경우 해는 크지 않고, 자신감과 음운감각 등 얻는 것이 더 클 수 있습니다. 주입적이고 강한 몰입 환경에서는 언어·정서 부작용 위험이 높지만, 균형 잡힌 언어환경과 학부모의 지원이 더해지면 언어 발달 측면의 심각한 해악은 피할 수 있는 셈입니다.

3. 사회·정서·문화 측면에서 영어유치원의 장점

글로벌 감각과 다문화 포용성이 자연스럽게 자라나는 것도 큰 장점입니다. 다양한 국적의 교사와 친구, 폭넓은 문화권 교재와 수업 방식, 역할놀이와 토론·발표가 어우러지면서 국제적 소통력과 문화적 이해가 넓어지고, 자기표현 능력과 사회성이 함께 성장하는 것이지요. 두 개 이상의 언어·문화·규칙을 함께 경험하며 변화에 유연한 적응력과 융합 사고가 형성되고, 국제학교 진학이나 해외 유학, 글로벌 기업 취업 등 학업·경력 선택지의 폭도 넓어질 수 있습니다.

이 모든 장점들은 '조기 영어 몰입 환경 → 언어 자신감 → 글로벌 감각과 창의·사회성 성장'이라는 긍정적 흐름으로 연결됩니다. 효과는 아이의 기질과 발달 단계, 기관의 운영 방식(놀이 중심인지, 평가·경쟁 강도는 어떤지)에 더해 가정에서의 언어·정서적 지원에 따라 크게 달라지겠지만요. 장점을 극대화하려면 놀이 중심과 발달 적합성을 지키고, 가정에서 한국어 사용과 정서적 안정감을 충분히 보장하며, 불필요한 숙제·시험·경쟁을 줄이는 대신 소통과 탐구, 프로젝트 활동을 균형 있게 배치하는 운영이 뒷받침되어야 하니까요.

그렇게만 된다면, 영어유치원은 자연스러운 영어 습득과 발음·억양, 의사소통 자신감 형성, 다문화 이해 확대, 실행 기능과 메타언어 능력 강화, 적응력과 융합 사고 발달, 사회성·창의성 증진까지 — 언어·인지·정서·문화 전반에 걸친 다양한 장점이 있는 기관입니다. 이를 위해 필요한 것은 크게 네 가지입니다.

첫째, 놀이 비중은 50% 이상, 숙제는 20% 이하로 제한합니다.

둘째, 한국어 존중 원칙을 분명히 해 교실에서도 한국어 질문을 수

치심 없이 허용하고, 집에서는 한글 그림책을 하루 10~15분 꾸준히 읽습니다.

셋째, 문해의 순서를 지켜 만 6세 이전 외국어 문자교육은 '맛보기' 수준으로 두고 말학히와 듣기 위주로 합니다.

넷째, 외국어로 이야기 나누기와 역할놀이를 권장합니다.

유아교육단체와의 갈등

유아교육단체가 영어유치원에 대한 강한 규제를 요구하는 까닭은, 표면적으로는 공익 명분입니다. 이들은 공익 측면에서 공교육의 신뢰성과 질적 우위를 지켜야 한다고 주장하지요. '유치원'이라는 명칭은 법적으로 정식 유치원만 쓸 수 있는데, 누리과정·교원자격·시설·안전 기준 같은 국가 통제를 받지 않는 학원이 '영어유치원'이라는 이름 때문에 공교육처럼 보이면 학부모가 기관의 법적 성격을 혼동하기 쉽고, 결과적으로 공교육의 위상과 질적 관리 체계가 흔들린다는 거예요. 법적 공정성과 소비자 보호의 관점에서, 위법·편법 명칭과 과장광고를 바로잡고 환불·안전·보험·정보공시를 표준화해야 학부모의 오인을 줄일 수 있다는 주장이지요.

이들은 만 3~5세 교육의 핵심은 놀이 중심 전인 발달이므로 장시간 학습과 숙제, 레벨테스트 등이 발달교육에 부적합하다고도 주장합니다. 이것이 아이들의 정서·사회성에 해를 입힐 수 있으니 놀이·휴식의 권리를 제도적으로 보장해야 한다고 강조해요. 고액 학비와 경쟁적 입학 구조가 교육 격차를 키우고 공교육 신뢰를 깎아 사회 양극화를 부추긴다는 논리를 펼치면서요.

하지만 진짜 속내는 조금 다른 듯합니다. 영어유치원이 만 5세 수요를 흡수하면 정식 유치원·어린이집의 원아 수와 재정이 줄어 누리과정 운영과 방과후 프로그램 수입이 감소하는 만큼, 수요 이탈을 막아야 한다는 이해가 작동하는 것은 아닐까요? '유치원'이라는 브랜드와 교원 전문성도 핵심 자산인데, 학원이 '유치원' 이미지를 차용하면 정규 유치원의 가치가 희석된다고 보는 것은 아닐까요? 이 때문인지 이들이 밀어붙이는 규제 요구는 매우 구체적입니다.

1. 명칭 규제와 라벨링

'유치원'이나 '학교'라는 이름의 사용을 금지하고, 모든 홍보물·간판·계약서·홈페이지에 법적 유형(학원/유치원/어린이집/국제과정)을 굵게 표시하도록 의무화해 학부모가 단번에 구분할 수 있게 도웁시다.

2. 교사 자격과 교사:아동 비율, 일과 기준의 상한·하한

(바깥)놀이 비중을 최소 50% 이상으로 확보하고, 담임교사 자격에 유아교육 전공·경력을 명시해 생활지도와 발달 지원의 전문성을 담보합니다.

3. 조기 문자 교육과 평가의 '레드라인'*

만 5세 이전 시험·레벨테스트·숙제를 제한하고, 선발·서열화 대신 포트폴리오·관찰 중심 평가로 전환시켜야 합니다. 교실 내 한국어 질문을 허용해 모국어 억압도 금지해야 합니다.

4. 안전·약관의 표준화

차량, CCTV, 안전보험, 사고 보고 체계를 의무화하고, 환불·휴원·부대 비용(교재·행사비 포함)을 표준약관으로 사전 고지해야 합니다.

5. 광고·모집 규제 강화

'원어민 상주' '졸업 성과' 등 과장 문구를 금지하고 총비용(숨은 비용 포함)을 표 형태로 공시해야 합니다. 사고·민원 건수, 교사 이직률, 학부모 만족도 같은 핵심 지표도 해마다 공시해야 합니다. 전수조사·현장점검을 상시화해 시장에 투명하게 교육 품질을 드러냅시다.

6. 제도 설계 차원

유치원을 '유아학교'로 격상해 공공성을 명확히 하고, 「유아교육법」·「영유아보육법」·「학원법」으로 갈라진 관리 체계를 정비해 감독 사각지대를 줄입시다.

---

*   놀이 50% 이상, 만 5세 이전 시험·숙제 상한, 레벨테스트 금지 등을 가리킵니다.

여기에 반대하는 사람들은 학부모의 선택권과 프로그램 다양성, 공교육이 제공하지 못하는 몰입 환경, 과도한 규제가 불러올 비용 상승과 혁신 위축을 강조합니다. 개인의 선택권·소비자 권리와 사교육 과열·영유아 인권 침해 우려 사이에 의견이 크게 갈리는 것입니다.

이에 대해 유아교육단체가 제시한 절충안은 모든 기관에 동일 잣대를 들이대는 대신 '라벨링+등급제'로 법적 유형·교사 비율·놀이 비중·안전 준수 정도를 등급화·공시해 학부모가 비교 선택하게 하자는 것입니다. 전일제·유사 유치원형으로 운영하는 학원이라면 최소한 안전·정보공시·표준약관만큼은 유치원 수준으로 '부분적 동등화'를 적용하고요. 발달 레드라인을 법으로 못 박고, 사고·민원·이직률 데이터의 연 1회 공시로 품질을 상시 점검하자는 접근입니다.

유아교육단체의 규제 요구는 아동 발달권 보호와 소비자 안전이라는 공익 목표를 전면에 내세우되, 공교육의 정체성과 재정·직역·노동 규범을 방어하려는 현실적 이해가 결합된 결과라고 이해됩니다.

영어유치원, 어디까지 달라졌을까

앞에서부터 강조한 것처럼 영어유치원의 주요 브랜드 대다수가 법적으로는 「학원의 설립·운영 및 과외교습에 관한 법률」을 따르는 사설 영어학원입니다. 간판이나 홍보물에 '유치원'이나 '학교' 같은 표현을 쓰면 문제가 될 수 있고, 실제로 폴리, SLP, YBM ECC 계열 등 일부 브랜드의 지점 단위에서 '명칭 오남용·교습비·광고' 관련 시정·과태료·교습 정지가 보도된 사례가 있지요.

입학·선발 쪽은 레벨테스트(진단평가) 후 수준별 반 배정이 아직 일반적입니다. 폴리는 그룹 면접과 파닉스·리딩 평가를, 청담 April은 사전 레벨테스트 뒤에 놀이·문해·사고력 통합 과정을, YBM ECC/PSA/Appletree는 듣기·말하기·읽기·쓰기 네 영역을 진단해 반을 나누는 편입니다. 서강 SLP는 진단평가로 분반하고, YBM GATE는 카프만 검사 등 고강도 선발 테스트로 유명하다는 보도가 있었습니다. CREVERSE i-GARTEN은 주제 기반 주간 테마 속에서 내부 레벨을, RISE는 프로젝트·비판적 사고 중심 프로그램 내 진단을, Francis Parker와 Kid's College, Pingu's English는 지점 상담과 관찰 중심으로 배치하는 경우가 많습니다.*

최근에는 '시험 금지' 흐름을 의식해 명칭을 '오리엔테이션·클래스 매칭' 등으로 바꾸는 곳도 있지만, 실제 중요한 것은 평가 강도와 선발 목적성입니다. 이 부분은 지점마다 편차가 크니, 실무 운영을 직접 확인하는 것이 안전하지요.

커리큘럼은 공통적으로 영어 몰입을 표방하지만, 각 브랜드마다 성

---

*　여기서 기술한 학원별 테스트 내용은 웹사이트를 통해 수집한 것으로, 실제 운영과는 다를 수 있습니다.

격이 조금씩 다릅니다. 폴리는 언어·수학·과학 등 전 과목 영어화와 숙제·단어 암기·주기 테스트가 뚜렷하고, 청담 April은 놀이 기반 몰입에 문해·사고력을 묶고 일부 AI 학습 연동을 강조하지요. YBM ECC/PSA/Appletree는 원어민 중심의 몰입·놀이, 토론·발표와 단계별 프로그램(Ivy Kids 등)을, 서강 SLP는 서강대학교 연구소 개발 커리큘럼으로 균형 발달을 지향합니다. YBM GATE는 영재성·창의 프로그램을 포함해 학습 강도가 높은 편이고, CREVERSE i-GARTEN은 상상·통합 프로젝트 기반의 리터러시 연계를, RISE는 프로젝트와 비판적 사고·표현을, Francis Parker는 스토리·STEAM 프로젝트, Kid's College는 북미식 환경의 원어민 수업, Pingu's English는 놀이·스토리 표준화와 정기 감사 체계를 강조해요.

평가 방식은 학업 지향 라인은 정기 테스트·숙제 비중이 크고, 놀이·프로젝트 지향 라인은 관찰 기록·포트폴리오·발표를 더 씁니다. 몇몇 브랜드는 학부모 면담을 정기적으로 운영해 피드백을 주고받는 체계를 갖추었지요.

행정 처분이나 공적 이슈는 브랜드 전체가 아니라 지점별로 다릅니다. 언론 공개 자료를 보면 과다·오해 소지 광고, '유치원' 명칭 사용, 교습비 관련 위반이 반복적으로 적발된 바 있지요. 교육청 사이트에 지점별 교습비·처분 공시가 올라오는 경우가 있으니, 계약 전 해당 지점의 최신 공시를 확인해보세요. 또 같은 브랜드라도 일과 구성(놀이 비중, 과제 강도), '교사 : 아동' 비율, 담임의 유아교육 전공·경력, 안전·차량·보험·CCTV·사고 대응 매뉴얼 수준이 다르니, 만약 아이를 영어유치원에 보내고 싶다면 실제 수업 참관과 교실 환경 점검을 꼭 권합니다. 영어유치원 비교 선택 시의 공통 기준은 이렇습니다.

첫째, 법적 표시(학원 유형 라벨, 등록번호, 관할 교육청, 표준약관·환불 안내)가 명확해야 합니다.

둘째, 선발 방식이 관찰·적응(시험·서열 최소화, 레벨테스트가 있다면 강도·활용 목적) 위주여야 합니다.

셋째, 일과의 균형(가능하면 놀이·바깥놀이 $\geq 50\%$, 과제·테스트는 $\leq 20\%$ 수준을 권장)이 맞춰져야 합니다.

넷째, 교사의 전문성과 안전 체계(유아교육 전공·경력, '교사 : 아동' 비율, 차량·보험·CCTV·응급 매뉴얼)가 안정적이어야 합니다.

다섯째, 평가와 소통(관찰 기록·포트폴리오 제공, 정기 면담 주기)이 원활해야 합니다.

여섯째, 총 비용(TCO)의 투명성(숨은 비용까지 표로 받고, 가계 예산 내 지속 가능성 점검)을 파악해야 합니다.

일곱째, 4~8주 아이의 표정이나 수면 또는 등원 태도를 살펴봅니다. 한글·영어 사용 변화, '틀려도 말하는' 자신감 여부를 보고, 정체 또는 역행하는 상황이라면 시간·반·방식 조정 또는 퇴원을 고민해야 합니다. 등원 거부·복통·악몽이 주 2회 이상이면 문제가 크다고 볼 수 있습니다.

이 기준으로 보면 폴리·YBM GATE처럼 강도 높은 학업형과 April·RISE·Francis Parker·Pingu's 같은 놀이·프로젝트형, SLP·ECC처럼 중간 성향의 프로그램을 아이 성향과 가정 상황에 맞춰 고르기가 한결 수월해집니다.

영어유치원을 바라보는 학부모의 자세

영어유치원에 보내더라도 아이의 행복과 발달을 최우선에 둬야 합니다. 우리 아이가 낯선 언어환경을 즐기는지, 변화에 대한 불안이 큰지 같은 기질과 적응력을 차분히 관찰해보세요. 한국어 기반이 약한 상태에서 영어 몰입을 시작하면 혼란스러워할 수 있으니, 그림책을 '내용→감정→생각' 순서로 말로 풀어낼 수 있는지, 일상 대화에서 쓰는 어휘 폭이 넓어지는지 등 모국어 지표를 함께 점검하면 좋습니다.

'브랜드'나 '레벨'보다 교육 철학과 운영 방식을 꼼꼼히 점검해야 합니다. 놀이·탐구 비중이 충분한지, 평가·숙제·시험 강도가 과하지는 않은지, 교실에서 한국어 질문을 허용하는지, 하루 일과표와 주간 계획서가 투명하게 제시되는지, 담임교사의 유아교육 전문성(전공·경력) 및 '교사 : 아동' 비율, 안전·위생·차량·보험·CCTV·사고 대응 매뉴얼이 갖춰져 있는지요. 계약 전에는 학원 등록번호와 관할 교육청, 표준약관·환불 규정·총비용(TCO : 수업료+교재·행사·차량·간식

등 숨은 비용)을 문서로 받아두는 것이 안전합니다.

다시 한번 말하지만, 영어유치원은 법적으로 유치원이 아니라 학원입니다. 공적 보육·전인교육의 모든 기능을 기대하기보다 '영어 노출'이라는 기능에 한정해 현실적인 기대만 갖는 편이 좋습니다. 집에서 매일 10~15분 한글 그림책 읽기와 충분한 자유·바깥놀이로 정서·사회성을 지키고, 영어는 노래·그림책·역할놀이처럼 즐거운 활동으로 가볍게 잇되, 숙제 대행이나 성과 압박은 피하세요. 무리한 지출은 스트레스만 키우니 예산 안에서 지속 가능성을 먼저 점검하고, 4~8주 단위로 아이의 표정·수면·등원 태도, 한글 읽기·말하기 변화, 영어에 대한 호기심과 '틀려도 말하는' 자신감이 유지되는지 모니터링한 뒤 필요하면 시간·반·방법을 조정하거나 잠시 멈추는 출구 전략을 열어두는 것이 좋습니다.

많은 학부모가 영어유치원에 대해 '미래 경쟁력과 사회적 만족감'에 대한 기대, 높은 비용과 효과에 대한 현실적 고민을 이야기합니다. 여기에는 제도 변화 속 선택권 논쟁과 '아이에게 정말 필요한 것은 놀이와 정서'라는 재평가가 뒤섞여 있어요. 최선의 자세는 '우리 아이에게 맞는가?'를 기준으로, 놀이 중심·발달 적합성·모국어 균형을 지키고, 과장 광고나 불안 마케팅을 경계하며, 가정에서 정서적 안정과 언어환경을 든든히 받쳐주는 것입니다. 이렇게만 접근하면, 필요 이상으로 조급해하지 않으면서 아이에게 의미 있는 영어 경험을 만들어줄 수 있을 거예요.

영어유치원에 자녀를 보내는 부모를 만나보면 유아기에 영어를 숙지하지 않으면 이후 다른 과목 때문에 영어를 숙지할 시간이 없을 것을 우려합니다. 초등학교에서는 3학년부터 영어를 학습함에도 일찍부터 준비시키는 것이지요. 이런 열망이 큰 상황에서 영어유치원을 금지하거나 규제를 한다면 아마 예상치 못한 방향으로 풍선효과가 나타날 수 있어요. 요즘 들어 국제학교의 인기가 높은데, 수요가 옮겨갈 수 있죠. 그렇다고 지금 영어유치원으로 인해 생긴 유아기 과도한 경쟁을 놔두라는 의미는 아닙니다. 부모의 이런 열망과 바람을 감안해 영어유치원의 잘못된 현실을 바로잡는 방향으로 나아가야 한다는 것이지요.

2032
대입 개편

**미리 보는 우리 아이 입시,
미래 대입 구조는 어떻게 바뀔까?**

또 바뀌는 대입, 이번에는 무엇이 다른가

정권이 바뀌고 새로운 교육부 장관이 취임하면서, 교육계에서는 새로운 대입 제도가 논의됩니다. 대입은 한 번 바뀔 때마다 그 영향이 길게는 10년, 짧아도 3~4년은 이어지기 때문에, 또다시 대입 제도가 바뀐다는 소식에 많은 부모가 걱정하고 있지요. '또 바뀐다'는 말만 들어도 "그럼 지금 공부하는 건 다 소용없는 건가요?", "우리 아이는 무엇을 기준으로 준비해야 하나요?" 묻고 싶은 불안이 바로 올라오는 거예요. 더불어 2032학년도 혹은 2033학년도로 유력시 되는 이번 대입 개편 논의는 단순히 점수 계산 방식을 조금 손보는 정도가 아니에요. 아이들에게 필요한 능력이 달라지고 있기에 입시가 그것에 맞취 모양을 바꾸려는 과정이라고 봐야죠.

변화가 필요한 가장 큰 이유는 아이들이 살아갈 사회 자체가 달라지고 있다는 거예요. 학령인구가 빠르게 줄어드니 대학교들은 생존을 고민해야 하는 상황에 놓여 있죠. 사회는 AI 활용 능력처럼 과거와는 전혀 다른 역량을 요구하고 있고요. 예전에는 '시험을 잘 보는 학생'이 유리했다면, 지금은 '스스로 배우고 문제를 해결하는 학생'이 필요해요. 그런데 우리의 대입 제도는 여전히 점수 중심, 줄 세우기 중심의 구조에 머물러 있어요. 그래서 2032학년도 대입 개편은 이런 질문에서 출발하지요.

'지금 우리 아이들에게 정말 필요한 능력은 무엇일까?'

지금 진행 중인 대입 개편 논의는 이 질문에 대한 답을 찾는 과정이에요.

교육부 장관의 한마디에 담긴 의미

2025년 9월 17~19일, 취임한 지 얼마 안 된 최교진 교육부 장관이 국회 답변에서 수능과 내신의 절대평가 전환을 언급했어요. "이제는 절대평가로 전환할 때"라는 취지의 설명이었죠. 이는 수능과 내신 모두를 절대평가로 바꾸기 위한 준비를 다음 대입 개편 시점까지 진행하겠다는 의미로 받아들여졌고요.

대입 제도는 보통 시행 4년 전에 미리 예고하는 관행이 있기 때문에, 2027년에 구체적인 개편안을 확정·발표하고 2032학년도에 실제 적용하는 일정이 가장 현실적인 시나리오예요. 2025년 기준으로 보면 현재 초등학교 6학년이 해당되지요.

정부는 최 장관의 발언을 '개인 의견'이라고 빠르게 수습했지만, 국가교육위원회에서 충분한 논의와 사회적 합의를 거쳐 공식 의제로 다룰 예정이라는 점도 분명히 했어요. 평가 방식의 변화는 수업·평가 방식, 고교학점제 운영과도 밀접하게 연결되기 때문에 서로 조화를 이루는 정교한 설계가 필요하겠죠.

쟁점과 우려는 명확합니다. 절대평가가 도입되면 수시·정시 모두 동점자가 많이 생겨 변별력이 떨어질 수 있다는 걱정이 크지요. 대학교들이 변별력 확보를 위해 대학별 고사나 논·서술을 강화한다면 사교육이 확대될 수도 있고요. 고교학점제 보완, 절대평가 적용 범위(전 과목 일괄 전환인지 일부 과목부터 단계적 전환인지)와 전환 속도, 학교 간 평가 기준 차이를 어떻게 조정할지 등도 해결해야 하는 과제예요.

2025년 11월 기준으로, 차기 대입 개편안이 확정된 상황은 아니에요. 지금은 교육부 장관의 방향성이 언급된 단계일 뿐이죠. 이후 국가교육위원회의 심의와 사회적 합의, 평가 기준, 전환 과목, 보정 장치, 대학별 전형 구조 재설계 등 세부 논의가 뒤따라야 해요. 이에 여러 변수가 있지만, 가장 빠른 적용 시점은 2032학년도라는 해석이 우세하죠.

2032년 개편안을 벌써 알아야 하나요?

"2028학년도에 고교학점제가 시작되는데, 왜 또 입시가 바뀌나요?"

많은 부모가 궁금해합니다. 여기에는 중요한 구분점이 하나 있습니다. 2028학년도는 고교학점제가 '도입'되는 해이고, 2032학년도는 고교학점제가 '자리 잡고 평가까지 연결되는' 해라는 것이죠. 즉 2028학년도에 제도가 시작된다면, 2032학년도는 교육과 평가에 정착하는 시기입니다.

2032학년도 대입 개편이 아직 확정된 것은 아니지만, 발표를 하지 않았을 뿐 국가교육위원회는 사실 몇 년 동안 대입 개편안을 논의해 왔습니다. 새롭게 나올 대입 개편안도 이 논의에서 크게 벗어나지 않을 가능성이 크지요. 그동안 논의된 주요 내용은 수능을 두 번, 시험을 이틀씩 나누어 총 4일간 치르는 방식에 대한 것입니다. 수능을 Ⅰ·Ⅱ형으로 나누고, Ⅱ형에는 논·서술형 문항을 포함하자는 것이지요. 학생부 교과 성적 평가 문항의 출제와 채점은 외부 기관이 맡는다는 내용도 있습니다.

교육부와 국가교육위원회는 대입 개편에서 빠지지 않는 기관들입니다. 국가교육위원회가 교육의 큰 철학과 방향을 정하면 교육부는 현장에서 실제로 운영할 수 있도록 제도를 설계하지요. 2022년 7월 21일 대통령 직속으로 설치된 교육 정책 합의 기관인 국가교육위원회는 10년마다 국가교육발전계획을 수립해야 합니다. 이 계획 안에

차기 대입 개편안이 포함될 가능성이 큽니다.

당시 마련된 대입 개편안은 공식 발표 전, 일부 내용이 SBS 보도를 통해 먼저 알려지기도 했습니다. 참고로 초안 단계이기 때문에 향후 실제 반영 여부는 확실하지 않습니다.

대통령 직속 국가교육위원회가 논의 중인 '국가교육발전계획' 초안이 공개되었습니다. 이 초안에 따르면 대입 수능을 연 2회로 확대하고, 회당 이틀씩 총 나흘간 시험을 치르도록 하여 수험생의 부담을 줄이겠다는 방안이 포함되어 있습니다. 이른바 '진로형 수능'은 '기초수학능력검사(수능 I)'와 '교과별 학업성취도 평가(수능 II)'로 나뉘며, 수능 II에는 서술형과 논술형 문항이 포함될 예정입니다. 이 같은 변화는 학생의 종합적 사고력과 문제 해결 능력을 평가하겠다는 취지입니다.

대입 전형에도 큰 변화가 예고되었습니다. 기존의 사회통합과 지역균형선발 전형을 통합하고, 정원 외 자율선발 방식으로만 운영하겠다는 내용이 포함되었으며, 지방의대의 지역인재 의무 선발 제도 폐지도 검토 중입니다. 현재 지방의대는 최대 정원의 40% 이상을 지역인재로 의무 선발하고 있으며, 2025학년도 의대 입시에서만 1,913명을 선발합니다. 그러나 개편안이 시행될 경우, 이러한 의무 선발 비율이 없어져 지방 의료 인력 확보에 어려움이 생길 것이라는 우려도 제기되고 있습니다.

또한 고교 내신 성적을 외부 기관이 평가하도록 하는 방안도 논의 중입니다. 이는 평가의 공정성과 신뢰성을 높일 수 있다는 긍정적인 의견이 있는 반면, 고교 서열화를 심화시킬 수 있다는 부정적인 의견도 있습니다.

AI디지털교과서 도입 역시 초안에 포함되었으며, '에듀테크 산업 활성화'와 '교육의 산업 종속화'라는 찬반 논쟁이 있습니다. 이처럼 다양한 변화가 논의되고 있지만, 각 방안에 대한 반대 의견이 초안에 충분히 반영되지 않았다는 비판도 제기되고 있습니다. 국교위는 내년 3월 최종 계획을 발표할 예정이며, 만약 이번 초안이 확정될 경우 현재 초등학교 고학년 학생들이 대입을 치를 때부터 적용될 가능성이 큽니다

여기서 언급되는 수능 이원화 논의는 정권이 바뀌거나 수능 제도가 개편될 때마다 꾸준히 등장해왔습니다. 현실적으로 수능을 1년에 두 번 이상 본다는 것은 학생들에게 심리적 부담을 주고, 사교육 부담 증가, 지역·학교 간 격차 확대 같은 문제가 생길 수 있다는 이유로 매번 실제 정책으로 채택되지는 못했지만 말입니다. 이번에도 그런 우려는 여전하지만, 국가교육위원회의 중장기 교육계획안에 포함되었다는 점에서 이전과 위치가 조금 달라졌습니다.

'수능을 연 2회 보는 방안'은 왜 다시 등장했을까요? 우리나라는 대입에 대해 안 해본 방식이 거의 없습니다. 수능을 1년에 두 번 치르

항목	내용
수능 실시	연 2회, 회당 2일씩 나흘간(4일간) 시험 시행. 수능1: 기초수학능력, 수능2: 교과별 학업성취도 평가 (서술형, 논술형 포함)
대입 전형	사회통합과 지역균형선발 전형 통합. 정원 외 자율 선발로 변경
지방의대 지역인재 선발	일정 비율 이상 지역인재 의무 선발 폐지 검토
고교 내신 평가	외부 기관 평가 도입 검토
추가 사항	AI 디지털 교과서 도입 검토, 에듀테크 산업 육성 논의

기도 했고, 적성검사 식의 시험도 봤고, 발전된 학력고사도, 국어·영어·수학 위주의 시험도 처음이 아니죠. 그러니 수능 이원화 논의의 재등장이 전혀 뜬금없는 것은 아닙니다. 이번 논의는 이 흐름 속에서 이해해야 해요. 국가교육위원회에 제출된 안의 세부 내용은 아직 공개되지 않았고, 재논의될 가능성도 있지만, 큰 틀은 과거 논의와 크게 다르지 않을 것으로 보이니까요.

수능 이원화 논의는 왜 나왔을까?

수능 이원화에 대한 논의는 1990년대부터 다양한 형태로 이어져왔

기대효과	문제점
- 4차 산업혁명 시대의 창의융합형 인재 양성 부합, 선진국 입시 방향, 국내 시·도 교육청의 IB(바깔로레아) 교육과정 도입과 대입 연계 강화. - 논·서술형 수능 도입의 가장 큰 어려움인 채점을 대학교에서 시행하여 실현 가능성 제고. - 논·서술형 수능 도입으로 변별력 확보 및 동점자 문제 해결. - 2015 개정 교육과정의 공통/선택과목 도입에 맞는 수능 시험 운영.	- 대학교 간 채점 결과 상이 시 채점의 객관성 및 공정성 논란. - 통합 사고 능력과 고등 추론 능력을 측정하기 위한 문항이 출제될 경우 새로운 사교육 유발 우려. - 수능 2회 시행으로 수능 관리 비용 상승.

습니다. 그러다 2018년 1월 열린 '대입 개편을 위한 제2차 대입 정책 포럼'에서 다시 본격적으로 등장했지요. 당시 발제자였던 경희대학교 김현 교수는 수능을 수능Ⅰ과 수능Ⅱ로 나누고, 수능Ⅰ은 객관식 5지 선다형, 수능Ⅱ는 논술·서술형으로 구성하자고 제안했습니다. 김현 교수는 이원화의 장점과 한계를 위처럼 정리했습니다.

2018년 6월에는 주석훈(미림여고), 김동진(동산고) 등 현직 교사들이 참여한 연구도 나옵니다. 공동연구자인 김경범 교수(서울대)는 「학생 성장 중심의 중장기 대입 제도 개선 방안 연구」(2018)에서 수능 개편 방향을 제시했지요. 이 연구는 다음 문제의식에서 출발합니다.

'현재 수능은 학생의 창의적 사고력보다 인위적인 '줄 세우기'를 위한 시험으로 변질됐다.'

고로 수능 체제도 학교 교육 혁신과 연계해서 선다형 평가 방식에서 탈피하고, 학생의 과목별 성취 기준 도달 여부를 확인하는 국가 성취도 평가로 전환해야 한다는 필요성을 제기합니다.

- **대입에서 줄 세우기 시험의 탈피** : 수능 점수를 평가 자료의 하나로 활용하고, 기계적인 줄 세우기를 하지 않는 구조로 전환.
- **수능과 학교 교육의 일체화** : 학교 교육의 혁신과 연계하여 수능 체제를 개선하고, 교육과정 내에서 출제된 문항만 사용.
- **수능 유형의 분리** : 객관식 선다형 수능과 주관식 논·서술형 수능으로 나누어 각각의 평가 방식 도입.
- 객관식 선다형 수능 : 기존의 선다형 평가 방식을 유지하되, 줄 세우기식 평가를 지양하고 난이도에 따라 점수를 책정하여 평가 자료의 하나로 활용.
- 주관식 논·서술형 수능 : 학생의 창의적 사고력과 표현력 평가를 위해 서술형 문항을 도입. 이는 단순 암기형이 아니라 깊이 있는 사고를 요구하는 문제임. 이때 논·서술형 문항은 국어, 수학 등 핵심 과목에서 도입하며, 응시자의 사고력과 문제 해결 능력을 평가하는 데 중점을 둠.
- 이러한 수능 유형의 분리를 통해 학생들이 단순히 문제를 맞히는 것을 넘어 논리적 사고를 펼칠 수 있도록 유도하고, 학교 교육의 질적 향상을 도모함.

- **상대평가 및 절대평가의 선택** : 수능 점수 체계를 상대평가와 절대평가 중 어느 방식으로 운영할 것인지에 대한 논의.

- 상대평가 : 수능을 상대평가로 유지할 경우, 각 학생의 점수를 기준으로 석차를 결정하여 대입에 활용. 하지만 이러한 방식은 기계적인 줄 세우기 문제가 발생할 수 있음.

- 절대평가 : 절대평가로 전환할 경우 학생들이 과목별 성취도에 도달했는지를 확인하는 방식으로 운영됨. 학생 개개인의 성취 수준을 평가하여 특정 점수대에 도달하면 등급을 부여하는 형태를 갖게 됨. 예를 들어, A안에서는 선다형 문항을 5/7등급제로, 논·서술형 문항을 3/5등급제로 평가하여 절대평가를 도입하고자 함.

- 상대평가와 절대평가의 병행 가능성 : 특정 과목은 상대평가, 특정 과목은 절대평가를 적용할 수도 있음. 각 대학교가 자율적으로 평가 방식의 선택권을 가질 수 있도록 하는 것도 하나의 방안.

- **문항 유형의 다양화** :

- 응시 영역 및 과목군의 재조정 : 기존에는 언어, 수리, 외국어, 탐구영역 등의 과목군이 있었으나 새로운 수능에서는 기초와 심화로 나누어 응시 영역을 재조정할 수 있음.

- 시험 시기 및 횟수 조정 : 현재 수능은 1년에 한 번만 시행되

지만, 개선된 체제에서는 1년에 여러 번의 시험을 치를 수 있는 방안을 검토하고 있음. 이렇게 되면 학생들이 여러 차례 수능에 응시하여 자기 실력의 입증 기회를 가질 수 있음.

- 선다형과 서술형 문항의 혼합 : 각 과목의 문항 유형을 선다형과 서술형으로 혼합하여 평가할 수 있음. 예를 들어 기존의 선다형 문항에 서술형 문항을 일부 포함하거나, 특정 과목은 전면적으로 서술형 문항으로 구성하는 방안이 있음. A안에서는 공통과목(국어, 수학, 영어, 한국사)은 선다형 시험으로 평가하고, 선택과목은 논·서술형 시험으로 평가하는 방식을 제안하고 있음.
- 문항의 출제 및 응시 방식 : 새로운 수능 체제에서 수능의 문항은 고등학교 교육과정 내에서만 출제되며, 대학교에 제공된 응시 기록과 결과는 학생의 학업 성취도 평가 자료로만 활용됨. 이는 줄 세우기식 평가를 방지하고, 학생 개개인의 학업 성취를 진정성 있게 평가하는 데 목적을 둠.

이런 방향은 모두 줄 세우기식 평가에서 벗어나 학생의 성장과 사고력을 평가하자는 공통 목표를 갖고 있습니다. 궁극적으로는 학교 교육과정과 일체화된 수능 체제를 구축해서 학교 교육을 내실화하고, 입시 중심의 교육에서 벗어나 학생의 성장과 발전을 촉진하는 방향으로 나아가고자 하는 것이지요.

2019년에는 한국행동과학연구소(소장 이종승)가 주관·개최한 '한국의 교육력 진단과 개발 모색' 포럼에서 연세대학교 이규민 교수(전 한국교육과정평가원장)가 '분리형 수능 제도'를 제안했습니다. 분리형 수능은 1년에 수능 I 과 II를 함께 시행하는 것으로, 국어·영어·수학은 공통 응시과목으로, (사회/과학/직업) 탐구영역과 제2외국어/한문 등 선택과목들은 학생이 선택적으로 응시할 수 있게 하는 것입니다. 문항의 유형은 논술이나 서술형 문항을 포함합니다.

분리형 수능은 1년에 수능 I 과 수능 II를 분리하여 실시하는 유형으로 일부 영역은 학생들이 공통적으로 응시하고, 또 일부 영역은 학생의 진로와 적성에 따라 선택적으로 응시할 수 있게 하는 방안이다. 즉 국어·수학·영어를 수능 I 응시과목으로 지정하여 시행하고, (사회/과학/직업) 탐구 영역, 제2외국어/한문, 고교학점제 시행에 따른 다양한 선택과목을 수능 II(선택 수능)로 분리한다. 수능 II 에서는 학생들이 원하는 과목을 자율적으로 선택하여 응시할 수 있게 한다. 또한 수능 II 에는 논술이나 서술형 문항 등 다양한 평가 유형으로 보다 종합적인 능력 평가 방법의 도입이 기대된다. 논술과목은 수시논술전형에서 대학별 논술시험의 문제점을 보완하기 위해 공통 출제 방식으로 운영될 수도 있고, 현행 선택형 문항으로 구성된 수능의 문제점도 보완할 수 있을 것으로 기대된다.

| 수능Ⅰ-수능Ⅱ 분리형 수능안 |

구분	개요	응시교과 및 특징
수능Ⅰ	3개 핵심 교과 수능	- 국어, 수학, 영어.
수능Ⅱ	선택과목 수능	- 탐구영역, 제2외국어/한문 영역. - 고교학점제의 도입에 따른 다양한 선택과목(2025학년도). - 논술과목 또는 논·서술형 문항 도입 가능 　(4차 산업혁명과 사회변화 요구 수용).

이규민 교수는 분리형 수능 시행을 '수능Ⅰ→수시전형→수능Ⅱ→정시전형'의 절차로 진행할 것을 제시했어요. 수시전형 시작 전 수능Ⅰ을 시행하고, 그 결과를 수시전형에 반영해 수시Ⅱ 시행 전 수시전형 결과를 발표하자는 것이지요. 이후 수능Ⅱ를 시행해 그 결과는 정시전형에 반영하자고 이야기했어요.

이규민 교수는 현재 대부분의 수시전형 합격자 발표가 수능 이후에 이루어지기 때문에, 수험생들이 수시와 정시를 동시에 준비해야 하는 부담을 안고 있다고 지적해요. 앞서 제시한 방식처럼 수능Ⅱ 시행 전에 수시 합격 여부가 발표된다면, 수시에 합격한 학생들은 굳이 수능Ⅱ를 다시 볼 필요가 없어 전체적인 부담이 훨씬 줄어들 수 있다는 것이죠. 또 정시전형에서는 수능Ⅰ과 수능Ⅱ 성적을 모두 활용할 수 있지만, 실제로는 많은 대학교가 정시에서 수능Ⅰ 성적만 반영할 가능성이 크다고 봤습니다. 수능Ⅱ 성적은 대학별 필요에 따라 일부

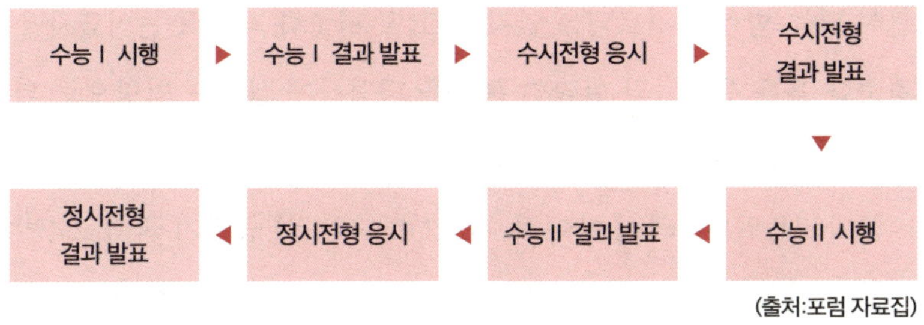

(출처:포럼 자료집)

대학교에서만 선택적으로 활용될 것으로 예상된다는 거예요. 수능Ⅱ 성적은 대학별 필요에 따라 일부 대학교에서만 선택적으로 활용될 것으로 내다봤지요.

10년을 바라보는 교육의 흐름

국가교육위원회가 수립해 발표할 「2027~2036 중장기 국가교육발전계획」은 학제 개편과 대입 정책 등 교육의 큰 흐름을 담는 10년 단위 계획입니다. 지금 논의 중인 내용이 확정되면, 이 계획에 포함되어 2027년부터 적용되는 셈이지요. 국가교육위원회는 수능을 언어·수리 능력을 평가하는 '수능Ⅰ'과 선택 과목을 평가하는 '수능Ⅱ'로 나누고, 두 시험 모두 9등급 상대평가가 아닌 절대평가 방식으로 전환하는 방안을 논의하고 있어요. 고등학교 내신도 절대평가를 도입하되,

문제 출제와 채점은 학교가 아닌 한국교육과정평가원 같은 외부 기관이 맡는 방식이 검토되고 있지요. 고교 평준화 폐지도 논의됐지만, 평준화 틀은 유지하되 학교별 특성을 다양하게 살리는 방향으로 의견이 모이고 있는 것으로 알려졌습니다.

국가교육위원회의 「【제34차 제2호 보고안건】 중장기 국가교육발전 전문위원회 중간보고」에 실린 비공개 보고서 내용을 보면 상당히 큰 변화들이 담겨 있어요. 우선 보고된 「중장기 국가교육발전계획 교육비전 및 핵심과제(안)」에서는 학생 성장과 역량 중심으로 평가하는 대입 패러다임 전환을 목표로 세 가지 세부 과제가 제시돼요.

세부과제 1 : 미래 역량 중심의 총체적 평가 체제로의 전환.

세부과제 2 : 미래 인재 육성을 위한 수능 논·서술형 평가 도입.

세부과제 3 : 대학교의 학생 선발 자율성 확대와 책무성 확보.

보고서 본문에는 이 내용들이 조금 더 구체화된 형태가 담겼지요.

<보고서 발췌>

☐ 수능 개혁

- 수능 공통과목 내실화 (수능과목에 미적분II와 기하 포함).

- 고교학점제와 연계하여 수능 선택과목 확대로 진로형 수능.

- 학생부담 완화를 위해 수능 연 두 번 시행 (1회당 이틀간).

- 전 과목 절대평가 (일반교과는 5등급, 예체능과 실험실습은 3등급, 교양은 P/F).
- 지필고사 외부 기관 평가 (지필고사는 외부평가, 수행평가는 학교 내부평가로 이원화하여 합산).

특히 눈에 띄는 부분은 '2028 대입 개편안'에서 출제 범위에서 빠졌던 미적분Ⅱ와 기하가 다시 포함된다는 점입니다. 당시 국가교육위원회가 미적분Ⅱ와 기하를 출제하는 '심화수학 영역' 신설을 논의했지만, 교육부가 신설하지 않기로 최종 결정했죠. 이 맥락에서 살펴보면 이번 회귀는 국가교육위원회가 디지털 시대에 필요한 미래 역량을 기르기 위해 심화수학을 중요하게 보고 있다는 뜻으로 해석됩니다.

고교학점제와 연계해 수능 선택과목이 더 다양해지면서, 이른바 '진로형 수능'도 도입됩니다. 수능은 1년에 두 번, 한 번 시험을 치를 때 이틀에 걸쳐 총 4일 동안 시험이 보게 되는 것이지요. 참고로 두 시험 사이의 간격 등은 아직 공개되지 않았어요.

학생부 구성도 바뀝니다. 모든 과목이 절대평가로 전환되고, 일반교과는 5등급, 예체능·실험실습 과목은 3등급으로 평가합니다. 첫 보도 시 논란이 컸던 '외부 기관 평가'도 그대로 추진되는 것으로 보고됐습니다. 지필평가는 외부평가로 진행하고, 수행평가는 학교 내부평가로 실시하여 두 결과를 합산하는 방식입니다.

대입 구조도 단순화됩니다. 사회통합전형과 지역균형선발전형을 통합해 수시에서만 선발하고, 정원 외 선발은 자유롭게 운영해요. 지방의대의 지역인재전형 의무 비율도 폐지하되, 해당 비율은 각 대학교가 자율적으로 결정하도록 했습니다. 대학교의 자율성을 넓히는 대신 평가의 책임성과 투명성을 확보하기 위해 채점자 실명제를 도입하고, 요청 시 수험생에게 개인별 평가 결과를 의무적으로 제공하도록 했지요. 면접이나 논술 같은 대학별 고사 시행시에는 선발 기준과 진행 과정을 공개해 평가의 투명성을 높이는 방안도 포함돼 있습니다.

<보고서 발췌>

☐ **교과 선택권: 고교학점제 내실화**

- 공동교육과정 및 온라인 학교를 통해 과목개설 지원.

- 교과성적은 외부평가를 거쳐 절대평가(성취평가제)로 산출.

- 고교학점제에 따라 이수과목이 대입에서 활용될 수 있도록 진로형.

  ☞ 진로형 수능 : 수능을 이원화하여 학생들의 진로와 학업수준에 따라 수능과목을 선택할 수 있는 기회 부여. 학생들이 공통적으로 응시하는 수능 I과 학생의 진로(대학 전공)에 따라 응시하는 수능 II로 분리.

    - (수능 I) 통합교과적 소재 활용한 국어·영어·수학 등 언어·수리능력 시험.

- (수능Ⅱ) 고교교과목 성취도 검사로 고교 교육과정의 일반·진로·융합 선택과목을 선택형 이외에 논·서술형 문항으로 출제하여 종합 사고력 측정.
- 수능 성적은 9등급 상대평가에서 벗어나 원점수, 백분위, 평균, 표준편차 등을 산출하여 수험생과 대학에 제공. 이들 성취도 관련 정보를 전형요소로 활용하는 방법은 대학교가 자율적으로 결정.

수능 도입 (수능Ⅰ은 기초수학능력검사, 수능Ⅱ는 교과별 학업성취도 평가)

□ **학교 선택권: 학생의 학교 선택의 폭을 넓히고 다양화**

이것이 수능 이원화의 핵심이에요. 고교학점제 안착을 위해 공동교육과정 및 온라인 학교로 과목 개설을 지원하고, 교과 성적은 외부평가를 거쳐 절대평가(성취평가제)로 산출하죠. 학생이 선택·이수한 과목이 대입에 활용될 수 있도록 진로형 수능을 도입하는데, 수능Ⅰ은 기초수학능력검사, 수능Ⅱ는 교과별 학업성취도평가로 진행하고요.

진로형 수능의 취지는 수능을 이원화해서 학생들의 진로와 학업 수준에 따라 과목의 선택 기회를 주려는 거예요. 학생들이 공통적으로 응시하는 수능Ⅰ과 학생의 진로 즉, 전공에 따라서 응시하는 수능Ⅱ로 분리하죠. 이는 앞서 말한 김현 교수나 이규민 교수의 주장과 궤를 같이합니다. 수능Ⅰ이 통합교과적 소재를 활용한 국어·영어·수학 등 언어·수리 능력 시험이라면, 수능Ⅱ는 고교 교과목 성취도 검사로 고교 교육과정의 일반·진로·융합선택과목을 선택형 이외에 논·서술형 문항으로 출제해 종합 사고력을 측정하는 것이지요.

수능Ⅰ은 '언어영역', '수리탐구능력' 등으로 영역명을 정했던 수능 초기의 적성검사와 비슷해요. 수능 성적은 9등급 상대평가에서 벗어나 원점수, 백분위, 평균, 표준편차 등을 산출해 수험생과 대학교에 제공하지요. 이들 성취도 관련 정보를 전형 요소로 활용하는 방법은 대학교가 자율적으로 결정하고요. 이것이 적용되면 대학교는 원점수, 백분위, 평균, 표준편차 등으로 석차나 등급을 산출할 거예요. 또는 표준점수, 변환 표준점수를 산출하겠죠. 그것에 가산점, 가중치를 부여해 수험생을 선발할 수도 있고요. 영역별 반영 비율 등을 활용해서 수험생을 자유롭게 선발할 수도 있어요. 만약 수능Ⅱ에 논·서술형 문제를 함께 출제하면 아무래도 상위권 대학교에서 점수의 가중치를 더 둘 텐데, 이렇게 되면 수능Ⅱ가 큰 변수가 될 수 있어요. 자연스럽게 수능Ⅱ 준비를 위한 사교육이 성행할 가능성이 크죠.

<보고서 발췌>

□ **수능 개혁**

- 수능 공통과목 내실화 (수능과목에 미적분Ⅱ와 기하 포함).
- 고교학점제와 연계된 수능 선택과목의 확대로 진로형 수능 정착.

- 학생 부담 완화를 위해 수능 연 두 번 시행 (1회당 이틀간).

□ **학생부 개혁**

- 전 과목 절대평가 (일반교과는 5등급, 예체능과 실험실습은 3등급, 교양은 P/F).

- 지필고사 외부 기관 평가.

  ☞ 지필고사는 전국 고교 대상으로 공통·일반·진로선택 과목에 대해 공신력 있는 외부 기관이 출제와 채점을 주관하여 평가.

  ☞ 수행평가는 학교 내부평가로 실시.

  ☞ 과목별 비중(예 : 외부평가 8, 내부평가 2)에 따라 합산하여 최종적으로 절대평가 5등급 산출 (석차 미기재, 지필고사는 외부평가, 수행평가는 학교내부평가로 이원화하여 합산).

학생부 성적(내신)을 외부평가로

학생부 성적을 위한 지필고사를 외부 기관에서 출제·채점하는 것도 논의 중입니다. 고교학점제의 취지에 맞춰 절대평가를 전면 도입하되, 고등학교의 성적 부풀리기를 막기 위해 한국교육과정평가원과 같은 공신력 있는 외부 기관이 지필고사 출제와 채점을 맡는 쪽으로 의견이 모아졌죠.

이 방식이 확정되면, 앞으로 학생부 성적은 외부 기관이 평가한 지필고사 점수와 학교에서 실시하는 수행평가 점수가 합산됩니다. 외부 기관이 중간·기말고사 출제 후 채점하고, 학교는 수행평가를 담당하는 형태가 되겠지요. 이렇게 되면 학교의 역할이 수행평가 관리 중심으로 축소될 수 있습니다. 교과 성적을 외부 기관이 평가하게 되면, 학교 현장에서 다양하게 운영되던 수업 방식이나 학생 중심 수업이 위축될 수 있잖아요 교사의 평가권이 줄어들며 문제풀이식 수업이 늘고 사교육이 강화될 가능성도 있고요.

외부 기관이 평가를 맡으면 자연스럽게 학교 간 점수 비교가 가능해지면서 '명문고로 가야 유리하다'는 분위기가 다시 강화될 가능성도 높습니다. 명문고에 다녀도 내신 불리함이 크게 줄어들 테니까요. 그래서 고교 서열화나 특정 학교 쏠림 현상으로 이어질 수 있다는 우려도 있어요. 이는 미래 교육의 흐름과도 다소 어긋난다는 의견이 나오는 이유입니다. 일부에서는 '5지선다형 중심의 외부평가는 진로형 수능에서 강조하는 논·서술형 평가(수능Ⅱ)와 방향이 맞지 않는다'는 지적도 하고 있어요.

수능 이원화 득일까, 실일까

수능 이원화 찬성 측에서는 학생들의 다양한 역량 평가를 가장 큰 장점으로 꼽습니다. 학생들이 어떤 과목을 배우고 어떤 진로를 선택했는지 반영해 더 공정하게 평가할 수 있다는 것이죠. 또 자신의 강점과 흥미를 살려 깊이 있게 공부할 수 있도록 교육과정이 다양해지는 효과도 있다고 주장합니다. 찬성 측 의견을 자세히 알아봅시다.

고교학점제와 연계된 수능 이원화는 선택과목의 중요성을 높이고, 학생의 진로 선택을 도울 수 있습니다. 평가 관점에서는 고등학교 1~2학년 때 기초능력을 점검하고, 2~3학년 때 선택과정을 통해 심화 학습 정도를 평가할 수 있어 검사의 신뢰도와 타당성도 높일 수 있죠. 수험생 입장에서는 자기 수준과 진로에 맞는 시험을 선택해 불필요한 과목 공부 부담을 줄일 수 있고요. 수능Ⅰ과 수능Ⅱ를 모두 응시할 필요가 없기 때문에 입시 경쟁이 다소 완화될 수 있다는 주장도 나옵니다. 학생 선택에 맞춰 학교에서도 다양한 교육과정을 운영할 테니 교육의 질이 올라갈 수 있다는 의견도 있어요.

반대 의견도 적지는 않습니다. 먼저 '기초검사'가 정확히 무엇을 평가하는지부터 명확하게 규정할 필요가 있다는 지적이 있어요. 기초 수학능력을 보는 것인지, 기초학력을 보는 것인지 개념을 분명히 해야 한다는 것이죠. 또 수능Ⅰ(기초검사)이 여러 번 시행될 가능성이 높은데 그렇게 되면 응시 횟수, 점수 방식, 점수의 유효 기간 등 다양한 세부 사항에 대한 논의가 필요합니다. 복수 시행을 하려면 문제은행 방식 출제, 문항 동등화 설계, 점수 체계 등에 대한 준비가 필수인데, 이 과정에서 문항 보안 문제도 중요하게 다뤄져야 합니다. 그래서 연

2회 이상 시행은 현실적으로 어렵다고 보는 전문가가 많아요. 무엇보다 우려가 큰 부분은 학생 간 학습 격차입니다. 선택한 과목에 따라 대입에서 유불리가 생길 수 있고, 정보 부족이나 불안감 때문에 사교육 의존도가 높아질 가능성도 있어요. 어떤 과목을 선택하느냐가 새로운 부담이 될 수도 있다는 점이, 반대 의견의 핵심이지요.

학생부 성적 외부평가를 바라보는 시선

국가교육위원회가 추진 중인 학생부 성적 외부평가제는 학생부 평가의 공정성을 높이기 위한 정책입니다. 지금은 학교 안 교사의 평가가 내신 성적의 기준이 되는데, 학교마다 시험 난이도나 평가 기준이 다르다는 문제가 있잖아요. 이런 차이를 줄이고 학생 간의 공정한 경쟁을 보장하자는 취지로 외부 기관이 출제하고 평가하는 시험을 일부 반영하는 방안이 논의되고 있는 거죠. 핵심은 공신력 있는 외부 기관이 표준화된 방식으로 평가를 맡는 거예요. 이 시험은 학교 시험과 함께 학생의 종합적인 학업 성취도를 판단하는 데 사용되지요.

이런 제도는 해외에서도 찾아볼 수 있어요. 영국의 GCSE는 외부 기관이 출제하고 채점하는 국가 단위 시험이고, 핀란드의 고등학교 졸업시험Ylioppilastutkinto 역시 국가가 직접 시행해 학생의 성취도를 객관적으로 평가하니까요. 대입에 중요한 자료로 활용된다는 점에서도 우리와 비슷하죠.

외부평가의 가장 큰 장점은 공정성 강화예요. 전국 모든 학생이 동일한 기준으로 평가받기 때문에 성적의 신뢰도가 높아지고, 학교마다 다른 평가 기준 때문에 생기는 불이익을 줄일 수 있어요. 또 교사의 평가 부담이 조금 줄어드는 효과도 있지요.

단점도 분명합니다. 우선 학생 입장에서는 시험에 대한 부담이 늘어날 수밖에 없겠죠. 외부시험 준비에 맞춰 수업을 운영하려다 보니 학교 교육이 획일화될 우려도 있고요. 외부평가의 오류나 불공정성 문제에 대한 걱정도 있고, 무엇보다 학교의 평가권과 교사의 교육권이 크게 약화될 수 있다는 점이 가장 우려되는 부분입니다.

2032학년도 대입 개편에서 논의 중인 수능 이원화 방안이 정말 시행될지는 미지수입니다. 한 번도 가보지 않았기에, 정책으로 결정된다면 아주 신중하고 촘촘한 검토가 반드시 필요해요. 시험 체제가 바뀌면 현장의 혼란이 크기 때문에, 그에 맞는 교수·학습 자료를 충분히 개발하고 학교와 학생들에게 빠르게 지원하는 것도 필수입니다.

앞으로의 대입은 어떻게 바뀔까?

2028학년도 대입 개편 시안을 논의하는 과정에서 대입에 대한 다양한 의견들이 나왔어요. 이 논의들이 2032학년도 대입 개편의 방향을 잡는 중요한 밑그림이기 때문에, 주요 내용을 정리해보겠습니다.

먼저 내신 논·서술형 평가 강화와 관련해서는 출제 의도와 채점 기준, 표준 답안 등 평가 기준을 더 세밀하게 마련해 학생과 학부모에게 미리 안내해야 한다는 의견이 나왔습니다. 공정성과 객관성을 높이기 위해 평가 전담관이나 논·서술형 평가위원회를 통해 출제와 채점을 따로 점검하고, 블라인드 채점이나 여러 교사의 교차 채점 방식도 도입하자는 제안도 있었지요. 지역 간 학교 격차를 줄이기 위해 교육부와 교육청이 통일된 평가 가이드라인을 제시하거나, 교육청 단위 공동 출제나 전국 단위 통일 평가 방식을 검토해야 한다는 논의도 함께 이루어졌고요.

내신 절대평가와 상대평가를 함께 적용하는 방식에 대해서도 여러 의견이 제시되었습니다. 절대평가는 학업 성취 기준에 도달했는지를 확인하는 데 도움이 되고, 상대평가는 변별력을 확보하고 학업 동기를 높이는 데 효과적이라는 점에서 두 방식이 서로 보완적으로 작용할 수 있다는 관점이 많아요. 교육 전문가들은 기본적으로 절대평가가 더 바람직하다고 보지만, 대입이라는 현실적인 상황을 고려하면 당분간 상대평가를 병기하는 것이 필요하다는 의견이 우세해요. 절대평가로의 전환을 위한 하나의 과도기적 단계로 상대평가 병기가 필요하다는 것이지요.

흥미로운 부분은, 대입 제도를 논의하는 자리마다 학령인구 감소 등 교육 환경이 달라지는 상황에서 경쟁이나 선발 중심의 교육보다, 학생 개개인의 역량을 키우는 방향이 더 중요하다는 목소리가 꾸준히 제기되고 있다는 점입니다. 이를 위해 수능을 여러 번 나누어 치르거나 자격고사에 가깝게 운영함으로써 학생들의 부담을 줄이고, 대학교에 보다 큰 선발 자율권을 부여해야 한다는 주장도 있었습니다.

국가교육위원회는 다양한 의견을 듣기 위해 여러 간담회를 열었고, 그중 교사 간담회에서 특히 의미 있는 의견이 나왔습니다. 부산일과학고 권혁제 교장(현 부산교육청 교육국장)은 그동안 제기된 개편 논의들을 거의 모두 아우르는 내용을 정리해 제시했는데, 사실상 2032학년도 대입 개편의 큰 틀을 그린 것과 다름없다는 평가를 받았지요.

권혁제 교장은 학생부 성적과 관련해 고교학점제 취지에 맞게 다양한 과목 선택권을 보장하려면 성취평가제가 필수라고 강조하며, 미래형 교육과정에 적합한 과정중심평가와 논·서술형 평가를 확대하고 절대평가를 도입해야 한다고 말했습니다. 공정성 강화를 위해 제한됐던 교내 수상경력, 독서활동, 자율동아리, 봉사활동 특기사항, 자기소개서를 다시 반영하는 방안도 제안했어요.

수능 체계에 대해서는 공통과목(수능 I)과 선택과목(수능 II)으로 나누는 이원화 체제를 제시했는데 특히 수능 II에서는 논·서술형 평가를 도입하고 절대평가를 적용하며 EBS 교재와의 연계를 폐지할 것을 제안했습니다. 제도 전반에 대해서는 수시와 정시를 통합하고 정시 40% 제한을 없애며, 대학교 전형 운영에 대한 자율권을 확대해야 한다는 의견을 밝혔고요. 대학교의 전형 운영을 확인하고 감독할 독립적인 기관을 설립해야 한다는 제안도 덧붙였지요.

미래 대입의 그림을 그려보다

아직 2032학년도 대입 개편안의 구체적인 모습은 공개되지 않았지만, 국가교육위원회에서 논의된 미래 대입의 큰 흐름을 살펴보면, 다음과 같은 방향이 중심이 될 것으로 보입니다. 아래 내용은 「2024 국가교육위원회 백서」에서 옮겨온 것입니다.

- 선다형 문제만으로는 고등 사고 능력을 충분히 평가하기 어렵기 때문에, 논·서술형 평가나 포트폴리오 평가, 고등학교 학생부 평가, 심층면접 등 다양한 평가 방식이 필요하다.

- 고등교육이 보편화되는 흐름 속에서 대학수학능력시험을 자격고사 형태로 전환하는 방안도 검토할 수 있으며, 이를 단계적으로 도입하는 고민이 필요하다. 수능 과목 전체를 현행 상대평가에서 절대평가로 바꾸어 성취 기준에 따른 성취 수준을 평가하거나, 창의력과 사고력을 확인할 수 있는 문항 출제 방식을 병행하는 방안도 함께 제안했다.

- 기존 대입 전형이 갖고 있는 한계를 보완하기 위해, 고등 사고 능력과 역량을 평가할 수 있는 논·서술형 입시 전형을 새롭게 설계하는 방안도 논의되었다. 이때 논·서술형 평가 문항은 국가가 관리하는 출제 체계를 따르고, 교육과정에 기반해 출제의 적절성을 확보하며, 응시 과정도 수능처럼 전국 단위로 운영할 수 있다고 보았다.

- 중장기적으로는 논·서술형 학생부 평가를 문제은행 방식으로 전국(혹은 광역) 단위에서 실시해 학생부 평가의 신뢰성을 높여야 한다는 의견도 있다. 대입에서 논·서술형 평가가 실제 학교 수업 안에서 자연스럽게 이루어질 수 있도록, 평가 문항 출제 방식 역시 학교의 논·서술형 학생부 평가 방식과 맞추어 설계할 필요가 있다고 제안했다.

- 고교 교육과정을 가장 잘 반영하며 공교육 정상화에 기여하는 것은 학생부종합전형이라는 점이 강조되었다.

- '2028 대입 제도 개편안'에 따라 학생부를 통해 학생의 이수 여부와 적성, 흥미를 파악할 수 있으나 현재는 학생부 항목이 많이 축소되어 한계가 분명하다는 지적도 있다.

- 고교 현장의 의견을 반영하고, 학생부 삭제·축소에 대한 교육적 분석을 바탕으로 학생부종합전형을 개선해 교육과정 정상화를 이루어야 한다는 의견이 있다.

- 장기적으로 학생부전형 요소의 반영 여부나 수시·정시 선발 비율 등을 자율적으로 결정할 수 있도록 해 대학교의 자율성을 확대해야 한다는 주장도 함께 제기되었다.

내용을 종합해보면, 수능과 내신을 절대평가로 전환하려는 교육부 장관의 메시지와도 일맥상통한다는 점을 알 수 있어요. 차기 대입 개편 역시 이런 방향으로 이어질 가능성이 높다고 볼 수 있지요. 상대평가 체제에서는 과도한 변별력 확보를 위해 어려운 문제들이 등장하면서 학생들이 큰 피로를 겪어오기도 했고요. 학습 과로, 좌절감, 객관식 문제 중심의 공부 방식, 사교육 의존도 증가 등 여러 문제가 반복되어 왔기 때문에 '2032 대입 개편안'이 마련된다면 이런 문제들을 해결하기 위해 그동안의 다양한 연구 결과를 충분히 참고해야 합니다.

2025년 12월 3일 국가교육위원회는 새로운 대학 입학 제도 특별위원회 구성을 완료하고 위촉식 및 제1차 회의를 개최했습니다. 특위 위원장은 차정인 국가교육위원회 위원장이 직접 맡아 향후 6개월간 운영되는데 이들에게서 나올 대입 개편안이 주목됩니다. 만약 이들이 활동을 마치는 2026년에 개선안이 결정된다면 2032학년도에 새 대입안이 시행되는 것은 문제없어 보입니다.

2032학년도 대입 개편이 시행된다면 우리 교육은 또 한 번 큰 전환점을 맞이하게 될 것입니다. 그렇다면 이 변화 속에서 부모는 무엇을 기억해야 할까요? 딱 한 가지만 마음에 담아두면 좋습니다. 바로 입시는 바뀌어도 '배움의 과정'은 사라지지 않는다는 것입니다. 시험 방식이 바뀌고, 점수 기준이 달라지고, 전형 이름이 계속 바뀌어도, 대학교는 결국 '이 학생이 어떤 배움의 기회를 통해 어떻게 성장해왔는가'를 볼 테니까요. 부모는 아이가 무엇에 흥미를 느끼는지, 어떤 경험 속에서 성장하는지, 어떤 문제를 스스로 해결해보았는지 꾸준히 지켜보고, 기록해주고, 인정해주면 됩니다.

대입 제도 변화가 불안하고 두렵게 느껴질 수 있습니다. 하지만 두려워만 하면 우리 아이의 미래를 준비할 수 없어요. 변화를 쫓아만 가지 말고 변화가 향하고 있는 방향을 읽어보세요. 방향은 이미 분명하죠. 아이의 미래는 점수가 아니라, 배움의 과정에서 쌓아가는 성장에 달려 있습니다.

AI 교육부터 대입 개편까지, 미래 교육의 지도를 관조하며

Scene 1.

올해 초 제 아내가 홀인원^{hole in one}을 했습니다. 골프를 좋아하는 사람들은 홀인원을 하면 '3년간 재수가 좋다'는 긍정적인 믿음을 가지고 있습니다. 희망이 매우 많이 섞인, 일종의 긍정 회로를 돌리는 것이지요. 그래서 저도 아내에게 빌붙어서 뭐 좋은 일이 안 생기나 기대하고 지냈습니다. 아니나 다를까, 실제로 올해 좋은 일이 여러 개 생겼습니다. 그중 하나가 『대한민국 교육 키워드』 시리즈의 세 번째 책에 에필로그를 쓰게 된 것입니다. 저는 책을 내면서 서문이나 에필로그를 쓸 때 가장 기쁩니다. 사실 요즘처럼 출판계가 어려운 시기에 같은 시리즈로 세 번째 책을 출판하게 되는 것은 여간 어려운 일이 아닙니다.

더군다나 저희는 여러 쇄를 찍는 호사도 누렸습니다.

책을 낼 때마다 힘들어 이번에 마지막으로 내고 이제 그만 해야겠다고 마음먹지만, 청탁이 들어오면 거절하지 못하는 것이 저의 본성인 듯합니다. 21세기북스와 같은 좋은 출판사와 이지연 선생님 같은 유능한 편집자를 만나게 되면 더욱더 거절할 수가 없게 되고요.

Scene 2.

이번 책에는 AI 시대의 교육에 대해서 집중적으로 이야기했습니다. AI 시대는 우리에게 빛의 속도로 다가와 이제는 AI 없으면 아무것도 할 수 없는 처지가 되었습니다. 그래서 이번 교육 키워드는 'AI 시대 교육 대격변, 흔들리지 않는 부모를 위한 실전 가이드'라는 콘셉트로 썼습니다. AI가 가져오는 교육의 지형 변화는 AI디지털교과서를 뛰어넘는, 보다 획기적이고 고차원적이며 놀라운 변화입니다. 이런 변화 속에서 어떻게 해야 자녀들을 잘 기를 수 있을지 가이드를 제시하고 싶었습니다. 그래서 이번 교육 키워드 시리즈의 커다란 줄기를 AI 교육으로 잡고, 거기에 부수되는 이야기들을 같이하고자 했습니다.

저는 교육자이자 교육정책 평론가이며 입시 전문가이지만 AI 전문가는 아닙니다. 하지만 요즘에 AI를 빼놓고는 어떠한 이야기도 성공할 수 없고, 또 AI 자체를 전문적으로 논의하는 것은 아니기에 용기를 내어 집필을 시작했습니다. 한편으로는 AI 시대의 교육 외에 중요한 교육적 이슈도 놓치지 않았습니다. 두 파트로 나누어 1부는 주로 AI 시대의 교육에 대해서, 2부는 그 외의 나머지 교육의 전반적인 키워드를 기술합니다. 그래서 1부는 유능한 크리에이터이자 AI 교육에 대해서 대학원에서 본격적으로 공부하고 있는 방종임 대표가 주로 집필하고, 2부는 본격적으로 교육을 전공한 제가 주로 집필했습니다.

Scene 3.

'서울대 10개 만들기'는 이재명 정부의 가장 큰 교육 공약입니다. 후에 이어지는 '지역인재 양성'과도 맥을 같이하는데 내용이 획기적이고 재미있기에 다루어보았습니다. 현실적으로 대단히 어려운 과제이긴 하지만, 그 과제를 추구하는 과정에서 지역이 발전하고 우리 대학교의 질이 높아지리라는 희망을 품어봅니다.

'지역인재 양성'는 역대 정부가 모두 꿈꿔왔던 과제입니다. 앞에서 언급한 것처럼 '서울대 10개 만들기'와 밀접한 연관이 있습니다만, 또 다른 지향이 있기에 별도의 장으로 나누어서 다루었습니다. '5극 3특'이라는 용어가 어떻게 쓰이는지도 한번 눈여겨보시길 바랍니다.

'고교학점제와 성취평가'에서는 평가의 방식에 대해 이야기해봤습니다. 현재 우리 교육의 평가 방식은 절대평가와 상대평가로 나뉘는데 학생부 성적(내신)과 수능 시험에서 절대 평가를 지향점으로 삼아 많은 논의를 하고 있습니다. 더불어 현재 시행되고 있는 고교학점제는 절대평가가 되어야 제대로 운영될 수 있습니다. 그래서 2024, 2025년 판에 있던 키워드 '고교학점제'의 내용을 평가 방식의 관점에서 다시 간추려 이야기했습니다.

다음으로 '학교폭력과 교사의 권위'에 대해 다루었습니다. 요즘 학교폭력이 대입에 반영되며 큰 관심을 모았죠. 이에 자연스럽게 교권 추락에 대한 관심도 높아지고 있습니다. 교권을 키워주려면 학생 인권이 상대적으로 왜소해지는 면도 없지 않기에 많이 고민하며 썼습니다.

Scene 4.

요즘 많은 관심거리가 되는 소위 「영어유치원 금지법」도 이야기했습니다. 정확히 말해서 '유아 영어학원'인 영어유치원이 가지고 있는 효용성과 부정적인 요소를 살펴보고 어떻게 이용해야 좋은지도 같이 고민해보았습니다. 무조건 배척할 것이 아니라 좋은 점은 발전시키고 부정적인 면은 억제하는 혜안이 필요할 때라고 생각합니다.

마지막으로 정확히 언제 개편될 지는 알 수 없으나 대략 2032학년도로 예상하고, 차기 대입 개편안을 다루었습니다. 정부가 바뀌면서 새로운 국가교육위원회가 차기 대입 개편안 논의를 이어받게 되었습니다. 차기 대입 개편안이 어떻게 전개될지 그동안 발표된 보고서들을 종합해서 개편의 방향을 짚어보며 그 대비도 같이 이야기해봤습니다.

우리 교육의 현실을 바라보는 여러 가지 시각이 여섯 개의 키워드로 다 정리가 될 수 없겠지만, 이 정도 키워드를 알고 이해한다면 현실의 교육을 바라보는 안목과 인사이트가 생길 거라고 생각합니다.

Scene 5.

다시 처음의 '홀인원' 이야기로 돌아가 보려 합니다. 올해를 돌아보면, 정말 감사한 일들이 많았습니다. 오래도록 해결되지 않던 문제가 마무리되었고, 가족에게는 새 생명이 찾아왔으며, 새로운 가정을 꾸린 아이들도 있습니다. 부모님은 여전히 건강하시고, 저와 아내도 큰 변동 없이 평온한 일상을 이어가고 있습니다.

새로운 가족이 찾아온 고성민·이다비 부부, 결혼이라는 새로운 출발을 한 권태민·이세니 부부 덕분에 제 삶도 더 밝아졌습니다. 회사 유웨이는 판교 제2테크노밸리에 새 사옥을 마련해 입주했고, 둘째 이세니는 로스쿨에 진학하며 인생의 다음 단계를 열었습니다. 이외에도, 한 해 동안 여러 크고 작은 좋은 소식들이 제 곁을 채웠습니다.

Scene 6.

누군가 언제가 가장 행복하냐고 물으면 저는 항상 '지금'이라고 답변합니다. 여름에 휴가 안 가냐고 물으면 '인생이 휴가'인데 무슨 휴가를 또 가냐고 답합니다. 그렇습니다. 저는 '이만기의 오늘'을 사랑합니다.

에필로그를 마치며 곧 태어날 뽀물(태명) 군의 육아를 맡겠노라 덜컥 약속해버린 뽀물 군의 외할머니 이안옥 여사에게 측은한 마음을 전합니다. 그리고 나이를 먹어가며 생각날 때마다, 저를 대하는 두 사위를 볼 때마다 하늘나라의 장인, 장모님 생각에 울컥합니다. 생전 그들처럼 다정한 사위가 못 되었던 저를 자랑스러워하고 예뻐해주신 두 분께 안부 여쭙니다. 그곳에서 평안하시지요?

Dona Nobis Pacem!

2025년 겨울, 이만기 如山 / John Bosco

KI신서 14011

AI 시대 패러다임 대혁명!
대한민국 교육 키워드

1판 1쇄 인쇄 2025년 12월 10일
1판 1쇄 발행 2025년 12월 24일

지은이 방종임 이만기
펴낸이 김영곤
펴낸곳 (주)북이십일 21세기북스

인문기획팀 팀장 양으녕 **책임편집** 이지연 **마케팅** 김주현
디자인 말리북
영업팀 정지은 한충희 장철용 남정한 나은경 강경남 황성진 김도연 이민재
제작팀 이영민 권경민

출판등록 2000년 5월 6일 제406-2003-061호
주소 (10881) 경기도 파주시 회동길 201(문발동)
대표전화 031-955-2100 **팩스** 031-955-2151 **이메일** book21@book21.co.kr

ⓒ 방종임 이만기, 2025
ISBN 979-11-7357-711-6 03370

(주)북이십일 경계를 허무는 콘텐츠 리더

21세기북스 채널에서 도서 정보와 다양한 영상자료, 이벤트를 만나세요!

페이스북 facebook.com/jiinpill21 **포스트** post.naver.com/21c_editors
인스타그램 instagram.com/jiinpill21 **홈페이지** www.book21.com
유튜브 youtube.com/book21pub

당신의 일상을 빛내줄 탐나는 탐구 생활 〈탐탐〉
21세기북스 채널에서 취미생활자들을 위한 유익한 정보를 만나보세요!